作者简介

米歇尔·施托莱斯（Michael Stolleis，1941—2021年）

德国著名公法学家、法史学家、美学家。1974—2006年任德国法兰克福大学公法教授，1991—2009年任马克斯·普朗克欧洲法律史研究所所长。研究领域为近现代德国公法史、法与国家理论。其生前拥有欧洲多所科学院的院士身份及数个名誉博士头衔，获得无数重要奖项，其中1991年获德国"莱布尼茨奖"，2000年获欧洲"国际巴尔赞奖"，2014年获"科学与艺术勋章"（"蓝马克勋章"），2015年获德国"联邦星级大十字勋章"。主要代表作有：四卷本《德国公法史》（1600—1990年）、《德国公法史导论（16—21世纪）》《18世纪末哲学文本中的国家理性、法与道德》《不法中的法——纳粹法史研究》《德国社会保障法简史》《法律的眼睛——一个隐喻的历史》《玛格丽特与修道士——故事中的法律史》等。

译者简介

雷 勇

1972年生，法兰克福大学法学博士、西南政法大学法理学及法史学教授。主要研究领域：法理学、德国公法史、中国近代法政思想。

德国公法译丛

德国公法史导论
（16—21世纪）

Öffentliches Recht in Deutschland
Eine Einführung in seine Geschichte
(16. – 21. Jahrhundert)

〔德〕米歇尔·施托莱斯 著

雷 勇 译

商务印书馆
创于1897 The Commercial Press

Michael Stolleis
Öffentliches Recht in Deutschland
Eine Einführung in seine Geschichte
(16.－21. Jahrhundert)
© Verlag C. H. Beck oHG，München 2014
中译本根据德国慕尼黑 C. H. 贝克出版社 2014 年版译出

德国公法译丛

编委会

主　　编　雷　勇

编委会成员（以姓氏笔画为序）

马立群　王泽荣　王银宏　田　伟

李忠夏　何永红　周　育　胡川宁

娄　宇　段　沁　曾　韬

德国公法译丛
总　序

公法乃立国之基轴,国运长久之关键。其任务既造利维坦以佑苍生,又立民约掣肘以护人权,旨在追问优良国法宪制而达至良好的公共生活。揆诸历史与现实,世界列国强盛之理无不在公法思想之先进,典章制度设计之机巧。我国公法之学历来博采众长,洋为中用,其中德国公法学说及理论流传至我国已有百余年,甚有立国奠基之功。德国公法理论构建及宪制实践自成一体,当属一派,有别于英美法诸国。何以如此?

近世以降,路德离经叛道,千秋帝国礼崩乐坏,诸侯称霸,德人备受帝国分崩离析之苦,而欧陆诸国已开现代民族立国之风,群雄环伺,"德意志身居何处"不断拷问有识之士。学人顺应古典人文主义思潮,孜孜以求,承续亚里士多德政治学、塔西佗历史学等经典之说,继受罗马公法义理与辞章,挖掘日耳曼法礼俗与古制,探究帝国及现代国家究竟为何物,国体、政体及宪制之名有何深义,主权如何安放,帝王治理秘术之于国家理性孰重孰轻,良法善治如何施行,民族统一大业何以实现,宪治理念又将如何践行于繁琐行政事务之中,方法之争何以推动公法之进步,宪制护守与政治决断如何协调,教义诠释学中公法道义根据何在,法治国又何以演义成当下社会福利之国。凡此种种，皆为公法之核心要义。于是，德人世代公法名家辈出，百家争鸣，学派林立，公法体系之说推陈出新，或浪漫保守，或自由激进，或辩证综合，或另辟蹊径，揭橥现代国家构建及法权确立诸多面向。

公法译介，前人之述备矣。然近二十余年我辈后学又相继征诸德国学术，潜心问道公法真义，淬炼哲理思辨，历史及教义方法并举，有志同道合者遂共同擘画"德国公法译丛"。德国公法力作卷帙浩繁，本译丛着眼于宪法、行政法、社会法等诸多公法论题名目。凡涉及哲学理论、训诂考据、学科史略、教义评注、案例缕析等德国公法名著皆可列入其中，所涉语言绝不囿于德文一种。译丛宗旨意图之实现，唯赖诸位学人彼此守望，细心甄别，潜心译述，甘做冰人，襄助公法学术之发展。

是为序。

雷 勇

2022 年 6 月 26 日

目　　录

前　言 ………………………………………………………… 1

第一章　引言、研究对象与方法 …………………………… 2
　　一　作为历史对象的法律 ………………………………… 2
　　二　公法 …………………………………………………… 6
　　三　学术史 ………………………………………………… 10
　　四　方法推荐与文献参考 ………………………………… 13
第二章　从罗马法中解放出来与宪制法法源学说的调整 …… 16
　　一　罗马法起点 …………………………………………… 16
　　二　新的条件状况 ………………………………………… 18
　　三　新的宪制法 …………………………………………… 23
第三章　公法形成的要素 …………………………………… 25
　　一　"政治学" …………………………………………… 25
　　二　德意志民族法源 ……………………………………… 28
第四章　帝国公法学、自然法与国际法、"善治" ………… 34
　　一　帝国公法学 …………………………………………… 34
　　二　自然法与国际法 ……………………………………… 40
　　三　自然法（自然法与国际法） ………………………… 44

四	善治	……………………………………	50
五	小结	……………………………………	56

第五章 从革命到复辟期间的公法 …………… 59
- 一 政治世界的重大转变 ………………………… 59
- 二 德意志同盟 …………………………………… 60
- 三 德意志一般国家法 …………………………… 64
- 四 邦国国家法与行政法 ………………………… 67

第六章 保罗教堂 …………………………………… 70

第七章 帝国的国家法 ……………………………… 74
- 一 法治国与法学方法 …………………………… 74
- 二 重要论者 ……………………………………… 78

第八章 早期工业社会国的行政法 ……………… 84
- 一 视角变换 ……………………………………… 84
- 二 重要作者 ……………………………………… 87

第九章 魏玛宪法下的国家法学说与行政法学说 …… 92
- 一 向"人民主权"启航 ………………………… 92
- 二 国家法学说的角色 …………………………… 94
- 三 《凡尔赛条约》与内部统一 ………………… 96

第十章 方法之争与一般国家学说 ……………… 99
- 一 根基动摇 ……………………………………… 99
- 二 维也纳学派 …………………………………… 102
- 三 方法或方向之争 ……………………………… 105
- 四 派别形成 ……………………………………… 109
- 五 代表作 ………………………………………… 112

第十一章　魏玛共和国的行政法 …… 118
　　一　延续与调整 …… 118
　　二　州行政法 …… 119
　　三　教科书 …… 120
　　四　干预国的素材增长 …… 121

第十二章　纳粹国及其公法 …… 126
　　一　权力交接 …… 126
　　二　精神斩首 …… 127
　　三　期刊 …… 130
　　四　"宪法"的紧急建构 …… 132
　　五　重点主题 …… 135
　　六　国际法 …… 137
　　七　行政法与行政学说 …… 139
　　八　"生存预防"与总结 …… 145

第十三章　德国法律状况、重建、两个国家 …… 148
　　一　零点时刻？ …… 148
　　二　大学重建 …… 151
　　三　学术机构与期刊 …… 153

第十四章　新"价值秩序"与重建法治国 …… 158
　　一　对《基本法》的最初反应、评论与教科书 …… 158
　　二　联邦宪法法院 …… 162
　　三　法治国与基本权利 …… 165
　　四　民主 …… 179

五　从一般国家学说到宪法学说 …………………… 186
第十五章　联邦德国的社会国与干预国 ……………………… 194
　　一　社会国与"社会法" …………………………………… 194
　　二　持久干预 ……………………………………………… 197
　　三　行政法的变化 ………………………………………… 201
　　四　大学扩张 ……………………………………………… 211
第十六章　民主德国的国家法、国际法与行政法 …………… 214
　　一　政治基本结构 ………………………………………… 214
　　二　学术机构与期刊 ……………………………………… 217
第十七章　欧洲法与国际法 …………………………………… 220
第十八章　两德统一 …………………………………………… 227
　　一　外部发展进程 ………………………………………… 227
　　二　国家法与国际法的任务 ……………………………… 227
　　三　统一模式 ……………………………………………… 229
　　四　大学改建与新建 ……………………………………… 232
第十九章　全球化与国家的未来 ……………………………… 233
　　一　第一次全球化 ………………………………………… 234
　　二　第二次全球化 ………………………………………… 235
　　三　民族国家的未来 ……………………………………… 238
　　四　宪法国家的未来 ……………………………………… 241
第二十章　结语 ………………………………………………… 245

扩展性文献 ……………………………………………………… 247

人名索引 ·· 249
内容索引 ·· 261

纪念施托莱斯先生
　　——写在《德国公法史导论》出版时 ·············· 267

前　言

本导论的写作目的是，以精要形式概括本人拙著《德国公法史》的内容。四卷本的《德国公法史》分别出版于1988年（第1卷，2012年第2版）、1992年（第2卷）、1999年（第3卷）和2012年（第4卷）。要进入明显受政治和历史影响的法思想领域，初学者应该获取更容易的进路。

为了能理解和塑造未来的发展，人们必须明白当下的背后有一部什么样的历史。"历史"在其中不仅意味着事实的和规范的变化，而且还意味着对其语言和智识的把握。历史、法史和法学史尽管可以被分开理解，但它们相互之间却不能真正分开。倘若思想可以跑在历史事件之前，还可以对它们进行评论并加以解释跟随的话，那么这总会涉及理解性的思考与历史变迁之间的相互关系。

我要特别感谢对本读物进行审校的女士安娜·卡塔琳娜·曼戈尔德博士（Anna Katharina Mangold，剑桥大学的法律硕士），以及在小型研讨课上对文本进行讨论的参与者。同样地，我还要感谢法律候补官员劳娜·楚雷克（Laura Zurek）的认真阅读和对我一如既往的信任与支持。

米歇尔·施托莱斯（Michael Stolleis）
法兰克福，2013年10月1日

第一章　引言、研究对象与方法

一　作为历史对象的法律

对法律的历史观察是观察者的观察；他是从外部去观察法律。他的动机是出于历史学家的好奇，即想从中发现，早期的法律如何运作、如何调整社会关系、被当作何种"游戏规则"，以及对违法如何进行制裁。

这种观察的前提是，对法律的获悉和理解完全是可变的，以及有可能对过去的资料进行探询，法律制定者有何种观念，他们对于法律又是如何交流的。这样的问题只有在以下情况下才能被提起，即当社会本身被加以历史理解的时候，以及当社会思索其存在和法律秩序如何在过去驶向未来的时间轴上活动的时候。这绝非理所当然，因为许多人类文化过去和现在都存在着周期性轮回和阶段性革新模式。对这些人类文化来说，把自己理解为是通往"世界尽头"或"最后审判"运动的一部分，这种观念是陌生的。受轮回观念影响的文化倾向于"非历史"地思考问题，要么以循环的方式，要么以阶段形式完善的方式。其个人及其权利的角色是另一回事儿。其个人不能从家族和氏族的关系中解脱出来。在这样的世界观下，个人不是被赋予了主观权利的、可以把物质和非物质财富归

第一章 引言、研究对象与方法

于他的单子(Monade),就像西方近代思想以此为前提条件那样。只有超越传统的欧洲中心主义观,才能查明跨文化间紧张关系的深层缘由。

尽管如此,为了理解自己的法律秩序,我们还是必须首先从欧洲通史和欧洲的思想状况入手。自基督教化以来,欧洲思想把历史进程理解为一种朝向遥远目标的线性迈进。其中,究竟是一部希望救赎的神圣史,还是一部世俗化的、有时遭受"倒退"的、从强制中进行内在世界解放的进步史,或者就仅仅是一种具有开放性视野和出路不确定的进程,这在不同的时间里有着不同的看法。在欧洲,不存在一种具有代表性的历史观念进行令人信服的解释模式。但有一种解释模式对所有历史观念却是共同的:它们把自己视为在地理上被纳入"欧洲"空间,并处于从古代晚期一直延伸至当代的时间连续性中。[1]

在这样的欧洲,"近代"的开端会有不同标记。许多人赞成其开始于相对较早时间,以便能够看清楚社会基础的漫长进程与变化。这里的"早"意即12世纪和13世纪。[2] 在这段时期,人们观察到一个法律化的世界教会的形成、交流、政治以及法律都日益增多的书面化,城市面貌的形成,人口的增长,诸如钟表、风力及水力磨

---

[1] 米歇尔·施托莱斯(Michael Stolleis),"欧洲"(Europa),载《德国法史简明词典》[Handwörterbuch zur Deutschen Rechtsgeschichte(HRG)],第2版,第1卷(Berlin 2004),第1439—1441栏。现有著作提供了一种绝对超越这种视野的全球视角,参见于尔根·奥斯特哈梅尔(Jürgen Osterhammel),《世界的变迁——一部19世纪史》(Die Verwandlung der Welt. Eine Geschichte des 19. Jahrhunderts,München 2009),第2版。

[2] 这是法国历史学家费尔南德·布劳德尔(Fernand Braudel,1902—1985年)意义上的"长时段"(longue durée)。参见其首部代表作,《菲利普二世时期的地中海和地中海世界》(Das Mittelmeer und die mediterrane Welt in der Epoche Philipps Ⅱ.,Frankfurt 1990),3卷本。

坊等重要的技术革新，造船和建筑的改进。与此同时，神学和哲学各自分离发展。[3] 对于法史来说，近代在传统上肇始于北意大利对《学说汇纂》的发现，即公元533年在东罗马帝国（拜占庭帝国）生效的罗马法的"法典化"或"编纂"。在这种被保存下来的古代晚期整理的引注汇编的手稿善本的基础之上，"法学家们"的工作始于12世纪中期，首先在波伦亚，接着在帕多瓦和帕维亚，后来遍及整个欧洲。他们通过讲授、解释和评注罗马法文本的方式，使罗马法适应实践之需要，因此创造出了中世纪的罗马-意大利法（das römisch-italienische Recht）。与此同时，在一部汇编（1140年）中对大约于1000年所形成的分散的教会法规则进行概括总结，这同样具有深远意义。这部汇编很快就获得了官方性质。该汇编的创造者也同样是在波伦亚大学任教的修士格拉蒂安（Gratian）。[4] 从此以后便有了两类"被讲授的法"（gelehrtes Recht），即世俗的罗马-意大利法和罗马世界教会法。

主要基于《学说汇纂》的世俗罗马法，经由意大利、法国、荷兰和德国而发展成为南欧和西欧"共同的"（一般的）法律，而英国、北欧和东欧只是间接受其波及或根本就未受其席卷。东南欧在中世纪只要受到拜占庭帝国的统治，那么直到15世纪它都仍以特殊形

---

[3] 库尔特·弗拉施（Kurt Flasch），《中世纪的哲学思想——从奥古斯丁到马基雅维利》（Das philosophische Denken in Mittelalter. Von Augustin zu Machiavelli, Stuttgart 2000），第2版。

[4] 彼得·兰道（Peter Landau），"（波伦亚的）格拉蒂安"［Gratian(von Bologna)］，载《神学实用百科全书》（Theologische Realenzyklopädie），第14卷（1985年），第124—130页；安德斯·温罗特（Anders Winroth），《〈格拉蒂安教令集〉的制作》（The Making of Gratian's Decretum, Cambridge 2000）；克里斯托夫·林克（Christoph Link），《教会法史》（Kirchliche Rechtsgeschichte, München 2010），第2版，第6节。

式生活在"罗马法"之下未被中断的传统当中,在那里的东正教教会生活的语境下塑造了这样的特殊形式。最后,人们把那些罗马法文本统称为《国法大全》(Corpus Iuris Civilis),并从中发展出民法的一般规则。它在18世纪和19世纪才被遍及欧洲的民族法典所替代。德国自1870年起开始着手制定民族法典,共同法(das gemeine Recht)甚至在1900年1月1日被《民法典》(BGB)取代之前仍有效力。

教会法(宗教法)——依天主教教规(法规)而如此称之——在中世纪晚期的大学中以可与罗马法相媲美的方式得以发展,并得到极大丰富,以便在16世纪后半期获得官方形式。在罗马-天主教教会,《教会法大全》(Corpus Iuris Canonici)直至1917年仍有效力。自16世纪宗教改革[路德(Luther)、茨温利(Zwingli)、加尔文(Calvin)]以来,新教教会虽然建立起了自己的法律秩序,但只要不与新教信仰相冲突,它仍把传习下来的教会法当作补充而使之继续有效。[5]

16世纪以降,随着民族感渐次形成,人们对本土法的兴趣也与日俱增。16、17世纪的人文主义法学家们,其中大部分是加尔文主义者或路德主义者,开始对民族大迁徙时期的早期部落法[蛮族法(leges barbarorum)]进行编辑,他们对中世纪皇帝与教皇之间的争斗也尤感兴趣,以便在教派冲突中获取论据。[6] 村落法

---

[5] Christoph Link, Kirchliche Rechtsgeschichte, 2. Aufl. München 2010, §§ 10 ff.

[6] 米歇尔·施托莱斯(Michael Stolleis),"1600年左右的学者与中世纪文本的政治编辑"(Gelehrte und politische Editoren mittelalterlicher Texte um 1600),载雅克·克林恩(Jacques Krynen)、米歇尔·施托莱斯(Michael Stolleis)主编,《欧洲法学院中的政治学与公法(13—18世纪)》[Science politique et droit public dans les facultés de droit européennes (XIII-XVIII siècle), Frankfurt 2008],第613页及以下诸页。

(Dorfrecht)和城市法(Stadtrecht)这时也进入学识渊博的法学家们的视野,这部分出于应诉的实际缘由,部分出于爱国心和学术好奇心的原因。

换言之,今天在德国研习的法史有三大领域:第一大领域被古代罗马法以及从中发展出来的"共同法"所占据。其中探讨的主要题目是当今的民法,亦即人法、债法、物法和继承法。第二大领域截留下了本土法律秩序,除了罗马法或共同法外,它还挖掘依照文献难于理解的"日耳曼"法、中世纪早期的部落法、中世纪和近代早期的城市与乡村法典及法院判决,以及由众多地方的特别法所组成的"德意志"法的发展。第三大主要领域由教会法构成。教会法起先是"拉丁"欧洲的共同法,但自16世纪宗教改革以后或多或少被分开发展。

二 公法

在法史中,人们对公法(Ius publicum, öffentliches Recht)的形成和作用方式鲜有关注。古代罗马的"国家法"(Staatsrecht)*随帝国衰落而在民族大迁徙中消失殆尽。在东罗马帝国(拜占庭

---

* 德国法中的"国家法"(Staatsrecht)是指与国家结构、国家机构、基本权利、国家任务以及国家与社会的关系等有关的法律规范的总称。国家法和宪法(《基本法》)的关系十分紧密,国家法最重要的内容当然是宪法条文规范,但它又不完全等同于所有宪法条文规范。一方面,并不是所有宪法条文内容都属于国家法,比如《基本法》中涉及行政法、刑法问题的条文规范;另一方面,国家法还包含宪法文本之外的相关法律规范,如国家机构的组织法和越来越多的宪法性习惯法,例如宪法机构之间合作的不成文规则等。——译者

帝国),罗马公法仍继续存在,并在那里与东正教教会法独特地共生共存。1453年,拜占庭帝国在对抗奥斯曼帝国的冲突中衰亡,这一传统脉络也随之香消玉殒。[7]

西方中世纪在国家法上新形成的东西——倘若人们可以这样称呼的话——是由习惯法、少量的政治核心文件和一些由中世纪法学家们所塑造的主要原则组成,[8]法国和德国从这些主要原则中产生出了基本法(Leges fundamentales,Grundgesetze)。人们由此才可谈及德国的"基本法"[1356年的《黄金诏书》(Goldene Bulle)、1495年的《邦国永久和平法令》(Ewiger Landfriede)和《帝国皇家法院条例》(Reichskammergerichtsordnung)、1519年至1654年的《选帝协议》(Wahlkapitulationen)、1555年的《奥古斯堡宗教和约》(Augsburger Religionsfriede)、1648年的《威斯特伐利亚和约》(Westfälischer Friede)、1654年的《最新帝国决议》

---

[7] 里夏德·波茨(Richard Potz)、埃娃·西内克(Eva Synek)[在斯皮罗斯·特洛亚诺(Spyros Troiano)的合作下],《东正教教会法导论》(Orthodoxes Kirchenrecht. Eine Einführung,Freistadt 2007)。

[8] 基础文献参见恩斯特·H. 康托洛维茨(Ernst H. Kantorowicz),《国王的两个身体——中世纪政治神学研究》(The King's Two Bodies. A Study in Medieval Political Theology,Princeton 1957)(引自第2版,München 1990)。有关当代的讨论状况,参见格哈德·迪尔歇尔(Gerhard Dilcher)、迭戈·奇科利尼(Diego Quaglioni)主编,《公法的起源》(Die Anfänge des öffentlichen Rechts),第1卷:"弗里德里希·巴巴罗萨时代的立法与被讲授的法"(Gesetzgebung im Zeitalter Friedrich Barbarossas und das Gelehrte Recht,Bologna 2007);第2卷:"从弗里德里希·巴巴萨到弗里德里希二世"(Von Friedrich Barbarossa zu Friedrich Ⅱ.,Bologna 2008);第3卷:"中世纪到近代的公法确立之路"(Auf dem Wege zur Etablierung des öffentlichen Rechts zwischen Mittelalter und Moderne,Bologna 2011)。

(Jüngster Reichsabschied)等]。总之,它们形成了一个很快被称为"帝国宪制"(Reichsverfasssung)*的规范混合物。在 18 世纪的人们看来,这种帝国宪制越来越变成了"哥特式废墟",它在形式上一直保持到拿破仑的战争年代。1803 年颁布了最后一部帝国法即《全帝国代表团会议主决议》(Reichsdeputationshauptschluß),它使无数教会领地和众多世俗小领地走向消亡。1806 年,迫于拿破仑的压力,"莱茵联盟成员国"退出帝国。数日之后,皇帝弗朗茨二世(Franz II.)在 1806 年 8 月 6 日逊位。

"帝国史"(Reichshistorie)起初研究帝国宪制的这些素材,它在 17 世纪开始把"德意志民族神圣罗马帝国"(Heiliges Römisches Reich Deutscher Nation)的宪制解释成历史进程的产物。"帝国史"很快发展成为一门真正的专业,最初主要在哈雷大学,但接着在哥廷根大学它才被精心专研。[9] 当帝国走向衰落,以及政治精力集中于各邦国的立宪运动时,该专业换了名称,当时改叫"国家史"(Staatengeschichte)。在 19 世纪立宪运动过程中,从该世纪中期以后人们又称之为"宪法史"(Verfassungsgeschichte)。[10] 它负

---

* "Reichsverfasssung"可直译为"帝国宪法",但鉴于当时还没有出现近现代意义上的宪法,又加上德文"Verfassung"和英文"consitution"一样,其含义本身十分广泛,因此本中译本一般把近代以前的"Reichsverfasssung"译为"帝国宪制"。另外,相应地把近代以前的"Verfassung"依照语境译为"宪制"或"政体"。——译者

9 诺特克尔·哈默施泰因(Notker Hammerstein),《法与历史》(Jus und Historie,Göttingen 1972)。

10 格奥尔格·魏茨(Georg Waitz),《德国宪法史》(Deutsche Verfassungsgeschichte),7 卷本,1844—1878(新修订,第 1—4 卷,1865—1885 年)。

责研究"外部的"法史,要么由"日耳曼的"法史学家代表,要么由国家法学者代表进行研究。在 1935 年纳粹德国颁布的课程规划中开设了两门平行专业,即"近代私法史"和"近代宪法史"。

"近代宪法史"尽管拥有无数多的总述、教科书和纲要,[11]但目前在教学规划中似乎又消失了。依法学院或专业领域的能力而定,在为初学者开设的一般导论大课中以及在提升辅导的课程中提供法史内容。教会法史几乎完全销声匿迹。曾作为"罗马法"并为整个私法奠定基础的"古代法史",部分被当作讲授的辅助专业,部分仍一直被理解为民法的理想基础入门课程,尤其是当它经由近代私法学术史和教义史被引至当代的时候更是如此。"德国法史"从日耳曼民族起源的那些蛛丝马迹,经由古代晚期民族法的"蛮族法"延伸至中世纪和近代,直至当代,它已被拆分成单个的研究领域。其中的一个领域研究中世纪至 1806 年的"帝国宪制",此外还研究"宪法史"。尽管如此,但在总体上还必须指出,目前在法学教育中所有的"基础专业"都缺乏稳定地位,教学大纲中的实证法内容太多了。这把法史、法哲学和法理论带入困境。处于边缘的还有比较法。不过,在欧洲化和全球化进程中,比较法的内部意义和外部价值评价皆有所提高。就此而言,人们对法史现状的最

---

11 其纵览参见迪特马尔·维罗魏特(Dietmar Willoweite),《德国宪法史——从法兰克王国到两德统一》(Deutsche Verfassungsgeschichte. Vom Frankenreich bis zur Wiedervereinigung Deutschlands, München 2013),第 7 版,第 3 页。

新诊断达成一致意见。[12] 2012年11月9日,德国科学委员会通过的建议方案即"法学展望"主张大力加强基础专业,该建议部分是着眼于国际交流,部分是对维持大学教育学术性质的担忧。大学和负责法律人才培养的各州司法管理部门是否付诸行动,这仍不明确。当然,基础专业的代表们自己也感觉到,要更好地自我组织起来,要以一种可学会的和可考核的方式去展现自己的知识。

三　学术史

我们的这本导论准备论述法史领域中一个迄今为止备受冷落的薄弱部分,即从近代早期直到当代的公法学术史。人们对宪法史的核心兴趣切合期待地集中于"宪法"本身,这从中也表明对公法史的冷落。宪法史描述"那些影响国家和政治秩序的规则和结构",[13]

---

[12] 菲利波·拉涅利(Filippo Ranieri),"罗马法学/法史"(Romanistik/Rechtsgeschichte),载《新保利百科全书》(Der Neue Pauly,2002)[曼弗雷德·兰德费斯特尔(Manfred Landfester)主编],第15卷下卷,第960—970栏(带文献);迪特尔·西蒙(Dieter Simon),"法史"(Rechtsgeschichte),载阿克塞尔·格利茨(Axel Görlitz)主编,《法学简明词典》(Handlexikon zur Rechtswissenschaft),第2卷(München 1972),第314—318页;米歇尔·施托莱斯(Michael Stolleis),"法史、宪法史"(Rechtsgeschichte, Verfassungsgeschichte),载汉斯-于尔根·格尔茨(Hans-Jürgen Goertz)主编,《历史——基础课程》(Geschichte. Eine Grundkurs, Reinbek 1998),第340—361页(带文献);弗朗茨·维亚克尔(Franz Wieacker),"法史的方法"(Methode der Rechtsgeschichte),载阿达尔贝特·埃勒尔(Adalbert Erler)等主编,《德国法史简明词典》(Handwörterbuch zur Deutschen Rechtsgeschichte),以下简称"HRG",第3卷,1984年,第518—526栏;弗朗茨·维亚克尔(Franz Wieacker),《选集》(Ausgewählte Schrifte),第1卷,"法史的方法"(Methode der Rechtsgeschichte, Frankfurt 1983)[迪特尔·西蒙(Dieter Simmon)主编];见本书注释4。

[13] Willoweite(见本书注释11),§1,Ⅱ.1。

因此它使用一个开放性的、同时对前现代（Vormoderne）可用的宪制概念。同时代的法学家们（20世纪以来还有女性法学家们）的努力在某种程度上泯灭于学术环境。他们虽然并非不受尊重，但他们因关注整个宪法而只塑造了附带性的知识要素。同样地，在发展薄弱得多的行政史和行政法史领域，研究行政的理论家们也处于边缘地位，其声音鲜为人知。只有一些例外，譬如汉斯·迈尔（Hans Maier）的鸿篇巨著，被认识到具有历史塑造力。[14]

因此，在这里首先重要的是，考察和挖掘对近代历史发展中的那些宪制和行政规则及结构所进行的思考、交谈和著述。这涉及学术掌握的文献史，以及大约从1600年到当代的公法教义渗透和体系化的文献史。部分是智识性的、部分是与实践有关的这部文献史，直至1806年旧帝国结束，在德意志大学中完全得以普遍演义。这些大学是教育和精神生活的中心，在其中形成的著述便是大学文献，即教学大纲、教科书、评论、案件汇编以及大量完成的博士论文和论辩文。[15] 最后一类文献对时代、大学或学者门派的精神侧面轮廓的重构，以及对时兴议题和创新的重构，还有对学生在整个欧洲迁徙的重构，在今天都被低估了。从中能读出大学和学者们的支配地位，这倒是德国的一大特点，而像在法国或英国那样的国家，其首都的沙龙、俱乐部或科学院则占据了知识的领导角色。

14　汉斯·迈尔（Hans Maier），《德国古代国家学说和宪法学说》[Die Ältere deutsche Staats- und Verfassungslehre, München 2009; Neuwied / Berlin 1966;（第2版）München 1980;（简装本）München 1986][H. 迈尔（H. Maier），《选集》（Ges. Schriften），第4卷]。

15　马普欧洲法律史所（美因茨河畔法兰克福）拥有近十万份此类博士论文的汇编全集，并对它们进行了整理和编目。可参见该所网页。

权力关系、战争与和平条约、事实上既存的结构、制度以及行动着的人们的发展，都是这样一部历史的前提条件。这意味着：一部被宽泛理解的宪法史构成了政治和法律思考的基础与背景，因为行动与思考在历史上难以区分地交织在一起。本论述也应如此。然而，公法的"学术"（Wissenschaft）史应该处于显要位置，即便从 16 世纪到 18 世纪这段时期还谈不上现代意义的法律科学（Wissenschaft），而大多谈及法律知识（Jurisprudenz，iuris prudentia）*。

谁越过理论著作找到与他人共同思考的结合点，共同决定公共讨论，并把它变成自己的元素，那他同时也就是行动着的人。理论家们通常"超前"思考，把讨论引至让讨论本身能进行政治转化的问题上。同样地，他们通常清晰明了地分析所发生的事情，把不能理解的东西表达成"概念"，以便以此为新的思考重新设置出发点。人的思考依附于时间，但也总是体现为任性和相对的自主。它既不是在纯粹的高空中活动，也不能被降低为"事实"的附属物。如此一来，人们在更新近的时间里寻找一条可行路径，以便撰写"观念的社会史"（histoire sociale des idées）、"思想史"（intellectual history）或在政治史、社会史与传统的"观念史"（Ideengeschichte）之间来回振动的各种思想状态史。其中，不仅要领会漫步云端的"思想大师们"，而且还要了解那些有时还更具影响力的微不足道的和一般水平的作者们，他们的生活世界、他们的依从性以及他们的政治境遇。总之，"国家"不仅是公职、办公大楼、事务、财政预算和法律规定的真实基础，而且还是我们所有思考和行动的真实基

---

* 德文词"Wissenschaft"有"科学""学术""学科"含义。由"法律知识"向"法律科学"的术语转变完成于 1800 年左右，对此可参见本书注释 85。——译者

地。国家"是"我们如何想象它的样子,以及我们在此想象中如何行动。就此而言,对思考国家的研究就是对国家本身的研究。为了决定我们自身在国家中想要什么,以及想用国家来干什么,我们无论如何必须大体知道我们先辈对国家所作的思考,以及他们如何塑造国家。当我们决定尽可能少地知道国家,以及拒绝投身于它的时候,我们必须回答以下这些问题,即面临暴力谁来保护我们,谁应该来负责生活必需的服务和理所当然的舒适生活,谁来维护交通和通信系统,谁来资助大学、图书馆、博物馆以及其他许多设施。由于每一代人所强调的重点不同,所以不管我们愿意与否,走向未来也是在探究过往。

四 方法推荐与文献参考

人们应该尽最大可能不带偏见地着手处理图书馆和档案馆里的历史材料。姑且不论这一事实,即我们所有人都在当代这一张网中蹦来蹦去,并在其中进行思考和行动,因此原则上摆脱不了偏见,但我们仍要推荐以下方法规则:自己的思考习惯和概念性的东西不应该无需审查地被当作前提,而应该受到批判性质问,并被用作是对历史"他者"的理解。历史材料是"他者",即便我们今天仍能听懂其语言。如果人们意识到时代错位的危险并反思性地采用现代术语的话,那么对现代概念的使用也无可厚非。现代术语因其异化效果甚至还大有裨益。然而,我们的首要目标是研究过去的词语使用,以便解密那些词语在过去的"含义"。我们应该避免在历史的流逝当中太快地认识到上升的进步曲线或下降的衰落曲线。自己坚信的"统帅山岭"或许只是一座"特务小山丘"罢了。表面上与当代宪法和行政法没有关联的东西尤其不要被抹杀掉了。把历史材料分成"死去的"与"活着的",这不仅把历史降格为当代的史前史(Vorgeschichte),而且还会径直地切断重要的认识可能性。在主流中没有被推行的或遭受失败的东西都极为有趣。

下面的论述着力于德国公法史的基本脉络,因此是简明扼要的思考。对相关作者们的生平说明可以参阅常见文献。[16] 文中的参考文献也只是简略提供而已。之所以更容易这样做,是因为本人更为广泛论述的整个四卷本《德国公法史》现已完结出版了,可供大家深入使用。[17] 曼弗雷德·弗里德里希(Manfred Friedrich)新的《德国国家法学史》(Geschichte der deutschen Staatsrechtswissenschaft)

---

[16] 可以经过以下论著挖掘到相关文献:米歇尔·施托莱斯(Michael Stolleis)主编,《近代早期的国家思想家》(Staatsdenker in der Frühen Neuzeit),第 3 版(München 1995);同上作者,《法学家——人物传记词典》(Juristen. Ein biographisches Lexikon),第 2 版(München 2001);格尔德·克莱因海尔(Gerd Kleinheyer)、扬·施罗德(Jan Schröder)主编,《九百年来德意志及欧洲法学家》(Deutsche und Europäische Juristen aus neun Jahrhunderten),第 5 版(Heidelberg 2008)。

[17] 米歇尔·施托莱斯(Michael Stolleis),《德国公法史》(Geschichte des öffentlichen Rechts in Deutschland),第 1 卷:1600—1800 年(München 1988);第 2 卷:1800—1914 年(München 1992);第 3 卷:1914—1945 年(München 1999)(该卷还有平装的学研版);第 4 卷:1945—1990 年(München 2012)。在这四卷本中迄今为止被翻译为外文的有:第 1 卷(法文、意大利文)、第 2 卷(英文、中文、意大利文、法文)、第 3 卷(英文、中文)。伴随这四卷本出版的作品有:米歇尔·施托莱斯(Michael Stolleis),《近代早期的国家与国家理性——公法史研究》(Staat und Staatsräson in der frühen Neuzeit. Studien zur Geschichte des öffentlichen Rechts,Frankfurt 1990)(意大利文译本:Stato e ragion di stato nella prima età moderna,Bologna 1998);同上作者,《宪法与干预——19 世纪公法史研究》(Konstitution und Intervention. Studien zur Geschichte des öffentlichen Rechts im 19. Jahrhundert,Frankfurt 2001);同上作者,《不法中的法——纳粹法史研究》(Recht im Unrecht. Studien zur Rechtsgeschichte des Nationalsozialismus,Frankfurt 1994),第 2 版,2006 年[英文译本:《万字符下的法》(Law under the Swastika,Chicago 1998),法文译本,2012 年]。

也是如此。[18] 不久前还出版了安德烈亚斯·克莱（Andreas Kley）的《瑞士公法史》（Geschichte des öffentlichen Rechts der Schweiz）。[19] 有关宪法史的更新文献最好通过迪特马尔·维罗魏特（Dietmar Willoweit）的教材进行检索。[20] 有关行政史的丰富资料，包括近代早期的"警察"（Policey）* 和近现代的行政法，可以在五卷本的著作《德国行政史》（Deutsche Verwaltungsgeschichte）中找到。[21]

18　曼弗雷德·弗里德里希（Manfred Friedrich），《德国国家法学史》（Geschichte der deutschen Staatsrechtswissenschaft, Berlin 1997）。

19　安德烈亚斯·克莱（Andreas Kley），《瑞士公法史》（Geschichte des öffentlichen Rechts der Schweiz, Zürich / St. Gallen 2011）。

20　Willoweit（见本书注释11）；同上作者，《帝国与国家——德国宪法简史》（Reich und Staat. Eine kleine deutsche Verfassungsgeschichte, München 2013）。

*　"Policey"是一个比较古老的德文词，在现代德语中拼写为"Polizei"（警察），它在词源学上和英文词"police"一样都源自希腊文"polis"，意指城邦或城市管理，近似于现代的公共管理。在近代行政法产生之前，德语化的"Policey"根据不同语境可译为"管理""治理""警察"，其含义比后来分化出来的狭义警察事务要宽泛得多。为了彰显该概念的德国特色，本中译本在一般情况下把该词译为"警察"，相应地也把"Policeywissenschaft"或"Polizeiwissenschaft"都统一译为"警察学"。但在邦国治理的语境下，本中译本又把它译为"治理"，对此详见本书第四章第四节"善治"（gute Policey）。——译者

21　库尔特·G. A. 耶瑟里希（Kurt G. A. Jeserich）、汉斯·波尔（Hans Pohl）、格奥尔格-克里斯托夫·冯·翁鲁（Georg-Christoph von Unruh）主编，《德国行政史》（Deutsche Verwaltungsgeschichte, Stuttgart 1983-1987），第1—5卷和索引卷。

第二章 从罗马法中解放出来与宪制法法源学说的调整

一 罗马法起点

13世纪以降,罗马法被实践运用,并被移植到意大利世界,其教学与适用从波伦亚大学传播到西欧和中欧大学。学识渊博的法学家们日益广泛地被请教所有法律问题,他们获得了重要位置,担任顾问、评阅人、谈判负责人或外交官,还逐渐担任法官。著名的法律研习二分法,即把法律研习分为公法和私法,这对于他们来说习以为常。罗马晚期的法学家乌尔比安(Ulpian,卒于223年)的说法是,公法(öffentliches Recht)涉及"罗马国家"(ad statum rei Romanae spectat),而私法(Privatrecht)关涉个人利益(ad utilitatem singulorum)。[22] 其中,除了国家祭祀、宗教法和教士法、公职外,私法的所有强制性规范(如婚姻法、收养、遗嘱,以及时效规定和诉讼法等)也被当成是公共利益的对象。但公法和私法却构成了"法的"理念统一体。该统一体不仅包括世俗法和

---

[22] 《学说汇纂》(Dig. 1.1.2);《法学阶梯》(Inst. 1, 1, 4)。

宗教法,而且还囊括城市与邦国的特别法(Partikularrecht)*,以及特定群体的特殊法。在教学和实践中不熟悉"公法"与"私法"这一范畴二分法。特别规则优于一般规则。在没有特别规则的地方,人们便求诸"共同法"(gemeines Recht)或"皇帝法"(Kaiserrecht)。这起初是辅助性的,但受过高等教育的法学家们抢占舞台越多,法律适用的位阶关系就越来越有利于围绕共同法旋转。当15、16世纪的评阅人被召唤去解答有关皇帝选举、皇帝的代理、帝国议会问题,以及解决有争议的统治权利或征税问题时,他们便把从包括采邑法(Lehnrecht)在内的罗马-意大利法中,还从《萨克森法鉴》(Sachsenspiegel)、帝国的选举基本法、1356年的《黄金诏书》以及由习惯法形成的"帝国习俗"(Reichsherkommen)中发现的必要因素收集到一起。来自《旧约》和《新约》的论据在此也无所拘束地拥有一席之地。

诚然,中世纪鼎盛时期以降,在公共-政治的、统治者的和在此意义上的"公共"领域与私人生活领域之间存在着差异。公共领域的法律规则属于"公法"(ius publicum);[23]在私人生活领域中,对每一个人都有效的法律规则要受到尊重,但它们之间的界限却难以辨认。邦国与统治根据家族法和继承法被转让,还常常根据买卖法和担保法被转让。在犯严重罪行时,刑法属于公共领域,而在犯轻罪时则属于私人领域,人们在私人领域通过罚金寻求抵偿。

---

* 这是与当时欧洲"共同法"(Ius commune / gemeines Recht)相对的法律体系,属于德意志民族自己的法律,如日耳曼法等。该词也可以译为"地方法"。——译者

23 参见:Dilcher-Quaglioni(见本书注释8)。

近代早期的执政当局才慢慢提出"公共刑罚主张",并区分私人诉讼和"官方诉讼";[24]但对它们的评价与今天相比在一定程度上可谓左右颠倒。私人领域与公共领域几乎不分,或肯定另有所区分,对当时的想法来说,诅咒与发誓、招魂、耍魔术和行巫术、通奸与其他罪行都是公共秩序问题,因为这些行为都会给国家招致上帝的愤怒,因而会危害国家。邦国是否是王朝的家族财产,并由此可以被继承、被分割、被出卖和被抵押,对这样的核心问题,邦国"不可分割"的路线主张也同样慢慢得以推行,而这条路线主张是近代早期"国家形成"的重要前提。如此一来,领地脱离了私人领域,并获得了超个人的轮廓。相应地,统治者形象逐步演变成为"最高的国家公仆",虽然他被视为身居其王朝的顶端,并承蒙上帝的恩泽,但他现在认识到对"国家"这一抽象物负有义务。

二 新的条件状况

中世纪的法律秩序受世俗"皇帝法"和教会法的支撑,但它还是首先面向村落法、邦国法和城市法、采邑法、专门的职业法、等级权利,以及无数特权和特殊法。当生活条件和人们的心态随15世纪结束而在16世纪期间发生巨变时,中世纪的法律秩序因其混合

---

24 对此现在可参见研究项目的成果:克劳斯·吕德森(Klaus Lüderssen)、克劳斯·施赖纳(Klaus Schreiner)、罗尔夫·施普兰德尔(Rolf Sprandel)和迪特马尔·维罗魏特(Dietmar Willoweit),《旧欧洲社会中的冲突、犯罪与制裁》(Konflikt, Verbrechen und Sanktion in der Gesellschaft Alteuropas, Köln-Weimar-Wien 1999-2006),10卷本。此外,还有形成了关于前国家刑法题材的专著丛书。

第二章 从罗马法中解放出来与宪制法法源学说的调整

了习惯法和成文法、被讲授的法和未被讲授的法而必定陷入困境。各种标志性变革层出不穷。新的雇佣军取代了旧的骑士军。骑士阶层在物质上和社会上都没落了;变得更为富有的城市市民阶层崛起;从事远程贸易的豪门家族与政治搅在一起,并摇身变为金钱贵族*;宗教改革引起帝国框架的巨大不稳,并抛出全新的宪制问题,譬如,提出新教皇权在理论上有无可能的问题。16世纪下半叶的德国城市因财政危机而受到削弱,大的贸易家族把地中海输给了土耳其人,政治势力发生位移。[25] 贵族也不再是封闭的一帮人了。教会统一体因特伦特宗教会议(1545—1563年)彻底分崩离析。罗马天主教、路德宗和加尔文宗从此再也不可能凝聚成一个完整的教会统一体。东正教教会也长期自主独立。如此一来,对于教会力量来说,失去世俗影响的东西落到了诸侯领主的头上。诸侯领主这时不再把自己定义为法官,而是把自己主要定义为立法者。作为"主权者",他力图完整自己的领地,为领地划定边界,在边界内可以适用他的法律和命令。

领主的法律和命令逐步取代了之前的法律秩序。此时适用这样的规则,即新命令替代旧命令。整个法律大厦由此发生了翻转,因为古老的法律从前被当成是更受尊崇的法律("良善的古老之法")。中央最高立法者现在是决定性的。特别法受到排挤,特权

---

* 指用金钱买来的贵族头衔,而非世袭贵族。——译者

[25] 卡尔·S. 巴德尔(Karl S. Bader)、格哈德·迪尔歇尔(Gerhard Dilcher),《德国法史——乡村与都市:旧欧洲的市民与农民》(Deutsche Rechtsgeschichte. Land und Stadt-Bürger und Bauer im Alten Europa, Berlin-Heidelberg 1999),第 688 页及以下诸页[迪尔歇尔(Dilcher)著]。

被取消；然而，凭借新法又授予了大批新特权。这时，新的立法者至少在理论上还废除了失去作为"皇帝法"光环的罗马法，并代之以新的制定法。

人们努力把立法和统治者职务推向中心位置。在这种努力与古代晚期相衔接的进程中，16世纪早期还产生了这样的思想，即宣称罗马法有效不是凭借权威、品质或习惯，而是因为苏普林堡家族的洛泰尔三世皇帝（Lothar Ⅲ. von Supplinburg，1075—1137年）把它作为整体使其在法律上具有约束力，通过这种方式为发生动摇的罗马法权威提供支撑。这一"洛泰尔传说"早在1643年就遭到彻底驳斥，[26]但该传说竟能形成，这也表明"立法"这个语词在当时施展了许多说服力。

崭新的、立法性的"国家权力"使罗马法相对化了。传统上被认为自身具有连续一贯性、完全不容冒犯的罗马法，因人文主义的语文学和新的历史化视角而产生了裂痕，这也促进了罗马法被相对化的根本性过程。16世纪伟大的人文主义者-法学家们［安德烈亚斯·阿尔恰托斯（Andreas Alciatus）、吉约姆·比代（Guillaume Budé）、雅克·居亚斯（Jacques Cujas）、胡果·多内鲁斯（Hugo Donellus）］对文本进行了更为准确的考察，从而打破了法律内在统一的观念，而这种内在统一观念原本通过和谐化解释得以维持，甚至得以产生。人们在这时看到了不同的"文本层级"，区分各位古代作家，发现了谬误和明显矛盾之处。罗马法不再是被神圣化

---

[26] 赫尔曼·康林（Hermann Conring），《德意志法的起源》（Der Ursprung des Deutschen Rechts, Frankfurt 1994）［译自《日耳曼法起源的历史评注》（De Origine Iuris Germanici Commentarius Historicus, Helmstedt 1643）］。

的西方统一法,而是历史上流传下来的大量文本而已,这些文本还显露出了缺陷,并导致无数解释争议。

既然崛起中的专制主义*把自己确立为立法者,从而对法制进行重新整饬,那么它在原则上就可以自由地把罗马法当作材料加以使用,并且还有很多理由向人们表明,不要浪费罗马法精微的规则形成、材料细分和生活经验等这样的宝贵财富。于是乎,早在16世纪就出现了这样的想法,即人们可以把罗马法用作全面编纂法律的基础,用经受过考验的邦国法对其进行补充,并为法律整体提供一套符合数学和自然科学新精神的理性形式。当然,人们没有想到过要把罗马法直接转用到16世纪的关系中去。就此而言,罗马法可被使用的东西自有限制。而可被使用的东西是12世纪以降被帝国公法学使用过的、用来支持中央权力主张的古代晚期的头衔、象征和法律套语。譬如,主张君主的意志具有法律效力(quod principi placuit legis habet vigorem);君主凌驾于法律之上["君主不受法律约束"(princeps legibus solutus)],但受不可改变的自然法和神法的约束;统治者被看成是世界之主(dominus mundi)、家父/国父(Landesvater)[众人之父(pater omnium)];统治者不仅能够创制法律,而且还可以修改、解释和再次废除法律。所有这一切都值得人们重新着手研究。

---

* 德文词"Absolutismus"可译为"绝对主义""威权主义""专制主义",它指近代欧洲民族国家兴起后,权力日益集中于世俗王权,逐渐形成了君主乾纲独断的政治体制,它在近代主权概念的加持下追求体现君王意志的法制统一和无微不至的国家目的,通常就是绝对君主制。本中译本一般将其译为"专制主义"或"专制",这样在表述上更顺畅一些,同时也更容易理解。——译者

此外，人们根据解释的所有技艺规则去运用罗马法储存。既然君主作为"国父"拥有了父权（patria potestas），那么人们就可以把继承法规则运用到君主遗训（Fürstentestament）中去，并且宣布邦国和民众都可以被继承，但也从中推导出遗产要尽可能地保持集中完整。有关父权的信条教义把人变成了"邦国子女"和臣民。邦国的范围按照"领地"（Territorium）这个语词的罗马法定义来加以确定。人们从君主的家父固有财产和属于罗马法的采邑法中推导出收入概念["国王财权"（Regalien）]*。为了保护在经济上受到威胁的贵族，人们又从罗马的信托受益人法（Fideikommissrecht）中发展出贵族世袭财产不可转让、不许设定债务负担的特殊法。[27]

可以被灵活解释的罗马法因此还为变化了的宪制环境提供无数多的衔接点，但它再也无法拼合成一套对16、17世纪的宪制现实应该有用的体系了。就连在提出要用德意志皇权去延续罗马帝制主张的德国，这都变得不言而喻。古代的帝制与当时的帝制不可再相提并论。宪制境况完全天渊之别。此外，罗马"公法"最重要的因素之一，即神圣法，这时已经变为教会法了。在宗教改革时期，教会法遭致分裂，已变成特殊法，它不再适合作为帝国宪制的有力框架。到那时为止，所有关于教会财产、主教职权、婚姻法、离婚、修士们的财产权和继承权以及其他众多内容的规则都必须重新确定。

---

* "Regalien"意指王权，包括象征王权的标识、标记、徽章、服饰等。但这种王权的很大一部分内容是与财政相关的经济专属权利，即国王在财政意义上或经济利益上的经济特权。国王的这种经济特权随分封采邑制逐渐被转移给了领地上的领主，也成为后来领地主权的重要内容。结合文本内容，本中译本把该词译为"国王财权"。——译者

[27] 菲利普·克尼普席尔德（Philipp Knipschild），《论祖产——论贵族的家族财产》（Von Stammgütern. Tractatus de fideicommissis familiarum nobilium, Ulm 1654）。

三 新的宪制法

在宗教改革时期产生影响的"反罗马情绪"附加性地助长了以下趋势,即要从自己的根源去论证皇帝和帝国;古代晚期的帝国在公元 800 年通过教皇转移给了卡尔大帝(Karl der Große),而这个教皇转移版本被一种特有的世俗化设计所取代。然而,这个帝国直至其终结都被称为"神圣的"和"罗马的",这还是给它带来了某些荣光。但在王朝强权政治的旗号下,这几乎不再有意义,尤其是在"三十年战争"结束(1648 年)之后的时期和在帝国自身寿终正寝之时(1806 年)更是如此。

罗马法的重点因此一如既往地在一般债法上,尤其在特别合同法、质押权、抵押权和继承法上。罗马法的重要性主要在于,它传授法律的论证方式,在智识上统一此时已变得越来越重要的"法学家阶层",并把工具交到他们手上,好让他们理性地和有文本支撑地论证法院判决或评阅书。[28] 这也同样适用于刑法。刑法形成于本土传统,从那时起就被罗马-天主教的诉讼法所覆盖。古老的罗马法只留下残余,而且自从帝国在 1532 年下定决心编纂自己的刑法典以来,这些残余也消失殆尽。这部《卡洛琳娜刑法典》(Constitutio Criminalis Carolina, CCC)在当时被当成帝国法,直到它在 18、19 世纪被其他法典替代为止,它最终被 1871 年的帝国

---

[28] 米歇尔·施托莱斯(Michael Stolleis),"法学家阶层"(Juristenstand),载:HRG, 2. Aufl. Berlin 2011, 1440-1443。

刑法典所取代。

总而言之,自沃尔姆斯帝国议会及其1495年的改革法以来发生变化的宪制局势、深入影响所有生活领域的宗教改革(Reformation)、紧随宗教改革而来的教派分裂和宗教战争,这些都为"那些塑造国家和政治秩序的规则和结构"[维罗魏特(Willoweit)语]带来了全新的条件状况。不能再用罗马法和此时的"共同"法去统领从中世纪晚期以来所称呼的"德意志民族神圣罗马帝国"了。帝国的正当性变得支离破碎。作为立法国(Gesetzgebungsstaat)的近现代国家呼之欲出,更准确地说,它将要求清除到此时为止的现行法。

第三章　公法形成的要素

一　"政治学"

如同罗马法,"政治学"(Politica)也是古代遗产。在整个中世纪期间,大学所使用的文本是来自公元前4世纪的亚里士多德(Aristoteles)的《政治学》(Politik)。大约在1260年,威廉·冯·默贝克(Wilhelm von Moerbeke)把它从希腊文翻译为拉丁文,它从此就构成了探讨以下问题的基础:国家的形成、公民在国家中的地位、政体(君主制、贵族制和公民制*)及其变态形式(专制、寡头

---

*　亚里士多德用"politie"这个词描述该政体形式("politie"是"politeia"的变形词,其含义相同)。吴寿彭在亚里士多德的《政治学》中译本中把它译为"共和制",把它的变体形式译为"平民制"(详见〔古希腊〕亚里士多德,《政治学》,吴寿彭译,商务印书馆,1983年,第178页)。亚里士多德对此实际上指的就是由多数公民统治的政体类型,它确实带有共和蕴涵,但"共和制"明显带有强烈的罗马政制意味,该称谓一般来说不太适合用来描述古希腊的实际政制情况;另一方面,把它的变体"Demokratie"译为"平民制"也不符合把这个词译为"民主制"的通常译法。鉴于此,本中译本把亚里士多德用"politie"所指的政体类型译为"公民制",把它的变体译为"民主制"。实际上,作为政治学元概念的"politeia",当被用作政体时,亚里士多德在两个层面上使用它:一是用它来指包括所有政体的上位概念,二是又用它来专指"公民制"(politie,polity),即"多数人的统治"。需要指出的是,"公民制"这一译法也参考了其他译文,对此详见〔美〕韩金斯,"排他性共和主义与非君主制共和国",董成龙译,载《政治思想史》,第3期,2016年,第110页。——译者

制和民主制)。人们还基于该文本讨论君主的德性、"正确治理"、宪制变化和"国家病患"的治愈,以及公民的培养。

可是,这种"宪制学说"在中世纪晚期法律人才的教育中却仅仅扮演着微不足道的角色。它在艺学系(后来的哲学系)中得以讲授。它在该系中除了伦理学(个人)和经济学(家庭)外,还塑造人类社会化的第三阶段(国家)。法学家们是否大量参加过这门预备性课程,这令人怀疑。他们学习好罗马法和教会法就远远足够了。

宗教改革使建立在亚里士多德这位"异教徒"基础之上的学说中断了十年之久。在这之后的1530/1531年,新亚里士多德主义因菲利普·梅兰希通(Philipp Melanchthon)的权威在新教大学开始重新繁荣。其兴盛大约延续至17世纪60、70年代。在该时间段出版了大量"政治学"著作。这些著作反映了截然不同的思想传统、教派和政治条件状况,但也不断让亚里士多德的政治学原型若隐若现。这些"政治学"作品出自路德教徒[亨宁·阿尼塞乌斯(Henning Arnisaeus)、格奥尔格·舍恩博纳(Georg Schönborner)、赫尔曼·康林(Hermann Conring)]、天主教徒[弗朗西斯科·苏亚雷斯(Francisco de Suárez)、佩德罗·里瓦德内拉(Pedro de Ribadeneira)、格雷戈里乌斯·托洛萨努斯(Gregorius Tolosanus)、亚当·康岑(Adam Contzen)]和改革宗信徒[兰贝图斯·达纳斯(Lambertus Danaeus)、约翰内斯·阿尔图修斯(Johannes Althusius)、巴托洛马乌斯·克客尔曼(Bartholomaeus Keckermann)]之手。尤其在路德宗大学存在着有关政治学的论辩文、博士论文、手册、体系和专论小册子浪潮,"也就是说,与公法的确立同时发生"。[29]

这些政治学与宗教捆绑在一起,其捆绑强度也有所不同。其中一些政治学寻求超教派立场。譬如,天才的荷兰语文学家尤斯图斯·利普修斯(Justus Lipsius)在1589年所著的《政治学》,该著作配有主要来自塔西佗作品的摘录。它取得了轰动性成功,不仅因为其语言的优雅,而且也因为利普修斯祈求教派统一、良好治理和强大的国家,还因为他缓和了佛罗伦萨政治家尼可罗·马基雅维利(Niccolò Machiavelli,1469—1527年)那些群情激愤的论点,并对之加以娴熟调和性的阐述。其中的核心问题是,政治与宗教是否属于被分开的领域,行动中的政治家是否可以采取欺骗和暴力手段。众所周知,马基雅维利支持政治独立于教会的主张,并在特定条件下毫不犹豫地同意政治家有权采取欺骗和暴力手段。在马基雅维利的周围和早在他有生之年,佛罗伦萨就冒出了"国家理性"(ragione di stato)这一表述。"依照国家理性而行动"从此便意味着,在政治斗争中要冷静估计自己和他人的力量(理性=计算);追求国家的目标,而不用去顾及宗教和道德,或顶多只在策略上顾及一下它们而已。这些对其时代而言超乎寻常的大胆论点,不仅导致教会禁止马基雅维利的作品,而且还造成非道德的政治被妖

---

[29] 霍斯特·德赖策尔(Horst Dreitzel),《新教的亚里士多德主义与专制国家——亨宁·阿尼塞乌斯的〈政治学〉(约 1575—1636 年)》[Protestantischer Aristotelismus und Absoluter Staat. Die „Politica" des Henning Arnisaeus(ca. 1575-1636),Wiesbaden 1970],第 412 页及下页。现可参见克里斯托夫·施特罗姆(Christoph Strohm),《加尔文主义与法律——近代早期改革宗法学家著作中的世界观-教派层面》(Calvinismus und Recht. Weltanschaulich-konfessionelle Aspekte im Werk reformierter Juristen in der Frühen Neuzei,Tübingen 2008)。

魔化为"马基雅维利主义的"。

谁想探讨诸如允许欺骗或战争诡计的问题,但又不想提及马基雅维利的名字,那么他就可以借助古代作家普布里乌斯·C. 塔西佗(Publius C. Tacitus,约58—120年)的作品去干这样的事儿。在15世纪被重新发现之后,塔西佗在德国尤其受到人们的青睐,因为他描述了具有德性的古代日耳曼人的习俗风貌[《日耳曼志》(Germania)]。不过,对欧洲来说更为重要的是他的《编年史》(Annalen)和《历史》(Historien)。从对它们的评注中发展出了实践伦理学和政治学讨论。这场讨论被称为"塔西佗主义"(Tacitismus),而它本身又被分为共和主义与专制主义两大主流。[30]

二 德意志民族法源

然而,对于那些在16世纪末为城市当局、领主或维也纳的皇帝提供咨询的法学家来说,罗马法中少量的国家法因素、援引被重新评注的亚里士多德作品或西塞罗(Cicero)的《国家篇》(De republica)都不再有利。《圣经》也是亟需诠释的文献,人文主义者们重新发现的中世纪的国事典籍(Staatsschrift)也是如此。在这些

---

[30] 于尔根·冯·施塔克尔贝格(Jürgen von Stackelberg),《罗马语族中的塔西佗》(Tacitus in der Romania, Tübingen 1960);埃尔泽－莉莉·埃特(Else-Lilly Etter),《16世纪和17世纪思想史中的塔西佗》(Tacitus in der Geistesgeschichte des 16. und 17. Jahrhunderts, Basel 1966);肯尼思·C. 谢尔哈(Kenneth C. Schellhase),《文艺复兴政治思想中的塔西佗》(Tacitus in Renaissance Political Thought, Chicago 1976)。

国事典籍中，人们典型地偏爱那些对抗教皇统治主张的文献。

为了在法律上进行富有前景的论辩，人们必须诉诸帝国宪制本身。路德的宗教改革和1525年的农民战争、宗教战争及16世纪最后三十年的帝国危机，这些都迫使人们解释对帝国及其"宪制"至关重要的具体规范。但哪些规范至关重要呢？它们就是本导论开篇时已经提到过的"帝国基本法"（Reichsgrundgesetz）。

毋庸置疑，这类位阶最高的法律当属1356年的《黄金诏书》，它主要确定了皇帝的选举程序。该诏书首先提及七位选帝人（选帝侯）的有效人数，并确定了选举程序。[31] 1495年补充了一批重要的帝国法，其中主要是通过公布《邦国永久和平法令》（Ewiger Landfrieden）以及设立帝国皇家法院（Reichskammergericht）以遏制私斗，即限制以前被允许的私人战争。很快在维也纳紧跟帝国皇家法院设立了帝国宫廷参事院（Reichshofrat）。自皇帝卡尔五世（Karl V.）选举以来，在每届皇帝选举时都要签订选帝协议（Wahlkapitulation），也就是把候选人与等级阶层之间所达成的协议写进"条款"当中。[32] 1555年的《奥格斯堡宗教和约》（Augsburger Religionsfriede）保证了帝国宪制法的框架，天主教徒和新教徒在该框架内可以相互一起生活。[33] 这类"基本法"在1648年又增添了《威斯特伐利亚和约》（Westfälischer Friedensvertrag）。该和约是

---

[31] 《黄金诏书》的现存样册在2013年被宣布为世界文化遗产。

[32] "条款化"（Kapitulieren）的意思是，被划分成条款的文本被认可为有约束力（现代德文词"kapitulieren"的意思是"投降""屈服""认输"等。——译者）。

[33] 马丁·黑克尔（Martin Heckel），《教派时代的德国》（Deutschland im konfessionellen Zeitalter, Göttingen 1983）。

宗教派别、帝国内部秩序和国际法秩序的核心文件。这些在当时也被当成是根本法或基本法。由帝国议会通过的更为重要的法律，即被提到过的帝国决议（Reichsabschied），[34]也被赋予同样性质。这些帝国决议在每次帝国议会结束后都会被直接刊印出版。人们一直认为其中的《帝国警察条例》（Reichspoliceyordnung，1530年）和《帝国刑法典》（Reichsstrafgesetzbuch）即《卡洛琳娜刑法典》（1532年）尤其重要。

一旦把所有这些法律汇聚在一起，那么这些材料大约在16世纪中叶就为法学家们所探讨的"德意志民族神圣罗马帝国"宪制，即"神圣罗马-日耳曼帝国公法"（Ius Publicum Sacri Imperii Romano-Germanici）作好了铺垫。[35] 这个帝国下面大约有一千个政治子单元，其中包括正在形成中的国家、单个的政权、教会领地、汉莎自由市、帝国城市、帝国村庄、帝国修道院等。[36] 帝国因此在事实上拥有一部"宪法"（Verfassung）。它是一种选举式帝制，但实际上体现的却是哈布斯堡家族的世袭权威。对此存在着一个由拥有选举权的选帝侯组成的委员会、一个以帝国议会为名的等级会议、两个最高法院（帝国皇家法院和帝国宫廷参事院）、数个大范

---

[34] 在帝国议会结束时，帝国议会被"解散"（verabschiedet），或者它本身通过（verabschiedete）其决议（德文词"verabschieden"有"告辞""送别""解除""通过"等含义。——译者）。

[35] 芭芭拉·施托尔贝格-里林格（Barbara Stollberg-Rilinger），《德意志民族神圣罗马帝国——从中世纪结束到1806年》（Das Heilige Römische Reich Deutscher Nation. Vom Ende des Mittelalters bis 1806，München 2006）。

[36] 格哈德·克布勒（Gerhard Köbler），《德国诸邦——从中世纪到当代的德国领地》（Historisches Lexikon der deutschen Länder. Die deutschen Territorien vom Mittelalter bis zur Gegenwart，München 1988），第7扩展版，2007年。

围的区域性联盟即"帝国大区"(Reichskreise),以及依个别情况而召集的帝国军队,即所谓"帝国征兵"(Reichsaufgebot)。帝国干不成的事情是,建立有效的帝国行政、有良好收益的税收体系,以及拥有执行权的广泛的司法行政。帝国也没有形成一个可以与巴黎、伦敦或马德里相媲美的中心国都。处在帝国边上的维也纳向来与其说是"德意志"帝国的首都,还不如说是哈布斯堡帝国的都城。

由此可见,这时应该在法律上议定这一复杂的政治构成物。其推动力主要来自皇帝与帝国之间以及各教派阵营之间危险的政治僵局。尽管有《奥格斯堡宗教和约》,但是在16世纪70年代还是发生了一系列冲突。这些冲突给新教方面敲响了警钟。他们对澄清帝国宪制问题尤感兴趣,并在其22所大学中资助培养法学家,而在由耶稣会领导的28所天主教大学中却长期忽视法学家的培养(萨尔茨堡大学是例外)。因此,此时新教的作者们一马当先,他们从事"(神圣)罗马-日耳曼帝国公法"研究,还为此编写讲稿、举办论辩会、指导博士论文撰写。从中很快就产生了首批汇编著作和教科书。其中领先的是路德宗的阿尔特多夫大学、耶拿大学、斯特拉斯堡大学和吉森大学。此外,还有诸如马堡大学、海德堡大学和巴塞尔大学这样的改革宗之地。在一个更广圈子中属于改革宗地方的还有图宾根、奥登河畔法兰克福、黑尔姆施泰特和但泽这些大学。人们立即认识到,这关乎一门新的重要专业,它在这之前被大家忽视了;罗马法不适合这门专业,它所包含的东西对当前有效的帝国法、宗教宪制法、战争法、联盟法或行政专业知识都没有什么用处,也没含有对帝国议会和代表团议会、帝国大区议会、国库或军队有用的东西。那些"政治学"著作对此也不够翔实具体。

这门新专业在 1600 年至 1620 年期间繁荣兴盛起来。很快在小型大学里都流行至少拥有一个"公法"代表的教席。如此一来,在实践上,人们在公开课堂上探讨绝密问题即国家和行政保密事务的迟疑态度很快烟消云散,因为在该领域最终拥有专业人士的好处实在太明显了。为贵族保留的骑士学院也马上把公法纳入到教学计划中。这些骑士学院是用来培养未来官员、军官和外交官的学校。[37]

让我们来解释这门新专业能被迅速接受的原因。一方面,新教方面的人们察觉到了来自"三十年战争"前夜宪制冲突的政治压力。那里的人们在语文学上也被晚期人文主义武装起来了,并知晓本土文本。这些新派的"公法学家们"(Publizisten)——他们很快被这样称呼——在方法上接受过罗马法教育,罗马法为他们提供了理性笔法、专业语言和专门的论辩方式。天主教方面对本土文本知晓得也并不少,但他们几乎没有把学术精力投放到对这些文本的注解当中去。他们在很大程度上更容易固守从古到今的立场,即认为罗马法作为"皇帝法"是正当性的真正源泉,还是论辩的蓄水池。

对此有一例为证:因一起不太重要的纠纷,新教城市多瑙沃特经皇帝批准被巴伐利亚公爵马克西米利安(Maximilian)接管了,

---

[37] 克劳斯·布勒克(Klaus Bleek),《德意志骑士学院里的贵族培养》(Adelserziehung auf deutschen Ritterakademien, Frankfurt 1977);诺贝特·康拉茨(Norbert Conrads),《近代早期的骑士学院——16 世纪和 17 世纪作为等级特权的教育》(Ritterakademien der frühen Neuzeit. Bildung als Standesprivileg im 16. und 17. Jahrhundert, Göttingen 1982)。

第三章 公法形成的要素

巴伐利亚议事会于是在 1610 年争辩到,根据罗马元首制,应该由维也纳的帝国宫廷参事院来管辖这桩帝国执行案。新教方在 1611 年回应道,似乎"从现在起像希望的那样就足够了,古老的罗马皇帝和现在的德意志皇帝迥然不同。据此,日耳曼帝国的政体(ipsa totius reipublicae Germanicae forma)不是来自罗马法,或来自巴托鲁斯(Bartolo)和巴尔杜斯(Baldo),就像报告人……非常明显伪造的那样,而是更多地来自普遍的帝国习俗和动人的古老宪制,来自《黄金诏书》、皇帝及国王的选举协议、帝国决议以及与日俱增的宪令"。[38] 这段话此时变成了人们的普遍确信。

---

[38] 塞巴斯蒂安·法贝尔(Sebastian Faber)、路德维希·米勒(Ludwig Müller),《帝国皇家法院审理帝国城市多瑙沃特纠纷以及执行判决的经过及法律情况之详细报告》(Beständige Informatio facti & Juris wie es mit den am Keiserlichen Hof wider des H. Römischen Reichs Statt Donawerth außgangenen Processen/und darauff vorgenommenen Execution/aigentlich und im Grund der Warheit beschaffen seye),1611 年,无出版地。

第四章　帝国公法学、自然法与国际法、"善治"

一　帝国公法学

从1600年到1806年旧帝国寿终正寝，帝国公法学（Reichspublizistik）得到了发扬光大。它不可与现代的新闻传媒学（Publizistik）*混为一谈，而其意指对提到过的帝国宪制法源进行学术探讨，并把这种学术探讨传授给下一代法学家们。因为所有的大学都是邦国大学，并且都隶属于领主或帝国自由市（斯特拉斯堡、纽伦堡），所以在大学中发展起来的专门知识要服务于政治，此乃理所当然。当时法院流行把"案卷移送"（Aktenversendung）**到大学的法律系，大学的公法教授们在该制度框架内讨论案件时，他们便兼任法官。不仅如此，在牵涉邦国主权或帝国直属地区的所有纠纷中，他们还是天生的评阅人。他们在其中要维护雇主的利益。因此，我们要对其"客观性"少有期待，如同对现代学术自由——在

---

*　现代德语词"Publizistik"指传媒学、新闻学。——译者

**　当时的司法流行所谓的"案卷移送"（Aktenversendung），即拥有管辖权的法院将疑难案件文书送至当地大学的法律系；法学教授们只书面审查证据与诉状，有时还要求补充相关材料，最后拟定一份判决意见书，再转发给法院。——译者

第四章 帝国公法学、自然法与国际法、"善治"

18世纪末才被如此宣传,并在19世纪才得以勉强贯彻——少有期待一般。"客观性"本来就是一种骗人的假象。[39]

新专业的建立典型地始于材料汇编、首批摸索的论辩文(Disputation),以及始于或多或少具有体系性质的"博士论文"(Dissertation)。当时既有为练习目的所布置的论辩文,又有作为结业课程所安排的论辩文。而博士论文通常出自教授本人之手,交给博士候选人进行公开答辩。大学印刷商接着按主题出版这些被分成文集的博士论文,从这些博士论文迈向正式的教科书就只有一步之遥。在赫尔博恩高级学校的约翰内斯·阿尔图修斯(Johannes Althusius)、耶拿大学的多米尼库斯·阿鲁梅乌斯(Dominicus Arumaeus)、吉森大学的戈特弗里德·安东尼乌斯(Gottfried Antonius)和马堡大学的赫尔曼·弗尔特乌斯(Hermann Vultejus)的手下都是如此运作。主题性重点形成了如下问题:公共的统治权归谁拥有[管辖权(iurisdictio)、主权(maiestas, Souveränität)];统治者受何种法律约束;未经等级会议的同意,统治者是否可以向邦国强征赋税;是帝国皇家法院还是帝国宫廷参事院才拥有管辖权;特定的国王财权(铸币权、关税、矿产、狩猎和捕鱼、市场保护、犹太人保护等)归属于谁。同样重要的还有围绕教派财产权即教会和修道院的土地、收入与教会宝藏的所有纠纷。在帝国层面涉及皇帝和帝国等级阶层的领域划分,也就是涉及"主

---

[39] 对此参见英戈尔夫·佩尔尼斯(Ingolf Pernice),"《基本法》第5条第3款评论"(Kommentierung des Art. 5 Abs. 3 GG),载霍斯特·德赖尔(Horst Dreier),《〈基本法〉评论》(Grundgesetz Kommentar),第2版,第1卷(Tübingen 2004),第715页及以下诸页。

权"的归属。在其划时代著作《国家六论》(Les six livres de la République,1576年)中,让·博丹(Jean Bodin)已经把主权定义为"绝对的、永久的国家权力"(puissance absolue & perpétuelle d'une République)。

此乃专制主义的理论公式。该公式在帝国却无法适用,因为既无法谈及皇帝拥有绝对权力,又不能说帝国等级阶层在进行"绝对"统治。博丹把德国的政体称之为"贵族制",这招致不少异议。这个问题没法真正解决,人们于是突然想到把法律权利[主权(maiestas)]和主权实际行使[治权(imperium)]分开这条出路,还同样把国家的主权[实际主权(maiestas realis)]和统治者的主权[人格主权(maiestas personalis)]分开。这样的政体没法被归纳到亚里士多德的经典政体学说中去,因此人们把它宣布为"混合制"。它类似于古罗马的政体,也同样含有君主制、贵族制和民主制因素,正因为如此,所以这种"混合制"才被当成是特别稳定的政体。[40]

专门解答这些问题的文献在17、18世纪以惊人的方式增长。这些文献对令人称奇和敬畏的"巴洛克书山"(barocker Bücherberg)作出了显著贡献。吉森大学教授迪特里希·赖因金(Dietrich Reinkingk,1590—1664年)在1619年出版了《论世俗与宗教统治》(Tractatus de Regimine seculari et ecclesiastico)。该著作是这类文献的首部汇编巨著,作者代表了虔诚路德宗、效忠皇

---

[40] 维尔弗里德·尼佩尔(Wilfried Nippel),《古代与近代早期的混合政体理论与政体现实》(Mischverfassungstheorie und Verfassungsrealität in Antike und Früher Neuzeit,Stuttgart 1980)。

第四章 帝国公法学、自然法与国际法、"善治"

帝和君主制这些立场。[41] 约翰内斯·李曼内乌斯（Johannes Limnaeus）那部包含九卷本的著作更为强烈地偏向于帝国等级阶层的事务，这是一部结构划分清晰和材料堆积过多的手册（1629—1634年）。[42] 他这样来解决主权问题，即把实际统治权赋予帝国（更准确地说是帝国等级阶层），把人格统治权赋予皇帝，而统治权力要受到更高位阶法律的约束。这是"皇帝与帝国"这一公式在理论上的平衡深意。

"大战"在1618年爆发，国土屡遭摧毁，山河破碎，而大学运行却只在某些地方和某些时段才被中断。更多有关公法的论辩文和博士论文、各类小书和小册子根据战争局势相继出版。人们不断争辩（错误的或正确的）国家理性（Staatsräson）。反哈布斯堡王朝尤其尖锐的是已成名的有关国家理性的论文，即《博士论文——论我们罗马-日耳曼帝国的国家理性》（Dissertatio de ratione status in Imperio nostro Romano-Germanico）。这是自称为"希波吕托斯·à.拉皮德"（Hippolithus à Lapide）的博吉斯劳斯·菲利普·冯·开姆尼茨（Bogislaus Philipp von Chemnitz）在1640年或1647年出版的作品。[43] 该著作试图抛开哈布斯堡王朝，从而达到把帝国权力转移到帝国议会的目的——这是与英国"光荣革命"

---

[41] 克里斯托夫·林克（Christoph Link），"迪特里希·赖因金"（Dietrich Reinkingk），载《国家思想家》（Staatsdenker），第3版，1995年，第78—99页。

[42] 鲁道夫·霍克（Rudolf Hoke），"约翰内斯·李曼内乌斯"（Johannes Limnaeus），载：Staatsdenker，3. Aufl. 1995，118-128。

[43] 开姆尼茨（Chemnitz）等于斯拉夫语的"施泰因"（Stein），等于拉丁文的"拉皮斯"（Lapis）。对此参见鲁道夫·霍克（Rudolf Hoke），"希波吕托斯·à.拉皮德"（Hippolithus à Lapide），载：Staatsdenker，第3版，1995年，第118—128页。

(Glorious Revolution)有趣同步的一次尝试。英国的"光荣革命"终结了王权建立专制主义的企图,并最终形成国王与议会之间的平衡["王在议会中"(king in parliament)]。

1648年,在明斯特和奥斯纳布吕克达成了人们所期盼的和平条约。该和约改变了帝国宪制,创制了新的宗教法,它还是欧洲国际法新秩序的起点。"帝国"在法国、瑞典和哈布斯堡王朝这些强权之间已变成更为孱弱的方阵,它虽然继续得以保存,但各个帝国等级阶层已经获得"领地法与主权"(ius territorii et superioritatis),这种权利仅仅因为在口头上要顾及皇帝和帝国而与完整的主权有所不同罢了。在一部宽泛的基本法中,皇帝的主权权利受制于帝国议会的同意[《最新帝国决议》(Jüngster Reichsabschied,1654年)]。在宗教问题上,人们一致同意倒算至1624年这一"正常年"状态;加尔文的改革宗当作应受保护的第三教派被纳入到该和约中;程序保护制度可以保证,宗教问题不会再突破帝国宪制。未解决的问题被拖延到将来解决,但直到帝国终结(1806年)都没有得到解答。帝国皇家法院再度运行,并在施派尔遭到破坏后于1689年迁到了韦茨拉尔。帝国议会在雷根斯堡建立起"永驻帝国议会",因而是永久的公使议会,它一方面在制度上得到稳固,但另一方面却只具有有限的政治能力。

帝国宪制也被同时代人称作"帝国体系"(Reichs-System),它从此被认为笨拙且陈腐,而在欧洲四周——意大利和波兰除外——形成了强大的民族国家,尤其是路易十四(Ludwigs Ⅺ.)统治下的法国堪称专制主义的模范国家。在帝国自身,崛起中的勃兰登堡-普鲁士和哈布斯堡王朝的多民族国家形成了两支主要

第四章 帝国公法学、自然法与国际法、"善治"

力量。在这二者之间活跃着第三个"德国",它是由中小型国家组成的混合物。在求诸欧洲列强的保证下缔结了《明斯特和奥斯纳布吕克和约》(Friede von Münster und Osnabrück),该和约从此有助于确保欧洲大陆的权力均衡["威斯特伐利亚秩序"(Westphalian order)]。就此而言,该和约最终建立起了一种国际法秩序。

1648 年之后的宪制情况在一定程度上半新半稳定。尽管大学遭到战争的打击,但帝国公法学却以大量出版物回应了这样的宪制情况。较小的新教高校(阿尔特多夫、维滕贝格、林特尔恩、赫尔博恩、黑尔姆施泰特、杜伊斯堡、柯尼斯堡)偏居一隅,而耶拿、马堡、吉森、斯特拉斯堡和图宾根这些大学又迅速找到了衔接关系。39 海德堡大学蒙受多次教派变换,接着不仅遭到两次摧毁(1689 年、1693 年),而且从 1700 年起作为耶稣会大学还再度丢失了与公法的联系。1665 年建校的基尔大学因"北方战争"而遭受损失;格赖夫斯瓦尔德从 1637 年起归属于瑞典,尽管它保留下了讲德语的大学。[44] 总体上,我们观察到了智识生活的位移。诚然,有在黑尔姆施泰特大学任教的医学和政治学教授赫尔曼·康林(Hermann Conring,1606—1681 年),有在海德堡大学短暂授课的年轻的萨穆埃尔·冯·普芬道夫(Samuel von Pufendorf,1632—1694 年),但是欧洲领军的自然科学家和人文科学家,诸如弗朗西斯·培根(Francis Bacon)、巴鲁赫·斯宾诺莎(Baruch de Spinoza)、勒内·

---

44 谢尔·A. 莫德尔(Kjell A. Modéer),《瑞典国王在德意志帝国领地中的司法审判权》(Gerichtsbarkeiten der schwedischen Krone im deutschen Reichsterritorium, Stockholm 1975),第 423 页及以下诸页、第 458 页及以下诸页。

笛卡尔(René Descartes)、布莱士·帕斯卡(Blaise Pascal),或戈特弗里德·威廉·莱布尼茨(Gottfried Wilhelm Leibniz),他们都在大学以外工作。学术团体、新式科学院、沙龙和读书会吸引着越来越多的饱学之士。他们在那里进行更为开放的、不拘于形式的讨论,做实验,交换书籍。新知识通过超乎寻常的密集的书信网络得以传播。相比之下,人们在大学观察到教席在学阀王朝内部复制,此外还观察到学习和出版实践的模式化、行会精神和与外界的隔绝。在天主教领地上的大学(因戈尔施塔特、特里尔、维尔茨堡、迈因茨、科隆、萨尔茨堡)处于教会的监管之下,它们很少重视法学,直至18世纪中叶才开始犹豫不决地接受启蒙精神。在这些大学里充其量零星地讲授公法,而在路德宗和改革宗的高校以及骑士学院,在1700年左右就已经提供几乎完整的帝国宪制课程,尽管在质量上参差不齐。

二 自然法与国际法

除了帝国的宪制法,即狭义上的"公法",在17世纪期间还确立起了两门新专业。它们在广义上可以属于公法,准确地说就是自然法和欧洲的国际法。二者不同,但相互之间又最紧密地联系在一起。

专制主义在权力政治上得以推行,各领地的内部结构被重新划分。要在如此推行和重新划分的规模上也为外交关系找到一种新的法律沟通体系,就变得十分必要。皇帝作为"世界之主"(dominus mundi)统治全球的这种中世纪观念,早在14、15世纪就

第四章 帝国公法学、自然法与国际法、"善治"

已经变得无效。采邑法曾长期满足类似于国际法维护和平的功能,它也失去了起初的军事意义。主权信条从此压倒一切。该信条这时被用于抵制一切外部干预的工具。虽然界分统治权利和影响区域倒不是近代的特别现象,但是只有欧洲国家自身真正意识到的对内和对外主权,才有可能也才有必要把关系形式化,并把这些关系提升到国家间法律[国际法(ius gentium)*]的新层面。"国际法理念",伊曼努尔·康德(Immanuel Kant)在1795年写道,"以分隔出众多彼此独立的邻国为前提"。[45] 只有这种"分隔"才有可能界分领地,并把它们当成法律统一体,尤其当成条约缔结的当事方。紧接着这一发展而来的便是相应的国家礼仪。[46]

首先我们注意到,16 世纪在受过人文主义教育的作者名下,有关战争、武器装备种类、战术和防御工事的文献在引人注目地增长。在中世纪开始对古代作家韦格提乌斯(Vegetius)、弗朗提努斯(Frontinus)和埃里亚努斯(Aelianus)的作品进行评注,这样的评注此时得到了加强,还对"奥兰尼统治者家族的军队改革"(Heeresreform der Oranier)产生了实际影响。这场军队改革带来广受重视并受古代楷模激发的军事变革。大量的战争小册子流传

---

* 在近代国家兴起之前,一般把"ius gentium"译为古代罗马法意义上的"万民法",但在近代国家兴起的语境下把它译为"国际法"更好。对此可参见本书第十九章第一节。——译者

[45] 伊曼努尔·康德(Immanuel Kant),《论永久和平》(Zum Ewigen Frieden, 1795),第 1 篇附录,第 2 页。

[46] 米洛什·维茨(Miloš Vec),《诸侯国的礼仪学——专制主义统治代表制的法律与政治理论》(Zeremonialwissenschaft im Fürstenstaat. Studien zur juristischen und politischen Theorie absolutistischer Herrschaftsrepräsentation, Frankfurt 1998)。

到整个欧洲[马基雅维利(Machiavelli)、皮埃里诺·贝利(Pierino Belli)、巴尔塔扎尔·阿亚拉(Balthazar de Ayala)、阿尔贝里科·根蒂利(Alberico Gentili)、尤斯图斯·利普修斯(Justus Lipsius)、海因里希·冯·兰曹(Heinrich von Rantzau)、拉扎鲁斯·冯·施文迪(Lazarus von Schwendi)、贝尔纳迪诺·门多萨(Bernardino de Mendoça)、约翰·雅各比·冯·瓦尔豪森(Johann Jacobi von Wallhausen)、埃利亚斯·罗伊斯内尔(Elias Reusner)等]。在那些小册子中除了涉及技术问题外,还主要涉及对战争的辩护[开战权(ius ad bellum)]和交战时允许使用违法手段[战争法(ius in bello)]。如果在战争中允许使用违法手段,若可能甚至在和平时期也允许的话,那么出于国家理性允许撒谎和欺骗吗?对战俘、被征服的国家、生活在被征服国家中的臣民及其财产该采取什么措施?战争小册子于是转变成这样的战争国际法(Kriegsvölkerrecht)文章,因此也探讨报复、护送法、战利品法、捕获法、战俘和海盗的处置。

与此同步产生了无数有关联盟法、公使法和公使馆法、外交往来及其象征形式的论文。在这些论文中抒写下了欧洲国家舞台复杂的地位等级秩序。但它们主要涉及条约:当君主们代表其国家缔结条约时,约束性效力问题马上就被提出来了。如果条约"永远"有效,并对继任的统治者也是如此,那么,当政治形势发生了变化,而条约又有"情势"保持不变这一保留条款["情势不变条款"(clausula rebus sic stantibus)],这时可以单方面解除该条约吗?或者,要忠实原文地遵守条约["约定必须遵守"(pacta sunt servanda)],而不用考虑情势正在发生变更,这样的戒律会如此硬

第四章 帝国公法学、自然法与国际法、"善治"

性有效吗?

所有这些问题在 16 世纪的西班牙和葡萄牙得到讨论,其背景是中美洲和南美洲被大范围地发现和征服。这些问题尤其在"萨拉曼卡学派"(Schule von Salamanca)中被进行讨论。该学派的代表人物有弗朗西斯科·维多利亚(Francisco de Vitoria,1483/1493—1546 年)、多明戈·索托(Domingo de Soto,1494—1560年)、费尔南多·法斯奎兹(Fernando Vasquez,1512—1569 年)和弗朗西斯科·苏亚雷斯(Francisco de Suárez,1548—1617 年)。在神学和国际法上触动他们的是,对战争有极大争议的辩护、战争的边界、土著民的法律地位。

我们在此无法描述欧洲国际法的形成。[47] 其形成主要完成于从萨拉曼卡出发,经由西班牙统治的荷兰到新教的荷兰,再到英国的这条西欧地理弧线,并在同时既是法哲学又是国际法著作的《战争与和平法——自然法与国际法三论》(De Jure belli ac pacis libri tres in quibus ius naturae et Gentium)中达到顶峰。这是荷兰的通才学者胡果·格劳秀斯(Hugo Grotius,1583—1645 年)在 1625年发表于巴黎的一部著作。[48]

---

[47] 阿图尔·努斯鲍姆(Arthur Nussbaum),《国际法史》(Geschichte des Völkerrechts,München-Berlin 1960);威廉·G. 格雷韦(Wilhelm G. Grewe),《国际法时代》(The Epochs of International Law,Berlin-New York 2000),米歇尔·比尔斯(Michael Byers)译校;卡尔—海因茨·齐格勒(Karl-Heinz Ziegler),《国际法史》(Völkerrechtsgeschichte),第 2 版(München 2007)。

[48] 哈索·霍夫曼(Hasso Hofmann),"胡果·格劳秀斯"(Hugo Grotius),载:Staatsdenker,3. Aufl. 1995,52-57;罗伯特·芬斯特拉(Robert Feenstra),"格劳秀斯"(Grotius),载施托莱斯(Stolleis)主编,《法学家》(Juristen,München 2001),第 265—268 页。

该著作在其副标题中还预示着将探讨"公法"最重要的内容。这是一部划时代的著作,它还决定了17、18世纪德国大学里的自然法与国际法教学。在经过因战争而出现的明显拖延后,德国大学开始有了研究格劳秀斯的广泛文献,教授们"按照格劳秀斯"讲授紧密交错的自然法与国际法,以至于在17世纪末要掌握大量材料,德国自己的书目已是必需的了。[49]

三 自然法(自然法与国际法)

16世纪以降,自然法以同样方式得以繁荣兴盛,如已经谈及过的那样,它与国际法紧密交错。作为法律人才培养内部的理论-哲学专业,自然法提供了一套一般法权学说。这套法权学说用权利和义务(针对自己、针对他人、针对上帝)争辩性地展示了作为个体的人、在家庭和社会以及国家中的人。自然法也探讨宪制问题以及国家间相互的权利和义务,从而与"国际法"(ius gentium)部分重叠。恰好在格劳秀斯那里就可以看到这一点。

自然法在17、18世纪激增的原因,与提到过的有关国际法增长的原因类似。但是,自然法向严格体系形成的发展进程必须要特别单独说明其理由。"自然法"栖息于要追溯到最古老的哲学史文本中的观念之上。那些观念接着从希腊漫游到古代晚期的《学说汇纂》和《法学阶梯》的开头章节中,进而通过中世纪神学继续流

---

[49] 恩斯特·赖布施泰因(Ernst Reibstein),"格劳秀斯的德国注解者——直至克里斯蒂安·沃尔夫"(Deutsche Grotius-Kommentatoren bis zu Christian Wolff),载《外国公法与国际法杂志》(ZaöRV),第15期(1953/1954年),第76—102页。

第四章　帝国公法学、自然法与国际法、"善治"

传进"十诫"和教会圣父们的神学诠释当中。在中世纪神学中发展出了神法、自然法和人的实证法三位一体。亚里士多德的《政治学》也同样为自然法提供了思想起点,比如在奴隶制问题上、在婚姻秩序或公民的正确行为上。因此,欧洲世界在15、16世纪拥有了丰富的自然法论据资源,[50]但在法律人才的培养中既没有更高水平意义上的"体系",也没有训练有素的"自然法"学科。

在16世纪的动荡之中,欧洲那时为人熟知的世界发生了根本性变化。教派分裂导致人们对自然法问题的看法有了分歧。因此,比如路德主义者拒绝自然法上的反抗权;茨温利主义者(Zwinglianer)则以"黄金规则"和圣山训诫为导向;加尔文主义者把理性从属于上帝创世,相应地绘制出一套理性的"基督教政治学"(Politia Christiana)。在荷兰和西班牙,基于它们之间的联系,还出现了对萨拉曼卡学派道德神学自然法的广泛继受。这样一来,当时用于新世界法律问题的论辩材料已经准备好了,这些材料也用于信仰自由的基本问题、人的义务清单,以及自然法针对实证法的不公或缺陷所具有的说服力。

尽管所提及的要素都准备好了,但是精心制作的自然法体系仍未产生,这样的自然法体系要具有那种随着17世纪"自然科学革命"而占统治地位的严格要求。在发现美洲和绕行非洲之后,要求有一种为"整个"世界的自然法,也是为被如此称呼的"原始民族"即"野蛮人"的自然法。哥白尼转折把这个世界从中心驱赶到

---

[50] 梅里奥·斯卡托拉(Merio Scattola),《自然法之前的自然法——16世纪的"自然法"史》(Das Naturrecht vor dem Naturrecht. Zur Geschichte des „ius naturae" im 16. Jahrhundert,Tübingen 1999)。

围绕太阳运转的轨道中。[51] 这个世界被贬低为球状行星,现在还可以被人们完全占有。[52] 这对于自然法普遍的法律统一思想而言可谓显而易见。

与此同时,方兴未艾的专制主义需要一套依据以便消除中世纪晚期的社会状况,并把这种社会状况转入拥有集中操控的统一的统治模式中。自然法提供了这样的依据,它应许一种理性的、几何学的、能拉平所有等级阶层差距的秩序。人们开始为这样的秩序罗列出最高原则,并从这些原则中一步一步地进行逻辑推演。其中所运用的方法深受新自然科学的鼓舞,而新自然科学在1600年左右忙于一项接着一项的发现。哥白尼(Kopernikus)、布拉赫(Brahe)、开普勒(Kepler)、伽利略(Galileo)和培根(Bacon)所发现的是"自然法则"(Naturgesetz)。把他们的方法转移到"自然法"(Naturrecht)上,没有什么比这更容易的了。以对上帝全能的敬畏之心所专研的"自然之书"和自然法之书并立,上帝把自然法规则已写进了人的心中,但也首次有了摆脱"上帝假设"的尝试。勒内·笛卡尔(René Descartes)在1673年的著作《论正确运用自己的理性在各门学问里寻求真理的方法》(Discours de la méthode pour bien conduire sa raison, et chercher la vérité dans les

---

[51] 汉斯·布卢门贝格(Hans Blumenberg),《哥白尼世界的起源》(Die Genesis der kopernikanischen Welt,Frankfurt 1975)[简装版,3卷本(Frankfurt 1981)]。

[52] 沃尔夫冈·赖因哈特(Wolfgang Reinhard),《欧洲扩张史》(Geschichte der europäischen Expansion),4卷本(Stuttgart 1983,1985,1988,1990);约尔格·菲施(Jörg Fisch),《欧洲扩张与国际法——从15世纪到当代对海外疆土地位的争论》(Die europäische Expansion und das Völkerrecht. Die Auseinandersetzungen um den Status der überseeischen Gebiete vom 15. Jahrhundert bis zur Gegenwart,Stuttgart 1984)。

第四章　帝国公法学、自然法与国际法、"善治"　　47

sciences)中清楚地表达到,在方法上发展起来的新科学应该取代过时的经院方法,它不但产生出在自然科学上可靠的成果,而且还旨在理性地论证道德和法律定理。托马斯·霍布斯(Thomas Hobbes)强调,人们对于国家理论需要一种方法,"激情与冲动对之都无能为力。这便是数学方法"。[53]

与此相应地,这时还出现了"国家作为机器"的图景。国家可以被建构,如同按"自然法则"准时走动的钟表那样。[54] 换言之,自然法则(Naturgesetz)的可靠性看上去是人们希望转移到社会世界的特性。上帝作为钟表匠按照他的法则去安排整个世界,这甚或具有如此的约束力,以至于他都无法再偏离他自己的自然法则(此乃奇迹问题矣!)。[55] 不仅如此,作为此岸世界的上帝,主权者也有权力作为立法者按照他的意志去安排社会世界。但主权者也要受他自己法律的约束。倘若这台机器受唯一力量即主权者力量的驱动,那么人们同时对进行统一的、自上而下"彻底统治"的专制主义也会有理想的强化。

依照数学-自然法公理,这样的统一和清理果真有可能的话,那么它们就是对历史的胜利,还意味着解决了人类社会的所有问 46

---

[53]　托马斯·霍布斯(Thomas Hobbes),《法律要义——自然法与民约法》(The Elements of Law, Natural and Politic,1650),献词。

[54]　芭芭拉·施托尔贝格-里林格(Barbara Stollberg-Rilinger),《作为机器的国家——专制诸侯国的政治比喻》(Der Staat als Maschine. Zur politischen Metaphorik des absoluten Fürstenstaats,Berlin 1986)。

[55]　洛林·达斯顿(Lorraine Daston),《奇迹、证据与事实——理性史研究》(Wunder, Beweise und Tatsachen. Zur Geschichte der Rationalität,Frankfurt 2003),第2版。

题。因为人们当真已发现了社会世界的自然法则的话,那么就只存在着唯一的真理。诚然,坚信原罪、"罪恶"的消极人类学、洞见到人在具体情况下的脆弱,这些都与那样的数学乐观主义背道而驰。但是,戈特弗里德·威廉·莱布尼茨(Gottfried Wilhelm Leibniz)对数学化法律的幻想和萨穆埃尔·普芬道夫(Samuel Pufendorf)、克里斯蒂安·托马修斯(Christian Thomasius),尤其是克里斯蒂安·沃尔夫(Christian Wolff)的自然法教科书巨著,[56]都趋于承载这样的乐观主义,即至少原则上可以造就法律的明确性。在伊曼努尔·康德(Immanuel Kant)以其批判作品动摇和限制人类认识可能的可靠性之前,所有这些在一段时间里仍大行其道。[57]

自然法在德国大学里的文献发展总趋势是,它始于17世纪下半叶,在18世纪达到顶峰。这种发展总趋势的原因在于政治力量发生了位移。首先,专制主义存在着与其理论对等主张的紧密结合,其对等主张认为可以从最高原则中推导出规范定理。如同处于国家金字塔顶端的统治者试图把他的命令往下贯彻,受几何学安排的自然法也同样往下统治国家,直至婚姻这样的最小社会单元。其次,市民阶层在经济上和政治上越获得解放,他们就越强烈

---

[56] 诺特克尔·哈默施泰因(Notker Hammerstein),"萨穆埃尔·普芬道夫"(Samuel Pufendorf),载:Staatsdenker,3. Aufl. 1995,172-196;克劳斯·卢伊格(Klaus Luig),"克里斯蒂安·托马修斯"(Christian Thomasius),载:Staatsdenker,3. Aufl. 1995,227-256;马塞尔·托曼(Marcel Thomann),"克里斯蒂安·沃尔夫"(Christian Wolff),载:Staatsdenker,3. Aufl. 1995,257-283。

[57] 沃尔夫冈·瑙克(Wolfgang Naucke),"康德"(Kant),载:HRG,2. Aufl. Berlin 2012,Bd. 2,Sp. 1580-1585。

第四章 帝国公法学、自然法与国际法、"善治"

地强调其自主和行动自由,还部分地排挤国家。这时越来越明确要求的自由权利也有助于此。[58] 最后,反抗专制主义的革命反对派形成了,他们把自然法用作去除君主制正当性的蓄水池。统治者突变成要被推翻的独裁者,因为他们违反了(虚构的)社会契约。在自然法的这一最后阶段,它作为被压迫者奋起反抗的法律外衣在某种程度上破坏了政体本身。

法国大革命消退了,它被"驯服"了,"君主立宪制"(konstitutionelle Monarchie)作为19世纪调和的基本模式被确立下来,这滥觞于1814年的法国宪章。在这之后,自然法的政治功能也结束了,自由主义的要求仍在利用自然法,譬如,1818年之后南德意志的宪法争论。在这些争论中还存在着要求超越实证法的东西。姑且不论罗马教会稳定的内部传统,远在19世纪后期都仍会发现个别自然法余脉。但是,至于通过专制主义进行法律统一化,自然法在整体上已完成使命。它已经为大型法典完成了准备工作,以启蒙运动的理性主义为生,最后还激发了大革命的人权激情。然而,自然法作为理想社会的理论设计在拿破仑战争、浪漫派和历史主义中却走向衰落。在17世纪和18世纪中期,人们相信可以从一个点出发去建构社会世界,以这种方式就可以直接采取有力措施造就"所有人的幸福"。但自伊曼努尔·康德的登场、他的认识论批判和他反对"幸福主义"(Eudämonismus)以来,就不再有这样的信心了。

---

58 迪特黑尔姆·克利佩尔(Diethelm Klippel),《18世纪德国自然法中的政治自由与自由权利》(Politische Freiheit und Freiheitsrechte im deutschen Naturrecht des 18. Jahrhunderts, Paderborn 1976)。

四　善治

到目前为止，我们对帝国和领地的宪制法［公法（ius publicum）］、国际法（ius gentium）、自然法（ius naturae）及其特别的公法塑造［普遍公法（ius publicum universale）］进行了概述，但还没有触及内部行政及其"法律"。

如果我们再回到中世纪晚期，那么只能有条件地谈及行政，对行政法甚至还无从谈起。统治集中化于一个固定的官邸，扩大官僚体系和机构、税务和财政行政，这些都还只是在逐步推进，并且地区差异非常大。君主及其大臣们头脑里所想的，以及萦绕"政治学"学说的都是"善治"（Gute Policey）*理想。善治意味着有序的统治结构、民生与福祉、预防和控制危险、半关怀性半压制性的社会政策、兴办教育、设立医疗服务，但也要打击"不道德的东西"，以及维护教会制度。国父——在理想原型上——看管一切，如同好的"家父"在自己的家族中所做的那样。

中世纪以降，就已经开始由城市执政当局来调整这些生活领域了。城市的狭窄空间迫使人们一直以"善治"之名出台各种各样的规定和禁令。军事防御、消防、供水、卫生、健康、风纪、防止铺张浪费、维持"等级阶层"之间的差距等其他许多事项都在城市"条例"中得以调整，不断得到大家牢记，还要与新的需要相适应，并受

＊ 关于"Policey"的含义及相关译法说明，参见本书第一章第四节中的译者注。——译者

第四章 帝国公法学、自然法与国际法、"善治"

到监督。领主们采取的办法相同,并在 16 世纪至 18 世纪期间提高了调整密集度和推行强度,这与权力垄断同步。帝国还在 1530 年颁布了一部《帝国警察条例》(Reichspolicey-Ordnung),并逐步更新这部条例。[59] 但是,由于帝国没有执行权,所以这部《帝国警察条例》更可能被用作领地的"蓝图",而领地方面又把它当作邦国法令加以接受,并对它继续丰富完善。

有关"警察"的广泛领域的文献,即有关整个国家内部良好秩序的文献异常丰富。因为按照时代观念,良好的公共秩序始于家族,所以首先存在有《婚姻手册》(Ehebüchlein)、《婚姻箴言》(Ehe-Spiegel),也就是良好"家族管理"的细则。接着是关于优秀家父与家母的流行书籍。这些书籍从其不起眼的开端发展成为家政学[经济学(Ökonomie)]的鸿篇巨著。然后经过标准的转译,从中形成了国家经济学手册,这些手册又发展成为后来的民族经济学或国民经济学。

因为治理有方的国家以受过良好教育的君主或贤明的幕僚为前提,所以被如此称呼的君王明镜(Fürstenspiegel)这一古老类型的书籍又繁荣起来,它可以被放在君主跟前,以便规劝他过有德性的生活。对于城市执政当局,存在着相应的"箴言",以及存在着有关优秀宫廷侍从或宫廷侍臣(Bonus Aulicus)、良好公使德性和义

---

59 卡尔·黑特(Karl Härter)主编,《德意志帝国与教会侯国(美因茨选侯、科隆选侯、特里尔选侯)》[Deutsches Reich und geistliche Fürstentümer (Kurmainz, Kurköln, Kurtrier), Frankfurt 1996][即,卡尔·黑特(Karl Härter)、米歇尔·施托莱斯(Michael Stollies)主编,《近代早期警察条例大全》(Repertorium der Policeyordnungen der frühen Neuzeit),第 1 卷]。

务的指南书籍,还有大量有关官僚伦理的论述。从这些材料中发展出来的治理小册子与日俱增。这些小册子不仅含有伦理准则或虔诚规劝,而且还变得更为实用,它们探讨行政的建立、获取好官员、俸禄问题、官阶和代表权问题。法伊特·路德维希·冯·泽肯多夫(Veit Ludwig von Seckendorff,1626—1692年)在1656年首次出版的著作《德意志诸侯国》(Teutscher Fürstenstaat)是该类文献的巅峰之作。[60] 它是一本关于统计学、法学、警察、财经、政治学和伦理学知识的纲要——所有这一切都是以小国萨克森-哥达为视角,但它被认为是具有普遍性的,以至于被数代人奉为圭臬。

在17世纪期间,尤其在"三十年战争"之后,领地行政被重新组织。出版了法院和官府统一的格式指南,以及律师和公证员所用的样本指南。人们这时不再把法律上的重要事实记录在羊皮纸证书上保存于"档案室"里,而是去处理被统一印制在纸张上的文件。在这些文件中留下了执政当局指示命令的副本。人们请求报告,或派遣巡视员,从而才使得拥有执行监督的高效行政成为可能。[61]

在这样的理性化和规范化氛围下,现在复印的《警察条例》被送达给官员们和地方当局。这些警察条例在现场被口头或书面公示,并被监督实施。它们叫作"条例"(Ordnung)、"指令"(Anweisung)、

---

60 米歇尔·施托莱斯(Michael Stolleis),"法伊特·路德维希·冯·泽肯多夫"(Veit Ludwig von Seckendorff),载:Staatsdenker,3. Aufl. 1995,148-171。

61 科尔内利亚·维斯曼(Cornelia Vismann),《文件——媒体技术与法》(Akten. Medientechnik und Recht,Frankfurt 2000)。

"命令"(Befehl)、"训令"(Mandat)、"批示"(Reskript)、"法规"(Gesatz)或"规章"(Satzung)。因为还没有官方的法律公报,所以人们使用《知识界报》(Intelligenz-blätter)和其他报纸进行告示和公开宣讲,但很快不得不以特有的汇编方式出版当时的最新资料。

各个行政分支部门的规范化在18世纪期间继续提高,其规模如同从最初负责主管的官员小圈子中形成诸多"宫廷议事会"(Hofrat)这一新的下级机构。枢密院(Geheimer Rat)负责真正的政府工作,宗教议事会或教会监理会负责教会事务行政管理、司法委员会负责裁判,战争议事会负责军队事务,经济、财政和税务行政机构负责收入和支出(财政事务);有负责道路、运河和边塞修建的部门,有负责救济穷人的"贫困救济警察",还有负责贸易和手工业、林业、狩猎与捕鱼等其他事务的部门。

机构的增加和机构进行管理的法律、条例或指令素材的增长,这些很快就产生了双重要求。一方面要求掌握越来越多的专门知识,另一方面要求把法律问题和其他专业问题分开。18世纪有关"良好秩序"的基本知识深受道德和宗教规范的影响,于是就从这些原初简单的"善治"基本知识中形成了花团锦簇的单个学科,而各位官员没法再掌握这些学科的内容。很快在大学里开设了农业、林业、矿业、商业、像工厂一样运作的手工业(原型工业)、财务、统计方面的专业课程。对此又要创设特有的教席,这已迫在眉睫。比如,普鲁士政府1717年在哈雷大学和奥登河畔法兰克福大学设立经济学、警察事务和财政事务教席。众多大学很快便紧随其后,奥地利也是如此。有些地方把新专业纳入到哲学系中,有些地方则建立"官房学校"(Kameral-Schule)*。在后来的学科分化过程中,又从这些地方形成了民族经济学、财政学、农业和林业、兽医学、矿业和其他学科教席。这些学科接着在19世纪分布在大学和技校中。随着18世纪明显观察得到的国家与社会的分离,教学专业类别的分化也形成了:在国家方面有警察学、财政学、国家经济学,而"私人经济学"和有关非国家生活的知识被归为社会科学(Gesellschaftswissenschaft)。[62]

在这两个领域里出现的法律问题构成了一种与之形成鲜明对比的断面材料。人们越来越多地看到,所提到过的条例、训令和命令属于"法"(Recht)的范畴,那么要求法学家们面对新发展的想法也就越来越多地浮现出来。之前所讲授的专业(共同法、采邑法、刑法、帝国宪制法、自然法与国际法)不再够用了。充其量在探讨"警察事务中的邦国主权"时,其中有些专业还可以被采用。所以,当维茨堡的教授约翰·亚当·伊克施塔特(Johann Adam Ickstatt)讲授有关"国民经济-官房法"(ius civile oeconomico-camerale)时,或当其他公法学家把"警察"(Policey)融进其体系时,这还是新颖之举。[63] 约翰·霍伊曼·托芩布伦(Johann Heumann

---

* 这是当时专门培养财务行政官吏和君主财政顾问的学校。德文"Kameral"一般翻译为"官房",它与负责管理王室财产、收入与支出事务的王室财政机关(Kammer)有关。与这些事务相关的知识在17、18世纪发展成为一门学科即"官房学"(Kameralistik,Kameralwissenschaft),其中包含了政治学、经济学和财政学知识,由此也形成了德国的官房学派。一般认为,德国的官房学派是当时欧洲重商主义在德国的变种。——译者

[62] 迈尔(Maier)(2009年版,见本书注释14),尤其参见第222页及以下诸页。

[63] 彼得·普罗伊(Peter Preu),《警察概念与国家目的学说》(Polizeibegriff und Staatszwecklehre,Göttingen 1983),第123页及以下诸页。

von Teutschenbrunn)已在 1757 年首次出版了单独的"警察法"(Polizeirecht,内部行政之法)著作。[64] 其他人紧随其后,以至于逐步形成了"警察法"(Policeyrecht)这一题材。该题材接着在 1800 年左右被称为"管理法"(Administrativrecht),在 19 世纪 30 年代被称为"行政法"(Verwaltungsrecht)。[*] 容易让人理解的是,把这些五彩斑斓的题材按事务领域进行划分,而事务领域又要遵循各个部委的权限,如同这些部委在向 19 世纪的宪法国家过渡中形成的那样。人们按照管辖范围原则(Ressortprinzip)首先区分了外交部、内政部、司法部、财政部和文化部。可是,大量正在形成中的行政法却在内政部的权限领域里。

京特·海因里希·冯·贝格(Günter Heinrich von Berg, 1765—1834 年)在 1800 年左右提供了警察法的皇皇论著。[65] 作者也是——时代典型的——首批思考要对行政活动进行法治限制的人。接着,在一代人之后,这种思想得到罗伯特·冯·莫尔(Robert von

---

[64] 约翰·克里斯蒂安·保利(Johann Christian Pauly),《作为科学学科的警察法的形成》(Die Entstehung des Polizeirechts als wissenschaftliche Disziplin, Frankfurt 2000)。

[*] "Administrativrecht"和"Verwaltungsrecht"这两个德文组合词只是词语表达不同而已,后者是对前者的德语化表达,二者的含义完全相同,即"行政法"之意。此处为了避免表述上的同词反复,才作如此字面区分。——译者

[65] 京特·海因里希·冯·贝格(Günter Heinrich von Berg),《德意志警察法手册》(Handbuch des Teutschen Policeyrechts),第 1 部和第 2 部(Hannover 1799);第 3 部,1800 年;补遗,1803 年;第 4 部,1804 年;第 5 部和第 6 部第 1 部分,1806 年;第 6 部第 2 部分、第 7 部,1809 年。

Mohl)的体系贯彻。[66]

五　小结

作为在近代早期法学框架内可以界分的思想和论辩典范,自然法的形成是一个发展过程。经过该过程,一种新的现实多亏新名称而得以构建。神圣罗马帝国连同它的机构(皇帝、帝国议会、帝国宫廷参事院、帝国皇家法院、帝国大区)、拥有司法审判权和行政的领地国家——所有这一切通过归为"公法"(Ius publicum / Öffentliches Recht)这个规范复合体而化为一种新的集合状态,并被重新看待和理解。1600 年以降,在大学开设的有关"公法"的课程和大量出版物,体现了 1555 年之后所形成的政治局势,但也塑造了新一代法学家们的意识。

学识渊博的大臣、法官、王子的老师、外交官、教材作者和法律评阅人专业地研究公法,他们是形成于专制主义的行政分支部门的中流砥柱。他们在国内实施"善治",颁布"警察条例",在国际法方面发展出外交关系的法律基本原则,借助自然法体系并在共同法的基础上对整个事务领域进行法典编纂,由此追求整个国家的"法律化"。

在这些工作中有四大显著趋势变得清晰可见:1. 政治行为摆

---

[66] 罗伯特・冯・莫尔(Robert von Mohl),《法治国基本原则下的警察学》(Polizei-Wissenschaft nach den Grundsätzen des Rechtsstaates, Tübingen 1832/33),2卷本;第 2 版扩展为《预防性司法或法律警察》(System der Präventiv-Justiz oder Rechts-Polizei, Tübingen 1844/45);第 3(修订)版(Tübingen 1866)。

脱宗教的束缚;2. 中世纪封建国家(人的联合体)转向现代的、集中化的官僚机构国家;3. 西方帝国与教会的大一统观念土崩瓦解,竞争性的王朝国家和(与日俱增的)民族国家势如破竹;4. 在1648年的《威斯特伐利亚和约》之后,帝国宪制僵化,并失去约束力,这为18、19世纪的普鲁士-奥地利二元体系铺平了道路。

这四大趋势中的每一种都在帝国或领地层面上走向公法的培育。在帝国层面形成了"罗马-日耳曼帝国公法"(Ius publicum Imperii Romano-Germanicum)这一宏大体系,并在18世纪约翰·雅各布·莫泽(Johann Jakob Moser)的毕生巨著里和在约翰·斯特凡·皮特(Johann Stephan Pütter)所在的领先的哥廷根大学中达到顶峰。[67]

大学里也同样产生出大量的自然法著作,譬如萨穆埃尔·普芬道夫、克里斯蒂安·托马修斯和克里斯蒂安·沃尔夫的作品,还有效仿荷兰典范的"普遍公法"(Ius publicum universale)这一自然法子类型著作。国际法在17世纪完全处于胡果·格劳秀斯的影响之下。它在整体上获取的分量要少一些,因为帝国既没有参与殖民扩张,也因受结构限制而无法推行强有力的外交政策。相比之下,在1648年之后几乎是独立自主的领地,在内政上参与了"近代国家的形成过程"。从王朝对"邦国和民众"拥有类似于财产

---

[67] 阿道夫·劳夫斯(Adolf Laufs),"约翰·雅各布·莫泽"(Johann Jacob Moser),载:Staatsdenker,3. Aufl. 1995,310-331;威廉·埃贝尔(Wilhelm Ebel),《来自伊瑟隆的哥廷根教授约翰·斯特凡·皮特》(Der Göttinger Professor Johann Stephan Pütter aus Iserlohn, Göttingen 1975);克里斯托夫·林克(Christoph Link),"约翰·斯特凡·皮特"(Johann Stephan Pütter),载:Staatsdenker,3. Aufl. 1995,310-331。

的支配权中逐步发展出制度性的国家联合体,这种国家联合体起初作为国库(Fiskus),[68]但接着在整体上获得了自己的法律人格。这样的国家减少了中世纪的法律多样性,越来越多地变成了下达命令的立法国(Gesetzgebungsstaat)。近代早期大量形成中的"警察条例"和大学中国家学专业的分化,在18世纪下半叶走向单独研究"警察"的法律方面,即形成了"警察法"。作为"宪法"(Konstitutions- oder Verfassungsrecht)的对应领域,人们在1800年左右把它称作"管理法"(Administrativrecht),很快又称之为德语化的"行政法"(Verwaltungsrecht)。

---

[68] 国库以法律上独立的国家表现形式而出现,臣民从而能够在法院起诉它,这在总体上不会伤及国家或统治者(国库理论)。

第五章　从革命到复辟期间的公法

一　政治世界的重大转变

在法国大革命与维也纳会议之间的 25 年具有史无前例的戏剧性。社会和宪制秩序土崩瓦解，紧接着便是一连串的欧洲战争。随着最后一部帝国法即 1803 年的《全帝国代表团会议主决议》（Reichsdeputationshauptschluß）的产生，德国经历了一场声势浩大的领地的"土地重划"（Flurbereinigung），112 个帝国等级阶层的区域消失了。紧接着又是莱茵联盟的分裂和皇帝逊位。皇帝逊位虽然是单方面完成的，帝国等级阶层也没有参与其中，但它却意味着旧帝国寿终正寝。帝国的职员们，其中包括地处韦茨拉尔的帝国皇家法院的法官们，都失去了职位。1806 年，拿破仑还以羞辱方式战胜了普鲁士，因而间接地迫使它走上彻底改革的道路。巴伐利亚随着 1799 年的政府更迭就已经开始了可对比的改革。符腾堡和巴登随着 1803 年起获得新土地也开始了这样的改革。勉强稳定的和平秩序得以建立，在 1814/1815 年的维也纳会议上开启了梅特涅（Metternich）时代，这段重大转变时期也随之结束。⁶⁹ 所有这些事件都直接触及公法及其学术探讨。旧帝国的"宪制法"消失了,新的中等国家形成了,它们竭力整合新区域。它们的君主陶醉于国王或大公身份。哈布斯堡家族不甘落后,并主张——像之前的拿破仑那样——皇帝身份。

对于大学来说,这段重大转变时期首先在1800年左右带来了"大学死亡"。帝国大约四十所大学差不多一半都被关停了,有的因为是教会的教育机构,或者是拥有教授王朝的小型大学,有的是经济原因关停。巴塞尔大学法律系在1817年左右还有六名学生和两名教授。相比之下,其他大学却欣欣向荣,譬如从兰茨胡特迁到慕尼黑的慕尼黑大学、新建的柏林大学或自由的海德堡大学。

二 德意志同盟

这些大学的公法学家因此在各方面都得重新定位。"帝国公法学家的藏书",罗伯特·冯·莫尔回顾道,"绝大部分在1803年和1806年变成了一堆废纸,他的学问变成了空洞无物的技艺"。⁷⁰ 如果这是意指实证的公法,这一说法倒还中肯,但这不适用于方法论。1806年的《莱茵联盟条约》(Rheinbund-Akte)一出版,就有教授们以哥廷根大学的皮特(Pütter)处理帝国宪制的方式对这种崭

---

⁶⁹ 对此详见恩斯特·鲁道夫·胡贝尔(Ernst Rudolf Huber),《1789年以来的德国宪法史》[Deutsche Verfassungsgeschichte seit 1789,(第1卷)Stuttgart 1957;Dietmar Willoweit, Deutsche Verfassungsgeschichte,(第7版)München 2013]。

⁷⁰ 罗伯特·冯·莫尔(Robert von Mohl),《国家学史及文献》(Die Geschichte und Literatur der Staatswissenschaften),3卷本(Erlangen 1855-1858),第2卷,第239页。

新的、未成熟的形成物进行体系化。于是,在几年之内就形成了公法上的"莱茵联盟文献",同样还产生了一份杂志《莱茵联盟》(Der Rheinische Bund,1806—1813 年)。[71] 触动作者们的是这样一些问题,即"保护者"拿破仑给莱茵联盟的成员国保留下了多少新主权;莱茵联盟的内部组织应该像什么样子;莱茵联盟是邦联还是联邦。不过所有这些问题很快就自己解决了,以至于作者们从 1815 年起转而去解释德意志同盟的宪法。

处于德意志邦国和四个自由市(吕贝克、法兰克福、不莱梅、汉堡)之上的这一国家法顶层构造建立于 1815 年 6 月 8 日。其成员不仅有普鲁士和奥地利这两个对手,而且还有丹麦(荷尔斯泰因的缘故)和荷兰(卢森堡的缘故)。拥有 38 个"主权"成员国的德意志同盟在政治上几乎没有多少行动能力。奥地利在其宰相梅特涅的领导下把自己确立为主导力量,这在普鲁士的侧面掩护下从此时起就决定了各个成员国的政治,尤其涉及通过 1819 年的《卡尔斯巴德决议》(Karlsbader Beschlüsse)[72]以压制所有民族奋斗和自由

---

[71] 格哈德·舒克(Gerhard Schuck),《在启蒙运动与早期自由主义之间的莱茵联盟爱国主义与政治公开》(Rheinbundpatriotismus und Politische Öffentlichkeit zwischen Aufklärung und Frühliberalismus,Stuttgart 1994);松本尚子(Naoko Matsumoto),《大变革中的警察概念——帝国公法学和莱茵联盟公法学中的国家目的学说与分权实践》(Polizeibegriff im Umbruch. Staatszwecklehre und Gewaltenteilungspraxis in der Reichs-und Rheinbundpublizistik,Frankfurt 1999)。

[72] 这是关于大学、新闻出版和关于建立一个调查"在同盟成员国中发现的革命阴谋"的中央机构的几个同盟决议,所有决议都在 1819 年 9 月 20 日颁布。这些决议文本参见恩斯特·鲁道夫·胡贝尔(Ernst Rudolf Huber)主编,《德国宪法史文献》(Dokumente zur Deutschen Verfassungsgeschichte),第 1 卷(Stuttgart 1961),第 31—33 编号。

努力时更是如此。

1815年至1848年，在大学任教和发表作品的公法教授们要同时完成多项任务。他们首先要负责讲授"德意志同盟的公法"，即同盟国现行的宪法法*。但这不囿于评论1815年的同盟条约和1820年的《维也纳会议最后议定书》（Wiener Schlussakte），后者是对前者的补充，它更为详细。因而，教授们要同时完成第二项更为重要的任务，即他们要了解各成员国的宪法法。授课和由此形成的书籍因此大多都叫作"德意志同盟法和同盟国法"（Das Recht des deutschen Bundes und der Bundesstaaten）。他们由此提供了对德意志宪制情况的广阔纵览。在同盟国的宪法那里，人们多半会发现君主立宪制"一般国家法"（Allgemeinen Staatsrechts）的总和。因此，它不是从自然法原理中建立起来的"一般国家学说"（Allgemeine Staatslehre），而是大多数邦国现行实证宪法法的综述。其中也含有对那些宪制状况落后于平均值的邦国的一种间接提醒。在受相对进步关系支配的地方，譬如在巴伐利亚、巴登和符腾堡这三个南德意志宪法邦国，教授们还有第三项任务，即评论自己的邦国宪法。然而，这有时隐藏着陷入与邦国政府发生冲突的风险，以至于他们只能逐步去论述更大邦国的邦国宪法法。德意志帝国的所有邦国在19世纪下半叶才在国家法上被一系列专著

---

* 德文词"Verfassungsrecht"，意为法律性宪法。由于德文"Verfassung"的含义非常广泛，因此在宪法概念史上一般把它分为"法律性宪法"和"事实性宪法"。由于"Verfassung"在中文中已被约定俗成地译为了"宪法"，所以为了区分"Verfassung"和"Verfassungsrecht"，本中译本根据具体语境把"Verfassungsrecht"译为"宪制法"或"宪法法"：在近代意义宪法产生前通常译为"宪制法"，在这之后一般译为"宪法法"。另外，把"Verfassungsgesetz"译为"宪法律"。——译者

涵盖。

19世纪上半叶领先的概述著作出自约翰·路德维希·克吕贝尔(Johann Ludwig Klüber,1762—1837年)之手。他早在1808年就撰写了《莱茵联盟的国家法》(Staatsrecht des Rheinbundes),还接连完成了一部有关维也纳会议的文献著作。该文献著作使他成为有关德意志同盟形成的最好专家。然后,他在此基础上于1817年出版了《德意志同盟公法和同盟国公法》(Oeffentliches Recht des Teutschen Bundes und der Bundesstaaten)。[73] 这是一部论述1830年前君主立宪制宪法法的实证主义论著,但它在基本路线上却是自由主义的。

克吕贝尔逝世后,海因里希·策普夫尔(Heinrich Zöpfl,1807—1877年)和海因里希·阿尔贝特·察哈里埃(Heinrich Albert Zachariä,1806—1875年)的相应论述统治着该领域。这三部论著都把德意志同盟法和各个同盟国国家法的综述结合在一起,其中与1806年之前的旧帝国仍保持着十分明显的联系在克吕贝尔那里消退了,被日益增强的实证主义观所替代,但在其中还谈不上严格限定于"纯粹法学"观点。作者们进行历史论证,援引现行法律,但也求诸规整性原则和"本质概念"。他们在政治上既不是革命的共和民主派,也不是君主制原则(das monarchische Prinzip)的坚定捍卫者。更确切地说,他们想把世袭君主制和新的议会制人民代表会议"有机地"联系在一起。国家应受"宪治"统领,即应该拥

---

[73] 第4版(死后出版),1840年,由卡尔·爱德华·莫施塔特(Karl Eduard Morstadt)整理完成。

有一部宪法,该宪法在民权(Volksrecht)和君权(Monarchenrecht)之间寻求平衡,一方面要宣告基本权利(Grundrechte),但另一方面要确保君主的核心权利:不容侵犯、掌握官僚和军队,在新教邦国还要由领主行使教会统治。在两院制中,除了议会(等级会议、下院或平民院、第二院),还有受君主把持的第一院,它是针对第二院的保守的平衡力量。[74] 此外,还处处效仿拿破仑设立"参政院"(Staatsrat),这是君主的另一种手段,用于立法咨询,必要时还可以制约第二院的立法。[75]

三　德意志一般国家法

"三月革命前"(Vormärz)即被广泛理解的从维也纳会议到1848年革命这期间的国家法学说,在不确定的地带活动。德意志同盟的国家法只吸引到人们相对少的兴趣,它被当作梅特涅政治的法律形式来遵守,并且还是强制性的。各个同盟国"共同的"德意志国家法是一种建构物,它在一定程度上是不存在的民族国家的框架,展现了妥协局势下的君主立宪制,而处于君主主权与人民主权之间的妥协局势还不稳定。接着从这种内在性两难之

---

[74]　米歇尔·施托莱斯(Michael Stolleis),"两院制"(Zweikammersystem),载:HRG,Ⅴ(1998),1833-1835;约阿希姆·冯·韦德尔(Joachim v. Wedel),《德国议会两院制的发展研究》(Zur Entwicklung des deutschen parlamentarischen Zweikammersystems,Berlin 2011)。

[75]　参见如汉斯·施奈德(Hans Schneider),《普鲁士参政院(1817—1918年)》(Der Preussische Staatsrat 1817-1918,München-Berlin 1952);纵览帕特里夏·康林(Patricia Conring),"参政院"(Staatsrat),载:HRG,Ⅳ(1990),1832-1836。

中引申出已被长久探讨的想法,即既不是把君主,也不是把人民,而是把"国家"变成主权的参考点,并把君主和议会宣布为国家的"组织机构"(Organ)。国家这一抽象物此时在整体上变成了法人(juristische Person)。[76]

这种国家通过各自的宪法得以规范聚合。宪法几乎完全建立在主权授予的基础之上,而不是建立在革命表达的人民意志的基础之上。人民代表会议离平等的、包含妇女在内的选举权还相距甚远。适用于男子的是财产审查选举权(Zensus-Wahlrecht),这种选举权对拥有财产和受过教育的市民阶层有利。没有东西可供交税的农业工人和产业工人被排除在外。当1867年在北德意志同盟和1871年在帝国推行平等的男子选举权时,各个邦国的财产审查选举权才被废除。在普鲁士,变得越来越不合时宜的三等级选举权(Drei-Klassen-Wahlrecht)还保留至1918年。

既然君主以这种传统方式——遵循保守派恪守的"君主制原则"——在理论上和实践上都位居国家的顶端,而议会只在立法和维护所宣告的基本权利时才被承认拥有"参与权",那么就会越来越仰仗内在的平衡力量。与专制主义不同,此时不再存在着对所有一切进行最后发号施令和不容侵犯的君主,他维持着国家机器的运转。更确切地说,君主这时作为法人的"组织机构"行使职权。他不再进行直接统治,而是代表国家整体。由君主委任并获其信任的首相来领导政府。首相自己物色大臣,大

---

[76] 亨宁·乌伦布罗克(Henning Uhlenbrock),《作为法人的国家——德国国家法学说基本概念的教义史研究》(Der Staat als juristische Person. Dogmengeschichtliche Untersuchung zu einem Grundbegriff der deutschen Staatsrechtslehre, Berlin 2000)。

臣们对自己的职权领域"负责"。这对君主来说意味着政治减负,但也意味着,各位大臣在以君主的名义签署颁布主权文件[副署制(Gegenzeichnung, Contrasignatur)]时,[77]他会受到议会的责难。议会的权限因此也在慢慢扩大。议会权限被确立后,议会就不再被理解为旧制度意义上的"邦国等级会议",而被理解为全体人民的正当化的代表机构,被召集起来保护人民的(基本)权利。可见,议会起初只被承认拥有监督权,然后拥有了参与权,但最后拥有了立法动议权。其中的核心是为预算权而斗争,即对批准征税和国家支出进行监督,就像1862年普鲁士的宪法冲突所体现出的那样。

由于人民对议会的政治参与受到无数的限制,所以自由主义法学家们的兴趣转移到通过司法制约国家权力的可能性上。在欧洲内相比,这是德国发展十分显著的一点。专制主义理论及实践仍把法官看成是严格受到君主意志约束的国家臣仆,这时随"分权"学说形成了法官与君主之间的第一道距离。司法(在人与物上的)独立属于1800年以来提出的"法治国"(Rechtsstaat)要求。[78]法官阶层对他们的培养以此理想为导向,这时还偶尔敢于援引新宪法把政府的措施评定为"不符合宪法"。政府以规训化措施予以

---

[77] 经典论述参见罗伯特·冯·莫尔(Robert von Mohl),《拥有人民代表会议的君主统治下的大臣责任制》(Die Verantwortlichkeit der Minister in Einherrschaften mit Volksvertretung, Tübingen 1837)。

[78] 迪特尔·西蒙(Dieter Simon),《法官的独立性》(Die Unabhängigkeit des Richters, Darmstadt 1975)。

回应,[79]但最终无法阻挡司法的解放进程。最后,这样的问题被提起,即各个公民有无可能在司法上对行政措施采取行动。保守主义者主张只采取行政内部监督,而自由主义者则支持——刚好就在1848/1849年的国民议会中——普通法院对行政措施拥有管辖权。最终,人们找到了妥协方案,该方案从1863年起开启了通往今天的行政司法审判的道路。[80]

四 邦国国家法与行政法

在德意志同盟各成员国中,根据宪制情况对新宪治条件下邦国国家法的论述存在着不一样的需求。有些领地太小,对这样的论述就没有正当需求;有些领地还没有宪法,以至于实际上也仅仅可以想到一部法律汇编罢了。因此,只要涉及邦国自己的公法,南德意志的立宪国就明显位居前列。在符腾堡,罗伯特·冯·莫尔的著作从1829年起脱颖而出;[81]在巴伐利亚,旋即出版了五部国家法教科书[施梅尔青(Schmelzing)、顺克(Schunck)、库库穆斯

---

79 托马斯·奥蒙德(Thomas Ormond),《法官的尊严与对政府的忠诚——普鲁士、巴登和黑森的公务法、政治活动与法官的规训化(1866—1918年)》(Richterwürde und Regierungstreue. Dienstrecht, politische Betätigung und Disziplinierung der Richter in Preußen, Baden und Hessen 1866-1918, Frankfurt 1994)。

80 米歇尔·施托莱斯(Michael Stolleis),"行政司法审判150年"(Hundertfünfzig Jahre Verwaltungsgerichtsbarkeit),载《德国行政报》(Deutsches Verwaltungsblatt),2013年,第1274—1280页。

81 罗伯特·冯·莫尔(Robert von Mohl),《符腾堡王国的国家法》(Staatsrecht des Königreichs Württemberg),2卷本(Tübingen 1829),第2版,1840年。

(Cucumus)、莫耶(Moy)、珀茨尔(Pözl)],而在巴登却一部都没有,但罗特克(Rotteck)和韦尔克(Welcker)的巨作《国家辞典》(Staatslexikon)以及众多期刊却发挥了凝聚公法的作用。

与此相比,库尔黑森、黑森-达姆施塔特、拿骚、汉诺威、不伦瑞克、梅克伦堡在1848年之前几乎无法谈起对公法的研究。在萨克森,公法研究在1831年的宪法之后才慢慢进入状态。在石勒苏益格-荷尔斯泰因,由于政治原因没有安宁的局面;在不莱梅、汉堡、吕贝克和法兰克福这些自由市,其领域空间又太过于狭小;在梅克伦堡,两大公爵国都在前宪治状态中停滞不前。

作为仅有的两个大邦国,普鲁士和奥地利也莫过于此。它们虽然不是立宪国,但拥有强大的、集权化的行政机器。它们的相关著作绕开了宪法问题。因此,在1848年之前没有任何一部重要的或独自的普鲁士或奥地利国家法书籍。奥地利的局势在受民族主义威胁的多民族国家中举步维艰。只要力图压制自由主义和民族主义奋斗的"梅特涅体制"存在,那么自由的学术讨论就不可能。人们讲授的"统计学"[国家知识(Staatenkunde)]代替了国家法。"法律知识"(Gesetzeskunde)代替了"一般国家学说"。在19世纪最后25年和20世纪前30年,人们在那里观察得到法理论和公法欣欣向荣,个中缘由或许也是,相应的智识力量已出现了数十年之久。

可见,在维也纳会议到革命年代即1848年这一时期,国家法和行政法的学术转向高度取决于宪制局势。在德意志同盟中,首先确立为立宪国的那些同盟国(巴伐利亚、巴登、符腾堡、处在边缘的黑森-达姆施塔特和拿骚),也最早整理其行政法。在1830年法

第五章　从革命到复辟期间的公法

国"七月革命"之后增添的宪法（库尔黑森、汉诺威、萨克森）原则上本可以发挥同样活跃的作用，但其外部条件却非常不利：库尔黑森陷入内部冲突；汉诺威在 1837 年也是如此；没有出现真正自由化的萨克森，还没有迈出起步阶段。因此，对于 1848 年之前的行政法来说，罗伯特·冯·莫尔的论著《法治国基本原则下的警察学》（Die Polizei-wissenschaft nach den Grundsätzen des Rechtsstaates，图宾根，1832/1833 年）一直都是杰作。人们首次在书名中读到了"法治国"这一词语。包含了福利目的的大量"警察"素材能够以法律形式出现。莫尔把内政的全部材料都归纳到宪法目的当中，但只在干涉公民的自由和财产时才要求有法律基础。他反对责任溯及既往，并要求在征收时要进行补偿，像通行已久的做法那样。此外，行政可以按自由裁量进行活动，但不可肆意妄为。对于莫尔来说，"警察学"（Polizei-wissenschaft）是整个国家学（Staatswissenschaft）*的一部分，他距离把警察学精简为形式上的"法"或归结为行政法"总则"还很遥远。他脑海里萦绕的是治理有序的自由立宪国家，更确切地说，他对当时出现的社会问题怀有开放的洞察力。在这一点上，他建议要加强国家层面的努力。因此，图宾根大学从 1842 年起便拥有了首个行政法教席，并成为《总国家学杂志》（Zeitschrift für die gesamten Staatswissenschaften）的创办地，这都不是意外。

---

* 本中译本把"Staatswissenschaft"译为"国家学"，而在一般情况下把大量出现的"Staatslehre"译为"国家学说"。前者是指传统的大学总专业，是一门研究国家本质和任务的学问，它在近代以前几乎涵盖了所有与国家相关的知识，近代以降，从中不断分化出不同学科；而后者更多的是指学者个人关于国家的理论学说。——译者

第六章　保罗教堂

"在所有德意志等级会议中都展现出法律学者的强大影响。但其人数和在咨询建议中起支配地位的法律意识并非意外之事。德意志民族的整个政治形成肇始于法学教育(……)。因此,大学在德意志文明史上具有重要意义,其重要性远超其他任何一个民族……",[82]汉诺威的政治家雷贝格(Rehberg,1757—1836年)如此说道。事实上,1848年之前的所有公法教授或多或少也都是"政治教授"。他们作为演说家在"宪法节"上抛头露面,在教室里受到密切关注,撰写有关宪法问题的评阅书,参加议会选举,或被大学派往上议院。其中一大批人也因太过自由主义的言论而丢掉了职位。主张赋予新闻自由、学术自由和结社自由便是持续性煽动言论的内容。七位哥廷根大学教授在1837年抗议新统治者中止宪法,对他们的处罚在公众当中引起反响。此外,19所德国大学和4所奥地利大学在"梅特涅体制"期间就是政治动荡的策源地。学生社团和同乡会在其中扮演了重要角色。大家到处讨论人权和公民权、选举权、分权、司法公开或行政监督。

---

[82] 奥古斯特·W. 雷贝格(August W. Rehberg),《德意志人期待君主联盟》(Die Erwartungen der Teutschen von dem Bunde ihrer Fürsten,Jena 1835),第43—63页。

第六章 保罗教堂

众多德高望重的法学家们于是进入预备议会,还进入 1848 年 5 月 18 日在法兰克福保罗教堂开幕的国民议会。比如在他们当中有国家法学者威廉·爱德华·阿尔布雷希特(Wilhelm Eduard Albrecht)、康拉德·库库穆斯(Konrad Cucumus)、西尔维斯特·约尔丹(Sylvester Jordan)、海因里希·阿尔贝特·察哈里埃(Heinrich Albert Zachariä)、罗伯特·冯·莫尔(Robert von Mohl)和卡尔·特奥多尔·韦尔克(Karl Theodor Welcker)。尤其是在会议开始阶段,他们深度参与核心问题的讨论:政体、一院制或两院制、世袭君主制或选举式君主制或共和制、选举权、议会的议事规则、基本权利。所有这一切都被写入 1849 年 3 月 28 日的帝国宪法当中。该宪法最终失败了,但它的第六章即"德国人民的基本权利"对 1919 年的《魏玛宪法》和 1949 年的《基本法》却具有决定性意义。[83]

国民议会努力的失败、保守势力的复辟、军事上的挫败和对革命者的司法审判造成了资产阶级的抑郁情绪,并导致人们转向更为强劲掀起的工业革命。人们这时把希望寄托在消除贸易壁垒、共同的票据法和商法,以及法治国的进一步发展之上。新的关键词叫作"现实政治"(Realpolitik)。[84] 在"现实政治"的旗号下变得十分明显的是,除了 1848 年资产阶级革命外还存在着社会革命,

---

[83] 约尔格-德特勒夫·屈内(Jörg-Detlef Kühne),《保罗教堂帝国宪法——后来德国法律生活的蓝本与实现》(Die Reichsverfassung der Paulskirche. Vorbild und Verwirklichung im späteren deutschen Rechtsleben, Frankfurt 1985),第 2 版,1998 年。

[84] 奥古斯特·路德维希·冯·罗豪(August Ludwig v. Rochau),《现实政治原则——在德国国家状况上的运用》(Grundsätze der Realpolitik. Angewendet auf die staatlichen Zustände Deutschlands),第 1 部(Stuttgart 1853)、第 2 部(1869)。

它肩负着手工业帮工和高涨的工人运动。工人运动是在工会中组织的,并在社会民主的诸多党派层面上展开联合的。

对1848年之后的国家法学说和行政法学说而言,这意味着要重新塑形。人们在全德国层面上观察到以下情况:试图在奥地利君主制和德意志同盟国之间建立联合(埃尔福特联合宪法)、库尔黑森邦国与其出现独裁的君主制统治者之间的冲突、在丹麦与德国之间激烈争论石勒苏益格和荷尔斯泰因的归属问题,以及在1850年5月10日重建德意志同盟。在个别邦国涉及收回在1848年所作出的让步;在普鲁士关乎首部宪法的内容,这部宪法在1851年才得以实现。总而言之,这是一个不确定的过渡时代,在方法论上完成了"现实政治"的转向。这时法学的科学性理想取代了政治的参与热情。[85] 如此一来,人们希望在公法中也要实现民法那样的体系性和概念精确性。国家法和在缓慢形成中的行政法应该摆脱非法学因素(历史的、政治的、国家学的因素),并得到"纯粹法学的"论述。这预示着要与日常政治和名望隆升保持距离——这不仅在法学内部,而且还在与成功崛起的自然科学的竞争中都是如此。谁在方法的禁令牌之内研究现行法的教义学,谁就会在政治和学术上感到安全。在"独立自主"的要求中,法学去

---

[85] 在康德哲学和当时方兴未艾的自然科学的影响下,1800年左右完成了从"法律知识"["Jurisprudenz"(iuris prudentia)或"Rechtsgelehrsamkeit"]向"法律科学"(Rechtswissenschaft)的术语转变。参见本雅明·拉胡森(Benjamin Lahusen),《所有的法都始于民族精神——弗里德里希·卡尔·冯·萨维尼与现代法学》(Alles Recht geht vom Volksgeist aus. Friedrich Carl von Savigny und die moderne Rechtswissenschaft, Berlin 2013),第85页及以下诸页。

政治化找到了它的形式。[86]"独立自主"的要求巩固了法律,抵制来自下面的革命攻击和来自上面的独裁侵犯;这蕴含着资产阶级的中间立场,但同时也内含着法学本身的立场主张。

1850年之后的国家法活跃于欧洲各种形式的"实证主义"主流当中,也就是努力摒弃所有思辨的和形而上学的前提,从而以这种方式处理实证制定的材料。这一情形鲜有例外。把这种方法运用到法学上,这会意味着以制定法或至少以实证法为导向,但也关系到一种摆脱非实证前提条件的法学。在公法方面,这具体关乎对崭新的、哪怕是摇摆不定的宪制状态进行诠释,涉及对"共同的德意志国家法"的重新接纳。人们此时又认为需要这样的德意志国家法作为一直未实现的民族国家的思想框架——这种想法还是很少具有说服力。邦国国家法教科书一片萧条景象。罗伯特·冯·莫尔在1867年断言,"多少年来,在德国任何地方都不曾出版过一本有关邦国国家法的著作"。这对1848年革命遭受挫败的失望和民族统一进程的不明朗产生了瘫痪性影响。自然法和唯心主义哲学的热情活力消退了。在1850年到1860年期间,公法要么不景气,要么处于一个新时代的酝酿期。

---

[86] 约阿希姆·吕克特(Joachim Rückert),《法史视角下的法律自治》(Autonomie des Rechts in rechtshistorischer Perspektive, Hannover 1988),第56页及以下诸页。

第七章　帝国的国家法

一　法治国与法学方法

  这个新时代通过在短期内出版了一系列作品预示着它即将到来。这些作品回溯性地体现出，我们正在勾勒的发展路线如何变得浓密，并最终如何形成了人们习惯于称之为范式转变的东西。这肇端于私法学家卡尔·弗里德里希·格贝尔（Carl Friedrich Gerber）的论文《论公权利》（Über öffentliche Rechte，1852年），紧随其后的是他的朋友和同路人鲁道夫·冯·耶林（Rudolfph von Jhering）的纲领性文章《我们的任务》（Unsere Aufgabe，1857年）。与此同时，一位名不见经传的符腾堡的实践者费迪南德·弗朗茨·（冯）·迈尔［Ferdinand Franz（von）Mayer］撰写论著，首次尝试在行政法中造就出"总则"（1857—1862年）。黑森的法官奥托·贝尔（Otto Bähr）在1864年发表了重要著作《法治国——公法学概要》（Der Rechtsstaat. Eine publicistische Skizze）。1865年，赫尔曼·舒尔策（Hermann Schulze）发表了《德意志国家法导论》（Einleitung in das deutsche Staatsrecht，1865年）；1867年，既是首卷也是独卷的《德意志国家法和德意志宪法史杂志》（Zeitschrift für

第七章 帝国的国家法

Deutsches Staatsrecht und Deutsche Verfassungsgeschichte)出版了,当中登载有重要文章。

与此同时,重要政治事件层出不穷:俾斯麦(Bismarck)经受住了普鲁士宪法冲突的考验,并成功地结束了普鲁士－奥地利二元制,但在政治上却节制有度,他把普鲁士扩张到美因河河畔,促成了北德意志同盟的形成,并首次打开了小德意志建国方案的现实政治机会。局势颇为紧张,因为国家法的基础又摇摆不定。耶林在1866年无不嘲讽道,现在懂得一些国家法知识是一门艺术:"同盟国家法、汉诺威的、库尔黑森的、拿骚的国家法——一夜之间都灰飞烟灭了。只有教授们的书卷还在。他们躺在书桌上无所事事,抱怨怒气冲天的俾斯麦;他们兴许还梦想着幸运重生呢。在那里,掉落到他们手下的世界又懊悔地重新返回到他们的书本中,被驱赶走的主权者们又回到他们的'帝国',回归到他们的'人民'中来。"[87]

从永恒不变的私法这一想象可靠的宝座来看,可能是这样。但耶林自己从1859年起就起身离开了这个宝座。不过,公法永远都是政治法,其存续一直受到威胁。不管如何,赫尔曼·舒尔策写道:"对德意志国家法的实践和理论来说,1866年具有和1806年同样深远的重要意义。"[88]德意志同盟消失了。在这之前的论著

---

[87] 鲁道夫·冯·耶林(Rudolf von Jhering),《关于当今法学的秘密书信》(Vertrauliche Briefe über die heutige Jurisprudenz),第6封书信,1866年。
[88] 赫尔曼·舒尔策(Hermann Schulze),《1866年德意志国家法的危机——德意志国家法导论补遗》(Die Krisis des Deutschen Staatsrechts im Jahre 1866. Nachtrag zur Einleitung in das Deutsche Staatsrecht,Leipzig 1867),前言。

(H. 策普夫尔和 H. A. 察哈里埃)也随之变成了废纸。被普鲁士吞并的那些邦国的国家法也同样惨遭废弃。在这时局不稳期间所发表的所有作品都从外部寻求稳固性,或者在历史当中去寻求,或者就通过从理论形成中排除历史而进行寻求。这样的理论形成以科学性为导向,不受历史多样性的干扰。

19世纪整个德国法学在1848年以后走上了愈发强烈强调"现实""实证给定"的道路,它要么信赖普通制定法的稳固性,要么相信哲学的科学实证主义的稳固性,这种更富理论水平的科学实证主义认为,隐藏在材料中的概念本质性更为可靠。探讨"共同法"的潘德克顿学者在整体上逐步脱离历史法学派的假定,他们主要培育教义学概念的逻辑连贯性[普赫塔(Puchta)、范格罗(Vangerow)、布林茨(Brinz)、贝克尔(Bekker)、雷格尔斯贝格尔(Regelsberger)、阿恩茨(Arndts)、德恩堡(Dernburg)、温德沙伊德(Windscheid)]。刑法学家们瞄准德意志共同的、在法治国上精准的制定法,他们要求"清楚明晰的概念和封闭的体系"。[89] 公法学家们活动在这一潮流当中,他们这时也同样开始进行"纯粹法学因素的分析与建构"。[90] 其主角是卡尔·弗里德里希·格贝尔

---

[89] 弗朗茨·冯·李斯特(Franz von Liszt),《刑法教科书》《Lehrbuch des Strafrechts,Berlin-Leipzig 1881》,前言。有关与他意见完全不同者,参见丹尼拉·威斯特法伦(Daniela Westphalen),《卡尔·宾丁(1841—1920年)——一位刑法学家的传记材料》[Karl Binding (1841-1920). Materialien zur Biographie eines Strafrechtsgelehrten, Frankfurt 1989]。

[90] 迪特里希·特里普(Dietrich Tripp),《自然科学的、哲学的和历史的实证主义对19世纪德国法律学说的影响》(Der Einfluß des naturwissenschaftlichen, philosophischen und historischen Positivismus auf die deutsche Rechtslehre im 19. Jahrhundert,Berlin 1983),第151页及以下诸页。

(Carl Friedrich Gerber,1823—1891年),他拿出了一套从作为"意志权力"的国家权力中推导出的全新体系。[91]

他把对国家的历史和哲学思考同行政法一样搁置在一边,留下的便是"赤裸裸的、稳固的法律骨架":[92]进行独家统治的国家权力、国家组织机构、国家功能、法律保护。尽管这本概论以保守的君主制信念为依归,但是它对其他流派却产生了开宗立派的影响。信息丰富的但在方法上不明确或只是补充性的国家学论述从此丢失了江山,人们努力进行"纯粹法学"建构。

为这种建构的新素材也迅速准备好了。帝国建立及其新宪法受到大家的热烈欢迎。国家法学者们表达了大量的立场观点,要么在评注性的论著中,要么在杂志文章中。起初默默无闻的法史学家和商法学家保罗·拉班德(Paul Laband,1838—1918年)提供了一本最重要的著作,该著作一开始就压倒了其他所有作品。拉班德在1864年受聘前往柯尼斯堡大学。

在一篇有关预算法的作品中,他首次清晰地强调了形式意义的法律与实质意义的法律之间的区别,然后就完全转移到国家法上来了;1872年起在斯特拉斯堡大学任教的他撰写了一部里程碑

---

[91] 卡尔·弗里德里希·格贝尔(Carl Friedrich von Gerber),《德意志国家法体系的基本特点》(Grundzüge eines Systems des deutschen Staatsrechts, Leipzig 1865),第2版,1869年;第3版,1880年。

[92] 恩斯特·兰茨贝格(Ernst Landsberg),《历史》(Geschichte),第3卷下半卷,第830页。对此现可参见卡斯滕·克雷默(Carsten Kremer),《国家的意志权力——卡尔·弗里德里希·格贝尔的全德国家法学说》(Die Willensmacht des Staates. Die gemeindeutsche Staatsrechtslehre des Carl Friedrich von Gerber, Frankfurt 2008)。

式的著作《德意志帝国国家法》(Das Staatsrecht des Deutschen Reiches)。[93] 该著作从 1876 年起开始出版，并统治了学界舞台。拉班德从实证的宪法法出发，但他也认为，如果把通过类推和反推形成"概念"和"法律制度"以及进行填补漏洞嵌入到体系中在逻辑上不矛盾的话，这些都是可能的。与格贝尔一样，拉班德在进行建构时寄望于国家权力及其组织机构在法律上的意志统一。他用迅速形成的帝国法填充其基本框架，这些帝国法来自国籍、货币、法院系统、军队系统和财政领域。就这样在整体上形成了一件结构划分清晰的新建造作品，人们可以证明其内在的逻辑一致性。"法学方法"由此在国家法中确立起来了。

二　重要论者

诚然，早在"一战"前就已经存在着对这类实证主义的批判，比如来自奥托·冯·基尔克(Otto von Gierke, 1841—1921 年)的批判。基尔克是历史法学派最后一位重要的代表人物，他反对非历史操作的概念法学，也同样反对把公民降为官僚机构国家的"臣民"。其他人也谴责拉班德对"基本权利"的反感，指责其概念世界与政治生活存在着差距。还有一些人不同意把他的概念形成与民

---

[93] 保罗·拉班德(Paul Laband)，《德意志帝国国家法》(Staatsrecht des Deutschen Reiches, Tübingen Ⅰ 1876, Ⅱ 1878, Ⅲ/1 1880, Ⅲ/2 1882)(第 2 版，1888 年；第 3 版，1895 年；第 4 版，1901 年；第 5 版，1911 年及以下诸版)。保罗·拉班德(Paul Laband)，《德意志帝国国家法》(Deutsches Reichsstaatsrecht, Tübingen 1894)，第 6 版，1912 年(所谓小拉班德版)。

法进行类比,或反对其存在于表皮下的政治取向。姑且不考虑这些,他的这部帝国国家法著作直到1918年都被奉为圭臬,在方法论上影响至魏玛共和时代。因为在魏玛时代也有国家法学者提出,要完全非政治地和"严格法学地"从概念中推演出他们的结论。

直到"一战"爆发前的国家法学者们大多数都拥护君主和首相占据优势地位的君主立宪制。由多数党组建政府的议会民主制与共和制一样,都是人们很少想要的。"三月革命前"的"政治教授"[73]希望的是另一种国家,他们已经不再是具有影响的典型人物了。人们大体上心满意足,这对法学家们来说意味着,他们或许在政治上批评制定法,但只要制定法的颁布在形式上符合规定,那么他们就不会怀疑它的法律效力。

拉班德的同时代人确定了完全不同的研究重点,譬如在海德堡大学任教的格奥尔格·迈尔(Georg Meyer,1841—1900年)、国家法学者和国际法学家菲利普·措恩(Philipp Zorn,1850—1928年)、国家法学者赫尔曼·舒尔策·冯·格威尔尼茨(Hermann Schulze von Gaevernitz,1824—1888年)、社会保险法的先驱海因里希·罗辛(Heinrich Rosin,1855—1927年)、自由主义教授和政治家阿尔贝特·黑内尔(Albert Hänel,1833—1918年)或图宾根大学和基尔大学年轻的国家法学者与国际法学家海因里希·特里佩尔(Heinrich Triepel,1868—1946年)。他们的著作无论是在方法上还是在内容上都展示出一幅宽广的调色板。国际法在1871年以后又获得了人们的更大兴趣,如同殖民地法和从1883年起所形成的新劳工保险法,而君主家族的特别私法却更容易下滑倒退。海因里希·特里佩尔独自一人就提供了三部基础性的国家法和国际法专著。[94] 所有这三部专著都留意到了帝国宪法明显的重心转移,这些重心转移有的是通过修正案,有的是通过"悄然无声的宪法变化",[95]但这三部著作最终仍停留在帝国宪法的框架内。帝国建立后最初年代的讨论是,当时与大家有关的是君主联盟、邦联——像慕尼黑的国家法学者马克斯·冯·赛德尔(Max von Seydel)所认为的那样——还是联邦。这场讨论随着时间的推移有利于联邦地结束了。认为国家是法人的这一定理最初还被批判为"无灵魂的"或不真实的拟制,而对这一定理的反对此时也偃旗息鼓了。这个国家是君主立宪制,但不是议会民主制。尽管如此,帝国议会还是获得了越来越多的政治分量。[96]

接着,格奥尔格·耶利内克(Georg Jellinek)在1900年出版的

---

[94] 海因里希·特里佩尔(Heinrich Triepel),《国际法与联邦法》(Völkerrecht und Landesrecht, Leipzig 1899);同上作者,《单一制与联邦制》(Unitarismus und Föderalismus, Tübingen 1907);同上作者,《帝国监管》(Reichsaufsicht, Berlin 1917)。参见乌尔里希·M.加斯纳(Ulrich M. Gassner),《海因里希·特里佩尔——生平及著作》(Heinrich Triepel. Leben und Werk, Berlin 1999)。

[95] 格奥尔格·耶利内克(Georg Jellinek),《宪法修改与宪法变化——国家法-政治研讨》(Verfassungsänderung und Verfassungswandlung. Eine staatsrechtlich-politische Abhandlung, Berlin 1906);保罗·拉班德(Paul Laband),"帝国建立以来帝国宪法的历史发展"(Die geschichtliche Entwicklung der Reichsverfassung seit der Reichsgründung),载《公法年鉴》(Jahrbuch des öffentlichen Rechts),第1卷(1907年),第1—46页;鲁道夫·斯门德(Rudolf Smend),"君主制联邦国家中的未成文宪法法"(Ungeschriebenes Verfassungsrecht im monarchischen Bundesstaat),载《奥托·迈耶贺寿文》(Festgabe f. Otto Mayer 1916),亦载同上作者,《国家法文集》(Staatsrechtliche Aufsätze),第4版(Berlin 2010),第39页及以下诸页。

[96] 诺贝特·乌尔里希(Norbert Ulrich),《俾斯麦时代的立法程序与帝国议会——尤其兼顾议会党团的作用》(Gesetzgebungsverfahren und Reichstag in der Bismarck-Zeit, unter besonderer Berücksichtigung der Rolle der Fraktionen, Berlin 1996)。

第七章 帝国的国家法

《一般国家学说》(Allgemeinen Staatslehre)对19世纪进行了理论总结。[97]该著作遵循康德主义把实然和应然进行分离,因而从事实方面提供了一套"国家社会学说"(Soziallehre des Staates),从规范方面提供了一套"一般国家法学说"(Allgemeine Staatsrechtslehre)。因为承认了国家的事实性,所以要考虑到对经验性社会科学的承认压力,但因为有规范的一面,所以法的范围也受到了保护。在这样的法律方面,国家表现为公法的地域社团,这种社团要生存必需三要素,即国土、国民和国家权力。国家权力因此完全可以被列为事实,这就需要洞察人们臣服权力的心理。法的效力变成了意识现象。于是,事实在特定环境下施展"规范力",尤其在革命之后更是如此。这是一种与外部条件相符合的灵活理论。人们从19世纪当中领会到了,权力政治的决断在经由"接受"的道路上可以变成法。

耶利内克的《一般国家学说》因此刻画了在19世纪的君主立宪制与即将来临的民主工业社会之间的过渡状态。无论是在德皇威廉的国家,还是在哈布斯堡王朝的国家,"君主制原则"都安然无恙,尽管是以隐蔽的形式存在。资产阶级的立宪国家仍在半路上。人们对法治国的保障心满意足,民族运动在1871年已大功告成。比如通过妇女选举权,或通过消除三等级选举权以扩大政治参与, 75

---

[97] 格奥尔格·耶利内克(Georg Jellinek,1851—1911年),19世纪末最重要的国家法教师之一,1891年至1911年在海德堡大学任教。参见克劳斯·肯普特(Klaus Kempter),《1820年至1955年的耶利内克》(Die Jellineks 1820-1955,Düsseldorf 1998);斯坦利·L.保尔松(Stanley L. Paulson)、M.舒尔特(M. Schulte)主编,《格奥尔格·耶利内克——生平及著作文集》(Georg Jellinek-Beiträge zu Leben und Werk,Tübingen 2000)。

人们对此的兴趣却微乎其微,这也是因为人们不想危害到自己的地位。

帝国宪法没有规定基本权利,但基本权利却出现在邦的宪法中。此外,主要的基本权利领域受到一般法律的保护(新闻自由、结社自由、集会自由、国籍)。对于公法来说,在理论上承认国家与社会相分离,这使人们容易想到去塑造与私法上的"请求权"相对等的对应物。这就是"主观公权利"(das subjektive öffentliche Recht),它事实上与基本权利(Grundrechte)类似,对此只要有法律依据,它也是可诉的。1877年的帝国司法法(法院组织法、民事诉讼条例、刑事诉讼条例、破产条例、律师条例、诉讼费法)确立起程序法的法律统一。从1875年起,较大的邦(普鲁士、巴伐利亚、符腾堡、奥地利)有了行政司法审判制度,但不是在帝国层面上的。巴登在1863年就有了该制度的前身。社会保险法上的纠纷在帝国保险局进行裁决,即在行政内部裁决,还没有专门的劳动司法审判制度,但"法治国"大体上已形成。人们总体上信任它,也可以信任它,主要原因是日常重要的行政和司法都掌握在各邦的手上。

德皇威廉的国家确实具有令人讨厌的特征,一开始在皇帝及其变幻无常和盛气凌人的"个人统治"那里就有这样的特征。[98] 帝国主义的殖民运动、热衷于打造舰队的不明智之举、暴发户式的炫耀,这些都造成外交政策上的损失。在内政方面,存在着对艺术和文学进行既装模作样又有针对性的政治审查,这招致人们

---

[98] 基础文献参见约翰·C. G. 勒尔(John C. G. Röhl),《威廉二世》(Wilhelm II.),3卷本(München 1993,2001,2008)。

第七章 帝国的国家法

不断控诉;[99]工人运动缺乏整合,还有计划地让其代表远离政府责任;最后,学术上还存在着反犹主义,这种反犹主义在政治上还慢慢变得体面端正,早就快要再度破坏掉19世纪为犹太人在平等地位和宽容上所取得的东西。另一方面,工业革命制造了与日俱增的繁荣,工人阶级也慢慢在分享这种繁荣。工会和社会民主转向改良路线。劳动争端的尖锐性有所缓和。工会和庞大的利益集团面对面谈判,他们对立法施加影响,并从19世纪中期的自由主义国家中打造出大力作为的干预国。干预国此时出于社会政策和经济政策上的动机,也日益为了保护消费者去干预合同关系,颁布禁令和许可保留,或通过税法和社会法进行操控。卡特尔和托拉斯不断扩张,并通过银行与深度的工业融资结合在一起。立法者在私法和刑法的所有层面上回应这样的发展,但主要通过特别容易理解的公法法律形态(Rechtsfigur)进行回应。[100]

---

[99] 米歇尔·施托莱斯(Michael Stolleis),"海因策谋杀案与海因策法"(Der Mordfall Heinze und die Lex Heinze),载伯恩哈特·格赖尔(Bernhard Greiner)等主编,《法与文学》(Recht und Literatur,Heidelberg 2010),第219—235页。

[100] 米歇尔·施托莱斯(Michael Stolleis),"干预国的形成与公法"(Die Entstehung des Interventionsstaates und das öffentliche Recht),载同上作者,《宪法与干预——19世纪公法史研究》(Konstitution und Intervention. Studien zur Geschichte des öffentlichen Rechts im 19. Jahrhundert,Frankfurt 2001),第253—282页。

第八章 早期工业社会国的行政法

一 视角变换

在德意志同盟终结(1866年)和帝国建立(1870/1871年)之后,行政仍然是各邦的领域。帝国行政还在缓慢形成。俾斯麦起初设立的帝国各处室逐步发展成为完整的部委,这些部委然后又经由立法者产生出帝国法。《帝国法律公报》(Reichesgesetzblatt)的页数也在相应增加。

因此,对19世纪下半叶缓慢形成的行政法进行的学术研究,起初也受制于邦州行政和在诸邦所形成的期刊。在萨克森,从1838年起发行《司法和行政杂志》(Zeitschrift für Rechtspflege und Verwaltung);在符腾堡,从1844年起发行具有跨区域性质的(图宾根的)《总国家学杂志》(Zeitschrift für die gesamten Staatswissenschaften),该杂志在前言中这样写道:"我们尤其想把注意力特别放到行政法上,它在学术上常遭到继母般的冷漠对待,因此我们要关注它在生活中的应用,而不仅仅关注它的基本思想。"在巴伐利亚,从1851年起有了《行政实践报》(Blätter für administrative Praxis);在巴登,从1869年起刊行《巴登行政与行政司法杂志》(Zeitschrift für badische Verwaltung und

Verwaltungsrechtspflege);在普鲁士,从1879年起有了《普鲁士行政简报》(Preußische Verwaltungsblatt)。所有这些期刊的创办都鲜明地以实践为导向。

大学在1850年以后几乎没有开设行政法课程。考试也不测试这门课程。人们在实践中获取必要的知识。然而,在"法治国"(Rechtsstaat)这一中心词下领会行政的特殊法律性,变得越来越重要。于是,在符腾堡产生了这样的首次摸索,即对符腾堡、普鲁士和巴伐利亚的行政法进行比较性加工处理,并发展出那些一般的"基本原则",然后从中生成行政法的"总则"。[101] 凡是受行政管理的地方,就必然有可以对比的基本原则,也有教义学上的基本概念。这样的基本概念就是对公民权利进行单方面的主权干预,即"行政行为"(Verwaltungsakt)。[102] 除符腾堡之外,尤其是巴伐利亚,它早就对宪法和行政法进行了区分,并且拥有了单独的行政法教科书[E. v. 莫耶(E. v. Moy)、J. 珀茨尔(J. Pözl)、赛德尔(M. v. Seydel)]。

倘若把区域的特殊性放在一边不论,那么人们就可以确认出1850年至约1895年这段时期行政法和行政法学形成的一些一般特征。行政法的起源领域是近代早期的警察条例(Policeyordnungen)。执政当局颁布这些警察条例,以命令、要求

---

[101] 石川敏行(Toshiyuki Ishikawa),《弗里德里希·弗朗茨·冯·迈尔——德国行政法中"法学方法"的创立者》(Friedrich Franz von Mayer. Begründer der „juristischen Methode" im deutschen Verwaltungsrecht, Berlin 1992)。

[102] 瓦尔特·保利(Walter Pauly),"行政行为"(Verwaltungsakt),载:HRG V (1998),875-877;马库斯·恩格特(Markus Engert),《行政行为作为法律制度的历史发展》(Die historische Entwicklung des Rechtsinstituts Verwaltungsakt, Frankfurt 2002)。

或禁止方式去调整国内生活领域。国家应该被"治理得井然有序",臣民应该受到保护和监督,并被提醒过"优良的生活"。其中使用何种法律形式倒是次要的,因为所有的法律形式最终都源于主权者的命令权。规则材料、参与的实践领域和学科分支,以及其中所采用的法律相互间仍紧密地交织在一起。

18、19世纪与日俱增的科学专门化,在国家学里,导致在警察学、官房学或财政学内部形成单个部分。这些单个部分之一便是法律,它从警察法(Policeyrecht)突变成管理法(Administrativrecht),再从管理法突变成行政法(Verwaltungsrecht)。

社会在经济上和政治上正变得更加独立,而立宪运动与社会利益汇聚成对"法治国"的呼唤。这具体意味着,行政必须依照法律规则行事,就此而言,它要受法院的监督。在德国经过长时间讨论后,从1863年起选择了特别的、专门适用公法的法院,即行政法院。

实质性行政法的缓慢形成与行政司法审判相得益彰。大学也大约在1865年至1885年期间开始讲授行政法,并编写教科书。作者们起初把行政法附添在国家法上,把它作为"国家行政法"放在书的第二卷中,添加性地按管辖范围原则对素材进行结构划分,并提供一个遵循部委顺序的概览。

素材增加越多,需要通过塑造出有联系的法律因素和教义学上的基本概念来组织架构材料,更确切地说是横跨管辖范围,就越显迫切。如此一来,就慢慢形成了一个放在行政法框架之前的"总则"部分。它的思想背景是法律实证主义(Rechtspositivismus)和"严格法学"方法的转向、民法的榜样式影响及1850年之后开始的

第八章　早期工业社会国的行政法

去政治化。

然而,从行政中离析出法律因素的后果是,在两个方向上对它的联系线索进行了裁剪,首先与"警察学"(Polizeiwissenschaft)这个非法学学科进行了裁剪,"警察学"这时采用了"行政学说"(Verwaltungslehre)这一名称;但为了学科的独立性还与宪法法进行了裁剪,从中获得了在当时还只是法治国和分权的主张。

二　重要作者

这一过程的各个阶段目前都得到了很好的研究。要强调的只是后来快被遗忘的先锋人物弗里德里希·弗朗茨·冯·迈尔(Friedrich Franz von Mayer)。为了得到共同的"基本原则",他在1857年对普鲁士、巴伐利亚和符腾堡的行政法规范进行了比较研究。[103] 他在进行这项研究的同时,加布里埃尔·杜福尔(Gabriel Dufour)的七卷本《行政法总论》(Traité général de droit administratif,1854—1857年)的第二版也出版了。杜福尔遵循的当然是中央集权模式,在国家法上四分五裂的德国,人们也只能投

---

[103] 弗里德里希·弗朗茨·冯·迈尔(Friedrich Franz v. Mayer),《行政法和行政法律程序之基本特点》(Grundzüge des Verwaltungs-Rechts und-Rechtsverfahrens,1857)。同上作者,《行政法的基本特点——尤其兼顾共同的德国法以及更新的立法和值得关注的最高机关的裁决(首先是普鲁士王国、巴伐利亚王国和符腾堡王国)》(Grundsätze des Verwaltungs-Rechts: mit besonderer Berücksichtigung auf gemeinsames deutsches Recht, sowie auf neuere Gesetzgebung und bemerkenswerthe Entscheidungen der obersten Behörden zunächst der Königreiche Preußen, Baiern und Württemberg,1862)。有关作者,参见:Ishikawa(见本书注释101)。

之以钦佩羡慕的目光。接着在1870年首先出版了一本言简意赅的、具有历史和法律比较取向的《行政法》(Verwaltungsrecht);[104] 耶拿的公法学家格奥尔格·迈尔(Georg Meyer)在1875年要求行政学说与行政法相分离,并建议"对素材进行法律渗透,对行政法制度进行法学建构"。[105] 1881年,在普鲁士各大学约束性地引入行政法专业,并在当时取得了丰硕成果,产生了以下作者的总述:格奥尔格·迈尔(1883年)、奥托·萨韦[Otto Sarwey(1884年)]、埃德加·勒宁[Edgar Loening(1884年)]和卡尔·施滕格尔[Karl Stengel(1886年)]。这些作者一致认为要更加鲜明地向法律因素看齐,但他们的区别却在于,人们必须在多大程度上脱离流传下来的国家学论述,以及在民法中践行的"建构方法"在行政法中有何价值。[106]

斯特拉斯堡大学教授奥托·迈耶(Otto Mayer)在1886年出版了《法国行政法理论》(Theorie des französischen Verwaltungsrechts)。当他此时在为德国忙于类似任务时,其原因就在于行政法这一发展的内在逻辑。

---

[104] 恩斯特·冯·迈尔(Ernst von Meier),"行政法"(Das Verwaltungsrecht),载弗朗茨·冯·霍尔岑多夫(Franz von Holtzendorff)主编,《法学百科全书》(Encyklopädie der Rechtswissenschaft, Leipzig 1870),第693—746页。

[105] 格奥尔格·迈尔(Georg Meyer),《德国公法及国家学研究》(Das Studium des öffentlichen Rechts und der Staatswissenschaften in Deutschland, 1875)。

[106] 埃德加·勒宁(Edgar Loening),"行政法领域的建构方法"(Die konstruktive Methode auf dem Gebiete des Verwaltungsrechts),载《施莫勒年鉴》(Schmollers Jahrbuch),第11卷(1888年),第117—145页。

第八章　早期工业社会国的行政法

如果把法国典范(和意大利典范)[107]进行建构性转化的话,那么他的院系同事保罗·拉班德为帝国国家法所成就的,即拉班德思想,也能够取得行政法上的成功。奥托·迈耶对行政实践非常熟悉,他的表达直截了当、言简意赅,尤其是抽象化地明确指出了那些一直不断重复的基本概念。他把行政行为(Verwaltungsakt)即塑造法律的国家命令置于论著的顶端。国家命令应该告诉公民"什么对他是符合法律的"。在他看来,共同使用(Gemeingebrauch)和特殊使用(Sondernutzung)的区别、一般权力关系和特别权力关系的区别、社团与基金会和营造物(Anstalt)的区别、税与费用和会费之间的区别,这些都同样是基础性的。相比而言,迈耶试图确立独立的公共财产却没有取得成功。他反对公法协议也同样失败了,因为他认为,国家不应该同公民"订立协议"。但总体而言,他是如此的成功,以至于人们在 20 世纪 70 年代还在讨论,大家应该同他的构想保持多远距离。[108] 他对其同时代人卡尔·科尔曼(Karl Kormann)、保罗·舍恩(Paul Schoen)、格奥尔格·耶利内克(Georg Jellinek)、里夏德·托马(Richard Thoma)、奥特马尔·比勒(Ottmar Bühler)、奥托·克尔罗伊特(Otto Koellreutter)等都

107　维托里奥·E. 奥兰多(Vittorio E. Orlando),《行政法原则》(Principi di diritto amministrativo,Florenz 1891);同上作者,《意大利行政法首部完整论述》(Primo trattato completo di diritto amministrativo italiano,Mailand 1897)。

108　奥托·巴霍夫(Otto Bachof)、温弗里德·布罗姆(Winfried Brohm),"当代行政任务之前的行政法教义学"(Die Dogmatik des Verwaltungsrechts vor den Gegenwartsaufgaben der Verwaltung),载《德国国家法教师协会文丛》(Veröffentlichungen der Vereinigung der Deutschen Staatsrechtslehrer),第 30 辑(1972 年),第 193 页及以下诸页。

产生了影响。其思想还经由瑞士人弗里茨·弗莱纳（Fritz Fleiner）和瑞典人卡尔-阿克塞尔·雷乌特舍尔德（Carl-Axel Reuterskjöld）传播到国外。

奥托·迈耶虽然获得了这样的认可，但也有人对他提出异议，比如反对他把历史和行政学说排除掉了；反对其单方面的主权命令观，认为他只看到接收命令的"臣民"，而没有注意到公民；反对他普遍地信奉概念法学。自从耶林在"自由法学派"登场亮相、"利益法学"获得众多拥趸之后，把"法的目的"置于核心位置以来，最后一种情形还同时涉及民法学。在这些运动背后存在着方兴未艾的工业大众社会，它拥有全新的权力关系和依附关系。劳动法、社会法、社团法、公司法、工业法和科技法层出不穷，以至于看上去曾远离现实的"建构法学"（Konstruktionsjurisprudenz）又重新与历史、经济和政治原动力保持联系，这越显迫切。但这种趋势并没有在原则上动摇刚建立起来的行政法大厦，至少在第一次世界大战爆发前没有。

1914年8月1日是真正的转捩。不仅"美好的旧时代"结束了，而且古典的国际法时代也终结了，它还刚刚在1899年和1907年的海牙和平会议上大获成功。战争迈过了费尽千辛万苦才建立起来的界限，它变成了宣传、国民经济和武器技术之战。1914年8月4日颁布的《授权法》（Ermächtigungsgesetz）导致形成临时的民政和军政独裁政权，该政权以总共825项联邦议会法令统领国家，而议会立法失去了意义——君主本身也同样失去了意义。国家被详尽的战时行政法（Kriegsverwaltungsrecht）所左右，而战时行政法使私法与公法的区分几乎无法辨识。自19世纪80年代以来开始出现苗头的东西,此时在战争的高压气氛下极速生长。资产阶级的阶级社会突变成工业的大众社会,随之而来的是国家法和行政法的突变。

国家法学说、行政法学说和国际法被战争抛出大量问题,不但如此,它们还经历了在实践重要性上的显著增长。向议会体制的转变、普鲁士三等级选举权(Dreiklassenwahlrecht)的废除、战争紧急法对法治国和自我管理的损害,以及行政法规范的增多,这些都要进行学术处理。战争事件本身,尤其是颇有争议的潜艇战,以及在1915年违反国际法对美国"卢西塔尼亚"号邮轮的鱼雷攻击,这些使制度化的国际法研究和咨询之缺乏变得显而易见。学术内部对魏玛共和国的反应,譬如在教育中更强有力地维系国家法和行政法、增加相应的教席、在基尔大学和柏林大学设立国际法研究所,这些都广泛地建立在从战争中所获得的经验的基础之上。

第九章　魏玛宪法下的国家法学说与行政法学说

一　向"人民主权"启航

1918年革命终结了19世纪的君主立宪制时代,确立起作为新政治共同体正当性基础的人民主权。这在帝国和诸邦的层面上几乎同时发生。所有流传下来的制度都可供处置:进行革新选举权(妇女首次拥有选举权)的帝国议会、被结构划分的联邦、诸邦在帝国层面上的代表、整个国家单一或二元首长制(总理、总统)、领主的教会统治[109]、官僚队伍和军队的归属。对内涉及新"统一体"的产生,对外涉及战争的失败和《凡尔赛条约》(Versailler Vertrag)。一方面是严重的内政问题,另一方面是"战争责任"和赔款要求的重担所带来的国家屈辱,这些都使转变困难重重、举步维艰。

但这种转变在另一方面通过以下方式也变得可能,即官僚队伍、司法和军队不要抵制转型,而要或多或少地忠诚合作。1871年

---

[109] 见本书注释4,§26;米歇尔·施托莱斯(Michael Stolleis),"领主的教会统治"(Kirchenregiment, landesherrliches),载:HRG, 2. Aufl. Bd. 2, Berlin 2012, 1826-1828。

第九章　魏玛宪法下的国家法学说与行政法学说

所建立的德意志帝国仍然保留,人们对此的意见普遍一致,但政体必须从根本上加以改变。这在当时发生在1918/1919年冬天到1919年夏天的制宪过程当中,其地点在古典的魏玛城,这里远离柏林。左派自由主义国家法学者胡果·普罗伊斯(Hugo Preuß,1860—1925年)拟定的宪法初稿陷入各党派和诸邦的利益纠缠,尤其是普鲁士的利益纠缠,普鲁士抵制把国家分裂成更多的中等邦州。从原来计划的单一制国家又变成了联盟性的联邦制国家,普鲁士在其中占据显著分量;国家总统*变为"皇帝的替身",他拥有巨大的(不确定的)宣布紧急状态的权限;国家总理领导一个议会制责任政府;尤其是——明显按照1848年法兰克福保罗教堂的宪法范本——创设了基本权利和基本义务清单。对于工人运动来说,宪法包含有社会纲领和工人对企业共同决策的允诺;对于教会来说,宪法中有自主权、人民教会享有的一定的优先权和物质性保障。总体而言,这似乎是一种可以被接受的妥协,当然也包裹着"拖延的表述式妥协"。

但魏玛宪法真正的完好无损只保留了短短十年之久。在它挺过1923年的首次危机之后,议会制政体在1929年终结了,并转变成紧急状态政权,这样的政权在国家总理[布吕宁(Brüning)、冯·巴本(v. Papen)、冯·施莱歇(v. Schleicher)]和国家总统之间的相

---

* 此处原文是"Reichspräsident",直译应该是"帝国总统",但为了和之前的德意志帝国相区别,本中译本把它译为"国家总统",把下文的"Reichskanzler"译为"国家总理",相应地把在魏玛共和国语境下出现的"Reich"都译为"国家"。值得注意的是,1919年的魏玛共和国宪法在国号上仍保留了"Reich"(帝国)这一传统称号,它的正式名称与1871年德意志帝国宪法的名称一模一样,都叫作"Verfassung des Deutschen Reichs",直译为:"德意志帝国宪法"。——译者

互配合中进行运转。它真正的或被声称的建构缺陷在更为有利的条件下本来是可以被修补的。必要的国家改革或许也会成功。但对议会民主制和经济自由主义的信赖在政治和智识上都被耗尽了。领导层不选择这样的"体制",被极端左派和右派立场吸引的大众也同样如此。

二 国家法学说的角色

魏玛新宪法为国家法学说准备了大量任务。公法教授们都是在以前君主制期间接受的教育。他们提倡一个处于社会冲突之上的强大国家,代表这个国家的还应该是超党派的。君主制结束以后,对此只有由人民直选国家总统才可以考虑。国家法学者们抱怨政党渗透到议会之外的公共意志的形成中,并强调新宪法第130条。依照此条款,公务员必须是"全体人民的公仆,而不是某一政党的仆人"。国家法学者们在政治上活跃于"德意志民族"和"民族自由主义"之间,而有社会民主取向的或有党员身份的却少见[弗里茨·施蒂尔-佐姆罗(Fritz Stier-Somlo)、赫尔曼·黑勒(Hermann Heller)、恩斯特·弗伦克尔(Ernst Fraenkel)、奥地利的汉斯·凯尔森(Hans Kelsen)]。但保守的多数人也坚信,"建立法权的革命力量"在这个时候已经缔造了新的有效秩序。甚至贬斥"十一月罪人"并在教室耻笑新的国家颜色(黑-红-深黄色)的那些人,也不否认在魏玛国民会议上通过的这部宪法的效力。只要得到规范服从者们的认可,有国家权力的实际把持、召集国民会议的形式程序、由国民会议通过文本这些就足够了。后来所有通过求诸"真正的宪法"或宪法精神的方式使宪法文本相对化的尝试,对此都改变不了什么。

作者们于是在新的基础之上撰写他们的首部教科书和评论。在后一种情形中,海德堡大学的国家法学者格哈德·安许茨(Gerhard Anschütz,1867—1948年)有关帝国宪法的评述在短时间内便脱颖而出。

这部评述直到1933年总共出版了14版,并获得了极高的权威性。[110] 安许茨捍卫宪法与共和,反对从1926年起变得越来越大的反实证主义的声音。他先前的海德堡同事里夏德·托马(Richard Thoma)也同样是议会民主制的坚定拥护者。[111] 他们在1930年和1932年再次把魏玛共和国的国家法汇编为两卷本的《德国国家法手册》(Handbuch des Deutschen Staatsrechts)。[112] 如果加上劳动法学者汉斯·卡尔·尼佩代(Hans Carl Nipperdey,1895—1968年)策划的评论著作《帝国宪法的基本权利和基本义务》(Die Grundrechte und Grundpflichten der Reichsverfassung),[113] 我们就拥有了对魏玛时

---

[110] 格哈德·安许茨(Gerhard Anschütz),《1919年8月11日的德意志国家宪法》(Die Verfassung des Deutschen Reichs vom 11. August 1919),第14版(Berlin 1933);重印版(Darmstadt 1960)。对此还可参见同上作者,《我的一生》(Aus meinem Leben, Frankfurt 1993),由瓦尔特·保利(Walter Pauly)撰写导言。

[111] 里夏德·托马(Richard Thoma),《法治国-民主-基本权利》(Rechtsstaat-Demokratie-Grundrechte,Tübingen 2008),由霍斯特·德赖尔(Horst Dreier)撰写导言。

[112] 格哈德·安许茨(Gerhard Anschütz)、里夏德·托马(Richard Thoma)主编,《德国国家法手册》(Handbuch des Deutschen Staatsrechts),第1卷(Tübingen 1930)、第2卷(Tübingen 1932)。重印版(Tübingen 1998)由瓦尔特·保利(Walter Pauly)撰写导言。

[113] 3卷本(Berlin 1929/30),重印版(Kronberg 1975)。

代实证的国家法和宪法法的全部表述。

三 《凡尔赛条约》与内部统一

《凡尔赛条约》这个复合体在内政和国际法中都处于核心位置,它是战胜国旨在侮辱德国的"强迫性条约"。该条约激发了人们的情绪。它把德国排除在新成立的国际联盟之外,确定了德国与比利时、法国、丹麦、波兰和捷克斯洛伐克之间边界的领土变化,并禁止它与奥地利合并。德国的殖民地归属于国际联盟,使德国去军事化,并对之处以总额不定的战争赔款。尤其是第231条确定了"战争罪责"。德国和奥地利的国际法学家们自1917年以来组织起了自己的学会,这时还拥有两个研究所(基尔、柏林)。他们对《凡尔赛条约》进行评论,出版文献档案,探讨无数的领土问题、民族自决、少数人保护和战争赔款。其中所遵循的基本路线是,所要做的一切就是强化自己的立场、再次消除在学术上也产生了影响的国际排挤。在这种共识内部从"德意志民族"立场［阿克塞尔·冯·弗赖塔格-洛林齐霍芬(Axel von Freytagh-Loringhoven)、埃里希·考夫曼(Erich Kaufmann)、海因里希·特里佩尔(Heinrich Triepel)］延伸至"和平主义"立场［瓦尔特·许金(Walther Schücking)、汉斯·韦贝格(Hans Wehberg)］,但其中带有显著分量的民族主义腔调——如同在两次世界大战期间整个社会中的那种腔调。

在国家法中较少涉及领土统一,因为德国尽管有领土丢失,但不像1945年之后那样被分割。其实在其中涉及的是内部统一。

第九章 魏玛宪法下的国家法学说与行政法学说

尽管没有形成单一制国家,或者强大的普鲁士板块也没有消散,但是与有利于帝国的1871年宪法相比,国家与诸州之间的力量划分这时已经发生了变化。但在莱茵地区和普法尔茨存在着令人不安的分离主义运动;在巴伐利亚有希特勒的暴动,该州与图林根也有冲突;最后,国家总理弗朗茨·冯·巴本(Franz von Papen)在1932年7月20日强制解散了普鲁士政府,这是一场违宪的所谓"普鲁士袭击"(Preußen-Schlag),向纳粹分子交权的基础随之也准备好了。[114] 国家法学说对所有这些事态发展发出了声音,还有警告与平衡的声音,但都未获得决定性分量。在最高法院的诉讼中相对峙的不仅有帝国政府和普鲁士,而且还有国家法学者的阵线,其中站在帝国一方的有诸如卡尔·施密特(Carl Schmitt)、埃尔温·雅各比(Erwin Jacobi)和卡尔·比尔芬格(Carl Bilfinger),而站在普鲁士一方的有阿诺尔德·布雷希特(Arnold Brecht)、格哈德·安许茨和赫尔曼·黑勒。

新生共和国的"内部统一"仍是更为迫切的问题。社会感到被撕裂,并且没有方向。工人运动随战争爆发也分裂了,此时社会民主党统治着国家和普鲁士,而共产主义者(独立社会民主党、共产党)信守阶级斗争。在物质上遭受1923年通货膨胀削弱的资产阶级害怕极左和极右思想,但也害怕政党和社团的新权力消减掉国家实质。内阁的不稳定损害了人们对政府和国家众议院行动力的

---

[114] 对此的经典研究出自卡尔·迪特里希·布拉赫尔(Karl Dietrich Bracher),《魏玛共和国的解散——民主制中的权力失效问题研究》(Die Auflösung der Weimarer Republik. Eine Studie zum Problem des Machtverfalls in der Demokratie, Stuttgart 1955)(后有无数版本)。

信任。宪法以经典的平实方式规定道,"国家权力来自人民"(《魏玛宪法》第1条第2句)。由"全体德国人民选举"的国家总统(《魏玛宪法》第21条第1款)拥有自身正当性和对危机情况的专断权(《魏玛宪法》第48条)。国家众议院议员是"全体人民的代表"(《魏玛宪法》第21条第1句)。国家参议院议员通过在州的选举而被间接正当化(《魏玛宪法》第63条第1句)。除了国家众议院,还有许多"人民决定"法律的途径(《魏玛宪法》第73条)。州政府自己通过选举被正当化,它们在危机情况下采取专断措施(《魏玛宪法》第48条第4款)。总之,即使国家权力不能显而易见地追溯到国民的意志,但也有许多行使国家权力的可能性。国家和社会的相互关联不充分,对民主制度运作能力的信任必然是缓慢增加,而对这种信任增加的历史储备太微弱了。当在1932年开始总统专断时,产生"内部统一"的机会就已经丧失殆尽。

第十章 方法之争与一般国家学说

一 根基动摇

1923年和1929年标志着魏玛共和国的严重危机。通货膨胀、希特勒暴动和莱茵地区的危机给1923年打上了烙印。紧接着是1929年至1932年的经济危机、议会体制的停滞和国家政府对普鲁士发动政变。国家法学说相应发生动摇,并寻求新的理论基础。聚合国家的东西是什么?发展应向何处去?这是围绕政治生活形式的讨论。人们以生存上的严肃态度展开这场充满激情的讨论。[115]

---

[115] 鲁道夫·斯门德(Rudolf Smend),"国家法教师协会与方向之争"(Die Vereinigung der Staatsrechtslehrer und der Richtungsstreit),载《乌尔里希·朔伊纳贺寿文集》(Festschrift Ulrich Scheuner, Berlin 1973),第575—598页;曼弗雷德·弗里德里希(Manfred Friederich),"方法及方向之争——魏玛国家法学说的基础讨论"(Der Methoden- und Richtungsstreit. Zur Grundlagendiskussion der Weimarer Staatsrechtslehre),载《公法档案》(AöR),第102卷(1977年),第161—209页;克劳斯·伦纳特(Klaus Rennert),《魏玛共和国国家法学说中的"人文科学"方向——对埃里希·考夫曼、京特·荷尔斯泰因和鲁道夫·斯门德的研究》(Die „geisteswissenschaftliche Richtung" in der Staatsrechtslehre der Weimarer Republik: Untersuchungen zu Erich Kaufmann, Günther Holstein und Rudolf Smend, Berlin 1987);迪安·舍福尔德(Dian Schefold),"在魏玛与波恩之间的人文科学与国家法学说"(Geisteswissenschaften und Staatsrechtslehre zwischen Weimar und Bonn, 1998),载同上作者,《保卫民主——选集》(Bewahrung der Demokratie. Ausgewählte Aufsätze, Berlin 2012),第175—205页。

有人早在1914年之前就发出声音,认为占支配地位的国家法实证主义不令人满意。在形式上排除政治、经济和历史因素的做法受到批判。人们更喜欢看到对这些因素进行开放性融合,而不是通过方法论的小后门又把它们放进来。在法律实证主义看来,宪制习惯法和"静默无声的宪法变迁"似乎难以把握。但远非这些。此时可以明显深度察觉到的工业社会和大众社会,不仅在政治上和经济上,而且还在人文科学方面改变了整个局势。

世纪之交的新康德主义虽然继续存在于哲学之中,但它很久以来已被各种新学派重叠了(现象学、实质的价值伦理、存在哲学)。社会学和法社会学通过其著名的创立之父们[马克斯·韦伯(Max Weber)、格奥尔格·西梅尔(Georg Simmel)、费迪南德·滕尼斯(Ferdinand Tönnies)、维尔纳·松巴特(Werner Sombart)、欧根·埃利希(Eugen Ehrlich)]得以形成。在19世纪几乎衰落的政治学经历了一个新的创立时期。历史学有"历史学家之争"[卡尔·兰普雷希特(Karl Lamprecht)语],在这场争论中,新的社会史试图排挤掉古典的政治史和思想史。19世纪的历史主义触碰到了它的边界。除此之外,还闪耀着形形色色半严肃的和预言之类的东西。奥斯瓦尔德·施宾格勒(Oswald Spengler)所著的《西方的没落》(Der Untergang des Abendlandes,1919年)传播着一种渴望被接纳的沮丧的基本情绪。与此相类似,亲德、反犹主义的英国人休斯顿·斯图尔特·张伯伦(Houston Stewart Chamberlain,1855—1927年)所著的《19世纪的基础》(Grundlagen des XIX. Jahrhunderts,1899年)得到人们的广泛接受。19世纪是自诩为预言家和世界拯救者的时代,是在政治边缘上建立公社、政治斗争团

第十章　方法之争与一般国家学说

体和革命共同体的时代，也是学校和社会改革、泛欧洲运动与和平主义的时代。

在第一次世界大战之后瞄准该领域的国家法学说内部，此时形成了诸多派别，它们因同辈经历和政治信念而聚合在一起。在魏玛共和国任职的大多数国家法和行政法学者成长于 1914 年之前的"美好旧时代"，他们在这个时候把经典的"法学方法"传播到新宪法。为了自己专业的科学性，他们重视以自己的概念成体系地和逻辑连贯地发展国家法。其代表想言简意赅地进行"严格法学"论证，但不是作为政治家、伦理学家或道德家、经济学家或社会学家进行这样的论证。他们是"法律实证主义者"(Rechtspositivist)，只要他们在政治上还感到与帝制时代占统治地位的路线一致，那么他们就是"制定法实证主义者"(Gesetzespositivist)。"制定法实证主义者"从立法者手中接受现行法，并把自己限定在这样的素材上。这种实证主义者绝不是非政治的，但它的基础却源自 19 世纪末相对宽松的氛围。许多教授或许更喜欢具有完全议会化的君主立宪制，这是国家生活更为有机发展的制度，比如像荷兰、斯堪的纳维亚国家和英国那样的制度。但是他们也洞察到，这种解决办法的正当性储备在 1918 年革命之后就已经被消耗殆尽。他们当中的自由主义者(大多是南德意志的)因此转向魏玛宪法下的"宪法实证主义"(Verfassungspositivismus)。在这些学者当中出现了兢兢业业的现行法评论家[格哈德·安许茨(Gerhard Anschütz)、里夏德·托马(Richard Thoma)、格奥尔格·耶利内克(Georg Jellinek)、弗里茨·施蒂尔–佐姆罗(Fritz Stier-Somlo)、卡尔·罗滕比歇尔(Karl Rothenbücher)、弗里德里希·吉泽(Friedrich

Giese)],还出现了经济法、劳动法、社会法和税法这些新学科的代表。他们统统都是共和-议会民主制的忠实拥护者,而这种民主制绝对没有排除掉民族观念。

在方法论意义上,实证主义者通常还是政治上停留在极右边缘上的那些人。他们作为民族主义者不赞同共和制,他们反对共和而呼吁"更高的正义"。但是,实证主义的培养和对国家根深蒂固的信任仍发挥着巨大影响,以至于他们不怀疑这些对日常工作的约束性效果。诸如三位保守的国家法学者[汉斯·黑尔弗里茨(Hans Helfritz)、男爵阿克塞尔·冯·弗赖塔格-洛林齐霍芬(Axel Freiherr von Freytagh-Loringhoven)、男爵弗里茨·马沙尔·冯·比贝尔施泰因(Fritz Freiherr Marschall von Bieberstein)]便是如此,他们因其批评性言论而陷入与共和制的冲突当中。

二 维也纳学派

19世纪流传的法律实证主义不仅深受1914年之前的时代的影响,而且还显露出理论的非连贯性。揭露其理论的非连贯性并以令人印象深刻的体系对此进行探讨,这是维也纳的法律理论家和国家法学者汉斯·凯尔森(Hans Kelsen,1881—1973年)的丰功伟绩。他因其著作《国家法学说的主要问题——源自法律规范学说》(Hauptprobleme der Staatsrechtslehre, entwickelt aus der Lehre vom Rechtssatze,1911年)而脱颖而出,从此人们围绕其命题的讨论就再也没有停息过。短短几年间,他圈子的人发表了书籍和小册子、文章和详细的书评、辩驳作品和辩驳书评,这些作品

第十章 方法之争与一般国家学说

经常发表在他主编的《公法杂志》(Zeitschrift für öffentliches Recht)上。国家法、行政法和国际法——最后一种主要通过阿尔弗雷德·费尔德罗斯(Alfred Verdross)——这时在全新的阐述中表现为封闭的规范秩序,这种规范秩序通过其"位阶建造"得以结构划分〔阿道夫·默克尔(Adolf Merkl)〕,它在顶端可以通过反复讨论的假设的"基本规范"被封定住。[116]

人们努力为方法上"纯粹的"法学奠定理论基础,这种努力非意外地在维也纳达到顶峰。这座群英荟萃的城市位于中欧和南欧的交叉点上,从而在此产生了国民经济学和艺术史、形成中的艺术和音乐、心理分析和哲学等"诸学派"。[117] 凯尔森、默克尔和费尔德罗斯周围的圈子遵循一条与哲学"维也纳圈子"类似的基本路线。而哲学的"维也纳圈子"围绕在莫里茨·施利克(Moritz Schlick)、奥托·诺伊拉特(Otto Neurath)和鲁道夫·卡纳普(Rudolf Carnap)的周围,在这个哲学圈子边缘工作的还有路德维希·维特根斯坦(Ludwig Wittgenstein)和卡尔·R.波佩尔(Karl R.

---

[116] 霍斯特·德赖尔(Horst Dreier),《汉斯·凯尔森的法律学说、国家社会学和民主理论》(Rechtslehre, Staatssoziologie und Demokratietheorie bei Hans Kelsen, Baden-Baden 1986),第 2 版,1990 年;斯坦利·L. 保尔松(Stanley L. Paulson)、米歇尔·施托莱斯(Michael Stolleis)主编,《汉斯·凯尔森——20 世纪的国家法教师和法律理论家》(Hans Kelsen, Staatsrechtslehrer und Rechtstheoretiker des 20. Jahrhunderts, Tübingen 2005);马蒂亚斯·耶施泰特(Matthias Jestaedt)、奥利弗·莱普修斯(Oliver Lepsius)主编,《汉斯·凯尔森——捍卫民主》(Hans Kelsen. Verteidigung der Demokratie, Tübingen 2006)。

[117] 阿兰·雅尼克(Allan Janik)、斯蒂芬·图尔敏(Stephen Toulmin),《维特根斯坦的维也纳》(Wittgenstein's Vienna, New York 1973)(德文版:München-Wien 1984,1987)。

Popper)——这些经验主义者、逻辑学家、数学家、语言哲学家和科学理论家们在所有差异之处,不带本体论和形而上学地寻找思想和把握世界的共同科学基础。[118] 维也纳因此还是自始至终都一贯思考法律实证主义的地方,因为在那里存在着以国家和法律为导向的培养奥地利法学家和职业官僚队伍的实证主义传统。哈布斯堡王朝的多民族国家通过其法律秩序和行政得以维系。这一方面激励了法社会学的发展,即研究法律规范的事实形成与实施(欧根·埃利希),但另一方面也恰好实现了"纯粹"规范秩序的目标,像摆脱形而上学那样摆脱因果科学的这一目标也是为了能够给法学主张科学地位。这意味着:法学不仅仅应该在方法论意义上追求纯粹性和假设前提的逻辑连贯性,而且它在一定程度上也无法企及多民族帝国的民族主义意识形态,如同无法企及由教会掌管的道德和神学论据,简而言之即形而上学论据。学者阶层常常是犹太人出身,他们因此习惯于选择民主、自由权利、解放和社会平等。对他们来说,"科学性"(Wissenschaftlichkeit)也是反对反犹主义和反对与此部分相似的教权主义的合适平台。而具有传染性的反犹主义在奥地利存在已久。

撇开特殊的奥地利环境暂且不论,在"纯粹法学说"(Reine Rechtslehre)的崛起中也体现出形势的普遍变化。自然科学取得了辉煌的成功,这加剧了进行实务性和折中性操作的法学所面临的压力。"纯粹法学说"是对流传的实证主义提出的激进要求,为

---

118 有关"第一知识",参见曼弗雷德·盖尔(Manfred Geier),《维也纳圈子》(Der Wiener Kreis, Reinbek 1992)。

了有利于统一的认识体系而让实证主义放弃方法混合论,并使用更为精准的工具。因此能够排除被带入的政治和道德的预先规定,这似乎仅仅是愿望罢了。人们对"纯粹法学说"的批判可谓刻板老套,认为它忽视生活,只提供空洞的抽象物,没有提供伦理支撑,它错误认识法的本质。它在政治上也时常遭到右派和左派同样的指责。埃里希·考夫曼(Erich Kaufmann)在其1921年的哲学论战文中宣称,人们根本就用不着去读凯尔森的厚书,新康德主义的法理论不适合去"削弱危险的、唯物主义的和乌托邦的马克思主义毒药"。[119] 四十年后,人们听到来自民主德国的类似声音,即"纯粹法学说"恰恰就是因为它的"空洞"才是掩盖资产阶级利益的意识形态。[120]

三 方法或方向之争

"纯粹法学说"是一种激进和思想敏锐的回答,但它不符合德国普遍的心灵需求。在德国,人们需要形而上学的维系,需要法与道德相会合,需要消除实然与应然的分离。事实上,作为法理论的"纯粹法学说"恰恰没有回答时代生死攸关的方向问题。德国的国

---

[119] 埃里希·考夫曼(Erich Kaufmann),"新康德主义哲学批判——对哲学与法学之间关系的思考"(Kritik der neukantischen Rechtsphilosophie-eine Betrachtung über die Beziehungen zwischen Philosophie und Rechtswissenschaft,1921),载同上作者,《选集》(Gesammelte Schriften),第3卷(Göttingen 1960),第176页及以下诸页、第193页及下页、第242页。

[120] 赫尔曼·克伦纳(Hermann Klenner),《法律真空——纯粹法学说之评价》(Rechtsleere. Verurteilung der Reinen Rechtslehre,Berlin und Frankfurt 1972)。

家法学说不盼望提升其"科学性",而是渴求动荡时代的内在支撑。只有价值体系才能够提供这种支撑,就像在魏玛宪法第二章即基本权利和基本义务中所描述的那样。尽管该部分的陈述是妥协性的,并且还相互不一致,但是基本权利在这时还是提供了一种新的起始点。大约从1925年起,基本权利首次受到高度重视,人们开始对它们进行体系化,并且扩展出一套新的价值体系。[121] 立法者在这时也要受到这套价值体系的约束——这在当时是一种完全新颖的思想,在今天已成为现行的宪法法(《基本法》第1条第3款)。

倘若一方面指望实然与应然、法律与道德的严格分离,从而在法律理论上"纯粹地"探讨法律规范成为可能,那么另一方面又要指望"价值",指望超越单纯宪法文本的"真正宪法",还要指望宪法法与社会科学的紧密联系。可见,即将上演的方法之争的阵线其实早就有迹可循。

国家法上的"方法之争"已变得闻名遐迩,但在表面上却并不引人注意。它出现在德国国家法教师协会从1925年到1929年的年会报告及讨论中,还出现在几篇伴随的文章里。[122] 大家在其中浅显地争论,人们进行宪法文本解释是否应该停留在流传的"法学方法"上(当时以被维也纳学派加剧的形式),或人们是否可以利用"人文科学的方法"。后一种情形以诠释学理解的传统路线为导

---

[121] 卡尔·施密特(Carl Schmitt),"帝国宪法第二部分的内容与意义"(Inhalt und Bedeutung des zweiten Hauptteils der Reichsverfassung),载格哈德·安许茨(Gerhard Anschütz)、里夏德·托马(Richard Thoma)主编,《德国国家法手册》(Handbuch des Deutschen Staatsrechts),第2卷(Tübingen 1932, §101)。

[122] Rudolf Smend, Die Vereinigung der Deutschen Staatsrechtslehrer und der Richtungsstreit, in: Festschrift für Ulrich Scheuner, Berlin 1973, 575-589.

第十章 方法之争与一般国家学说

向,这条传统诠释学理解路线从施莱尔马赫(Schleiermacher)一直延伸至狄尔泰(Dilthey),它把带有相应"意义变异"的社会语境考虑进去作为理解的前提条件。在这背后存在着不同的国家图景和政治选择。

在1926年的明斯特年会上,反实证主义路线和实证主义路线因埃里希·考夫曼和汉斯·纳维亚斯基(Hans Nawiasky)而进行了十分激烈的交锋。这场路线交锋的起因不仅在于会议主题(一般平等原则,《魏玛宪法》第109条),而且还在于形成极端对比的会议报告人。通货膨胀的经历和之前对立法是否受平等原则约束这一问题的否定回答,构成了交锋的背景。如果对这个问题进行肯定回答,那么几乎每一条与社会政策攸关的重要法律都可以被抨击为"违反平等"。当1927年讨论言论自由这项基本权利的有效范围时(《魏玛宪法》第118条第1款),一场新的方法论观念冲突发生了。卡尔·罗滕比歇尔代表国家主义-实证主义立场,而鲁道夫·斯门德(Rudolf Smend)则把基本权利理解为文化价值中超越个人存在的部分,认为应该把这种基本权利放在"一般法律"之下,从而在凸显保护性价值中把"一般法律"的优先地位相对化了。国家法教师派别强调性地赞同斯门德,而另一些人则批评他冲淡了法律限制。

对手们最后在1928年相聚于维也纳,围绕宪法司法审判的成果和未来展开了讨论。海因里希·特里佩尔(Heinrich Triepel)和汉斯·凯尔森作了报告。特里佩尔强调法律与政治相互辩证交融,否认政治可以被完全法律化,赞成在程序上和特征上区别于普通司法审判的宪法司法审判。凯尔森也支持最后一种做法,但完全是在另一种意义上的。他坚持宪法的法律特征，认为宪法司法审判的主要任务在于撤销包含法律在内的违宪的主权行为。根据他的奥地利经验，独立的、广泛的不受政党政治影响的法院工作是可能的，也是值得期盼的。对他来说，与特里佩尔的对立在于宪法概念。在他看来，分歧表现为世界观的不同，即用科学手段不能消除这种不同。反之，对于赫尔曼·黑勒来说也是如此，他看到了与凯尔森之间有"形而上学-伦理上的对立"，因为，如他所言，"纯粹法学说"以其"形式主义的和理性主义的安定性理想"不可能忍受政治性的东西。反过来，对凯尔森而言，特里佩尔-斯门德的整合公式是纯粹的形而上学，是"神学"的研究对象。对他来说，像卡尔·施密特所理解的政治与法律的对立是无法接受的，在特里佩尔辩证表述中的对立也是如此。

　　格哈德·莱布霍尔茨(Gerhard Leibholz)在1931年的年会上有关选举权的报告标志着方法之争表面上结束了。这个报告体现出，听天由命的情绪已经传播到了何种程度，对，就是那种世界末日论情绪。从根本上来说，这个报告已是方法之争的结束语。大多数资产阶级学者不愿意投入到种族非理性的和集体主义的怀抱。与这些学者一样，莱布霍尔茨看不到行得通的出路。德国国家法教师协会1932年的年会被取消了，并在1933年被完全取缔；该协会与国际法学家的年会一样都被中止了。因此，人们从中能够看到沉默性退缩。交流走到了尽头。里夏德·托马在1927年对国家法教师们谈到"一个派别的难题与术语不被另一派别理解的鸿沟"，这条鸿沟此时出于政治原因已变得不可逾越了。

四　派别形成

谁想在宪法框架内把魏玛共和国作为拥有必要政党的议会民主制加以维护,那么他就会在宪法法上把自己理解为"实证主义者"。属于这类实证主义者的不仅有领军的宪法评论家格哈德·安许茨(海德堡大学)和里夏德·托马(波恩大学),而且还有卡尔·罗滕比歇尔和汉斯·纳维亚斯基(二者都在慕尼黑大学)、弗里茨·施蒂尔-佐姆罗(科隆大学)、弗里茨·吉泽(法兰克福大学)和其他许多人。

这个派别陷入共和的危机之中,并成为失败者一方。在各州和国家众议院中的政党越来越受阻,并越来越被证明无力达成建构性妥协,那么捍卫经典的国家法实证主义就越发艰难。总统专断一旦开始,以及呼吁"人民国家""真正的民主""人民共同体"的声音变得越来越大,那么对忠诚宪法的坚守就变成了看不到希望的立场。

与之对立的派别在"人文科学方向"这一模糊不清的名号下汇聚而成,它是异质性的。其中一些来自受《凡尔赛条约》和国际联盟激起的国际法,另一些来自巴尔干、波兰或来自阿尔萨斯的边界国经历的激发,还有一些来自青年运动和带有"等级国家"主张的类似结盟的经历。许多人都是文化新教徒,其思想是唯心主义的和德意志民族的。后一种情形尤其适用于来自新教-神学的书香门第氛围的鲁道夫·斯门德。在1927年的国家法教师年会上,他作了关于言论自由的基本权利与限制它的制定法之间相互影响的报告,该报告在前面已提到过。他有关联邦宪法法院"吕特-判决"的论点[《联邦宪法法院判决汇编》(BVerfGE),第7卷,第198页及以下诸页]在联邦德国中获得了官方性质。

人们在更为宽泛的意义上还可以把"青年右派"算作这个派别。他们在魏玛共和国垂死挣扎时开始了他们的学术生涯,与自由主义、相对主义和议会民主制保持着最远距离。在他们选择哲学上的北极星时,这颗北极星与其说是康德(Kant),毋宁说是黑格尔(Hegel)。他们指望一个强大的国家,寄望于"共同体""决断"和"行动"。他们中有一些人聚集在坚定反自由主义的卡尔·施密特周围;另一些人在正中要害的国家主义中寻找他们的方向,或在"共同体"的结盟运动模式中寻找。一些人把自己定义为属于"保守的革命"派,那是形形色色反自由主义和反民主潮流的集合概念,但作为法学家,他们要比诸如恩斯特·云格尔(Ernst Jünger)和弗里德里希·格奥尔格·云格尔(Friedrich Georg Jünger)兄弟俩,或时评家埃德家·容(Edgar Jung)、海因里希·冯·格莱兴(Heinrich von Gleichen)、汉斯·策雷尔(Hans Zehrer)、阿图尔·默勒·凡·登·布鲁克(Arthur Moeller van den Bruck)或恩斯特·尼基施(Ernst Niekisch)更温和一些,也要更专业一些。在革命态度与资产阶级生存之间的冲突变得太大的地方,或在年轻的编外讲师对他们的事业可能感到提心吊胆的地方,他们就典型地以化名进行写作[恩斯特·福斯特霍夫(Ernst Forsthoff)、恩斯特·鲁道夫·胡贝尔(Ernst Rudolf Huber)],比如他们在汉斯·策雷尔的杂志《行动》(Die Tat)上,或在海因里希·冯·格莱兴的杂志《光环》(Der Ring)上发表文章时便是如此。[123]

汉斯·凯尔森的维也纳学派处于这两大阵营之间,都不受这二者待见。该学派首先因经典实证主义的不连贯性而对其进行攻击,并在"纯粹性"方面超过了经典实证主义。该学派这时迫不得已要更为明确地抵制即将来临的国家法公然政治化,抵制自然法和新的形而上学。凯尔森越来越迫切地提高了嗓门,以便捍卫民主和经验-批判性的理性主义。从1929年起,他在奥地利看到其影响的可能性渺茫,于是转而去了科隆大学。1933年,他在科隆遭到纳粹分子的驱逐,先是逃亡到日内瓦,然后流亡到了美国,在美国伯克利大学工作直至逝世(1973年)。

把这种"方法之争"与政治方向结合在一起有多么艰难,这在最强烈反对凯尔森的对手赫尔曼·黑勒(Hermann Heller,1891—1933年)那里可见一斑。黑勒是民主主义者和共和主义者,他在政治上毕竟接近于作为社会民主主义者的凯尔森,但他认为凯尔森在新康德主义上对实然和应然进行分离却是根本错误的。在他看来,国家与法秩序同一是荒谬的,他还"不带任何讽刺"地赞扬凯尔森,认为凯尔森的逻辑结果本身已经证明了这条歧途的荒谬性,而他在这条歧途上看到实证主义国家学说自两代人以来在发生变化。黑勒把国家解释为人类文化的一部分,把国家学说解释为政治学的一部分。对国家的"现实"不应该纯粹规范地,也不应该纯

---

[123] 全面的文献见阿明·莫勒(Armin Mohler),《保守革命(1918—1932年)——一部手册》(Die konservative Revolution 1918-1932. Ein Handbuch),第6版(Graz 2005),由卡尔海因茨·魏斯曼(Karlheinz Weißmann)修订。

粹经验地，还不应该人文科学地，而应该社会学地通过把握结构的方式加以理解。这样的国家学说应该包含事实性和规范性实然，包含历史和当下。这在方法论上抛出了诸多问题，但也让大家想象得到，黑勒多么强烈地想和传统的国家学说保持距离。他想要的国家应该在现实性科学上加以把握，但也要向规范看齐，即国家是民主、法治国和社会国的相互交织。

五 代 表 作

1. 当汉斯·凯尔森在1925年发表《一般国家学说》（Allgemeine Staatslehre）时，他自己"比先前更加清楚地"（序言）认识到，他深受19世纪国家法实证主义的影响，他再次斩钉截铁地强调其路线：国家与法秩序同一，法秩序是人们行为的规范性强制秩序；法学研究限定于这种规范秩序，即法律体系的统一体。该书的结构不同于传统的国家学说，引起了轩然大波。它首先描述存在于规范性之外的东西、在社会学和政治学上观察的国家，从而向法律上的国家秩序——凯尔森意义上的"国家"——突进。虽然他在其中也把作为静态要素的传统三组合（国家权力、国家领土、国民）立为论证的基础，但他在这一点上已经偏离了许多传统库存；接着在"动态"部分中更是有过之而无不及，该部分论述国家功能、立法机构及其立法方法。

引起轩然大波的，特别是以下主要问题，即他把国家秩序和法律秩序同一化，以及连贯性地排除对国家进行道德、政治和经验的观察。尤其在德国,其反对声音此时变大了。[124] 人们在那里刚刚脱离战前的实证主义,越来越多地在社会学、权力政治或人文科学上进行论证。大家可以推测,凯尔森由此为以下三部重要的"反对书籍"提供了最重要的刺激。

2. 鲁道夫·斯门德(Rudolf Smend,1882—1975年)在其作品《宪法与宪法法》(Verfassung und Verfassungsrecht,1928年)*的开篇就接受了这场决斗。他大体上惦念着国家观念和政治伦理,甚至还是马克斯·韦伯、恩斯特·特勒尔奇(Ernst Troeltsch)和弗里德里希·迈内克(Friedrich Meinecke)的国家观念和政治伦理;他批评对它们的怀疑,批判"内在的国家异化",接着把"凯尔森1925年的《一般国家学说》"称之为"今天完全自觉达到的零点时刻"。它是"没有目的和目标"的死胡同,因为它只提供了纯粹的形式主义,没有提供实质的国家理论。为了给这样一种国家学说提供基础,斯门德这时发展出他的"整合学说"(Integrationslehre)。他以此设置"宪法学说的国家理论前提"。在特奥多尔·利特(Theodor Litt)哲学的基础上,斯门德反对所有机械论的、客观化的、个人主义的、从其目的来正当化国家的和画地为牢的见解。对他来说,精神世界的整体是一个"辩证结构框架",是思想过程富有意义的相互交融。他追随社会学家赫伯特·斯宾塞(Herbert

---

[124] 阿克塞尔-约翰内斯·科布(Axel-Johannes Korb),《凯尔森的批判者——法律与国家理论史研究(1911—1934年)》[Kelsens Kritiker. Ein Beitrag zur Geschichte der Rechts- und Staatstheorie (1911-1934),Tübingen 2010]。

* 曾韬先生把"Verfassungsrecht"译为"实在宪法",参见〔德〕鲁道夫·斯门德,《宪法与实在宪法》,曾韬译,商务印书馆2020年版。——译者

Spencer），把这种交融称之为"整合"。只有相互整合的东西才是"国家"。整合手段可以是君主、缔造神话或某种国家象征。这可以被理解为对自身没有整合好的魏玛共和国的抱怨，或对意大利的参考，或对"民族共同体"的渴望，但在后来也可以被理解为联邦德国初期的魔法语词。联邦德国要整合的东西是如此之多：以前的纳粹分子、难民和被驱逐者、归国侨民、阶级矛盾、教派等。作为方法论道路，"整合"这个熠熠生辉的词语为在宪法文本中消除固有矛盾提供了契机。这也解释了宪法文本在联邦德国头二十年取得巨大成功的原因。

凯尔森对这本书进行了尖锐的抨击[《作为整合的国家》(Der Staat als Integration, 1929年)]，并揭露斯门德遣词造句蓄意半明半暗，尤其揭露他深恶痛绝新康德主义、自由主义、相对主义和法律实证主义。对凯尔森来说，斯门德的书籍在学术上毫无价值，但因其暗示性语言和显而易见的政治推论，所以该书还是危险的。凯尔森对前面已经提到过的埃里希·考夫曼的《新康德主义法哲学的批判》(Kritik der neukantischen Rechtsphilosophie, 1921年)也作如此评价。他在这一语境下于1926年谈及"疾呼形而上学"。翌年，慕尼黑的罗马法学家卡尔·福斯勒(Karl Vossler)在建国庆典上的讲话中断言，"旧的非理性之物一直都在化为新蛹：形而上学的、思辨的、浪漫派的、狂热的、抽象的、非理性主义的和神秘主义的政治化"。[125]

---

[125] 卡尔·福斯勒(Karl Vossler)，"帝国建立庆祝会演讲"(Rede zur Reichsgründungsfeier, Januar 1927)，载同上作者，《政治与精神生活》(Politik und Geistesleben, München 1927)，第4页及下页。

第十章 方法之争与一般国家学说

可见,一方面是传统的法律实证主义者们接受魏玛宪法秩序,并试图巩固包括法治国在内的制度框架,他们这时和政治上进行类似思考的"维也纳学派"结合在一起,但"维也纳学派"在方法上的严格论却找不到多少呼应。另一方面是广泛阵线上的人们认为,自由主义和法律实证主义与议会民主制一样都过时了。人们一致认为,自由主义走到尽头了,但反自由主义的未来形式却依然隐蔽着。

3. 卡尔·施密特成体系地写就的《宪法学说》(Verfassungslehre,1928年)也是一部为反凯尔森而撰写的著作。该书把资产阶级议会制和法治国描述为"仍占统治地位的"形式,但施密特明确指出,这种形式已陈旧无用。他把(具体有效的)宪法法(Verfassungsrecht)和作为宪法学说研究对象的"宪法"(Verfassung)区分开来,并阐明各种宪法的基础、法治国和基本权利、现代宪法的民主制、君主制和贵族制因素,以及国家关系。所有这一切的写作都充满丰富思想、熠熠生辉,但隐藏着大量对当前国家的保留,而施密特活跃于当前国家之中。该书在1945年之后受到卡尔·施密特圈子的赞赏,并被不断出版,但在解释上却被缓和化与"民主化"了。当人们在寻找西方范式的议会制选项时,该书在意大利和法国共产党人、西班牙的弗朗哥追随者和1968年左右的德国左派当中,是一部被反复使用的参考书。

4. 1934年在荷兰出版的赫尔曼·黑勒的《国家学说》(Staatslehre),像已提到过的那样,同样可以被理解为是对凯尔森1925年著作的反应。黑勒与凯尔森一样都是坚定的民主主义者和共和主义者,但在方法论上,像已谈到过的那样,他却是凯尔森的死对头。对他来说,国家仅仅是一种规范秩序,这是不可接受的。黑勒把他的实质国家学说勾勒成克服二元论的政治学因素与法学因素的结合。因此,他寻找与社会现实的联系,还想囊括社会现实的前规范特征。作为人类意志行为创建的"整体关系",国家应该被赋予相对于政治和经济的独立性。在这个意义上,黑勒还代表了古典的主权概念——这又是反凯尔森的。个人和群体应该通过建构共同的规范层和价值层来创造国家。但与此同时,作为被组织起来的决策统一体和发挥影响的统一体,国家反过来应该控制社会的共同生活,尤其是通过实证法来控制。只有当人们放弃凯尔森的纯粹方法时,这种混合才是可以接受的。黑勒乐于付出这样的代价,因为对他来说,建构一个社会公平和民主的国家作为危机的解救者,这尤为重要。他在此意义上尝试勾勒符合时代的国家学说,这肯定可以被当成是魏玛时代最重要的尝试。赫尔曼·黑勒被纳粹分子驱赶出教授职位。1933年11月,他在马德里客座讲课间溘然长逝,年仅42岁。他认为,只有在经由社会国(Sozialstaat)达到相对社会同质性时,民主才起作用。他的这一基本思想在很大程度上流传到后来的联邦德国,还影响到联邦宪法法院的马斯特里赫特判决——并被运用到欧洲。[126]

在此简略描述的那个时代的代表作表明,魏玛共和国最后年代的国家法局势是多么的动荡不安。1922年创建的"德国国家法教师协会"实际上没有共同语言了。在施特雷泽曼(Stresemann)

---

[126] 彼得·黑贝勒(Peter Häberle),《欧洲宪法学说》(Europäische Verfassungslehre),第7版(Baden-Baden 2011),第729页及以下诸页。

第十章 方法之争与一般国家学说

逝世(1929年)和议会体制自我封锁以后,危机更是昭然若揭。"反民主思想"[库尔特·松特海默尔(Kurt Sontheimer)]顿时大受欢迎,尤其受到年轻知识分子们的吹捧。[127] 他们使用第一次世界大战的斗争词汇,梦想"帝国",但常常不特别看中希特勒的纳粹党。另一些人在幻想直接民主。还有一些人在勾勒等级国家模式[奥特马尔·施潘(Othmar Spann)]。大家一致认为,资产阶级时代及其国家秩序随之走到了尽头。资产阶级-自由主义的"理性共和主义者"和法律实证主义代表都落入防守境地。这是1932年的时局,是最后尝试通过紧急法令挽救总统专断制的局势,[128] 也是国家政府在普鲁士发动政变的局势。这场政变经过国家最高法院的判决而不能再恢复到之前的状态了。"国家法在此停止了",格哈德·安许茨在1919年写道,他后来为此还受到过批斗。[129] 但他是对的。传统的国家法学说毕竟大多都不是政治的积极共塑者,而充其量是起支撑作用的解释者,它在1932年的秋天已是山穷水尽、一筹莫展。

---

[127] 库尔特·松特海默尔(Kurt Sontheimer),《魏玛共和国中反民主的思想——1918年至1933年德国纳粹的政治理念》(Antidemokratisches Denken in der Weimarer Republik. Die politischen Ideen des deutschen Nationalismus zwischen 1918 und 1933, 1962),学研版(München 1968)。

[128] 彼得·布洛迈尔(Peter Blomeyer),《魏玛共和国最后岁月中的紧急状态》(Der Notstand in den letzten Jahren von Weimar, Berlin 1999)。

[129] 格奥尔格·迈尔(Georg Meyer)、格哈德·安许茨(Gerhard Anschütz),《德国国家法教科书》(Lehrbuch des Deutschen Staatsrechts),第7版,1919年,第906页。

第十一章　魏玛共和国的行政法

一　延续与调整

行政法学对革命和 1919 年新宪法这些重大转变的反应是其典型的滞后,这也无异于行政本身。各州的新宪法法在重要性方面退到次要位置;学术精力转向解释国家宪法。在各州,主要是地方宪法改革以及 1929 年至 1933 年的地方财政危机具有重要性。人们因此可以在奥托·迈耶和弗里茨·弗莱纳的路线上维持行政法的延续性,扩充"总则",并把新的特殊行政法容纳进个案之中。罗伯特·格拉夫·许·德·格赖斯(Robert Graf Hue de Grais)所著的手册经典且简明扼要,自 1881 年以来不断被再版发行,并在新的法律基础上得到简易更新(1930 年,第 26 版)。[130]康拉德·博恩哈克(Conrad Bornhak)的纲要也是如此(1906 年;1925 年,第 8 版)。教科书把"总则"和与国家宪法的相关内容结合在一起,案例源自普鲁士、巴伐利亚和符腾堡各自的州行政法。

---

[130] 格哈德·林格尔巴赫(Gerhard Lingelbach),《罗伯特·格拉夫·许·德·格赖斯(1835—1922 年)——生平及著作》[Robert Graf Hue de Grais (1835-1922). Leben und Werk, Baden-Baden 1997]。

二　州行政法

普鲁士这时存在有特别丰富的行政法文献。行政规范、公务员法和地方法规、形成中的并在 1931 年被法律确立的警察法，以及普鲁士最高行政法院在警察法上的司法判决都在那里得到了探讨。譬如，尤利乌斯·哈切克（Julius Hatschek）在《德国和普鲁士行政法制度》（Institutionen des deutschen und preußischen Verwaltungsrechts, 1919 年; 1931 年, 第 8 版）中就对它们进行了论述。该书和多卷本的普鲁士行政法汇编即所谓的《布劳希奇汇编》（Brauchitsch）、《普鲁士行政法简报》（Preußisches Verwaltungsblatt）上的各项法律评论和连续的司法判决摘要，一起成为人们齐备的必要工具。在巴伐利亚，人们拥有更多的行政法纲要以及历史悠久的《巴伐利亚行政简报》（Bayerische Verwaltungsblätter）。在萨克森有瓦尔特·舍尔歇尔（Walter Schelcher）主编的《菲舍尔行政实践与立法杂志》（Fischers Zeitschrift für Praxis und Gesetzgebung der Verwaltung）。在符腾堡和巴登延续着行政法理论与实践紧密结合的传统，但没有产生更重要的著作。格外符合后一种情形的还有黑森-达姆施塔特、梅克伦堡和其他小州，以及自由市汉堡、不莱梅和吕贝克。在那些地方，人们主要满足于更为简短的导论或文本汇编。

三 教科书

弗里茨·弗莱纳和尤利乌斯·哈切克跨越各州的论著为学生们提供了必要的东西，主要是以弗莱纳的论述形式，[131]但在其中不可避免地漏掉了许多实践材料。瓦尔特·耶利内克（Walter Jellinek）的内容全面的《行政法》（Verwaltungsrecht，1927年；1931年，第3版）结合了"总则"和"分则"，因此成为占主导地位的著作受到大家的普遍接受。

这是一部魏玛共和国行政法百科全书性质的总结之作。其论述从历史基础往上包含一个现代化的"总则"，该"总则"带有新的类别区分（非主权行政和纯主权行政、服从型行政行为、双方行政行为），还带有自由裁量学说、整个法律保护的论述、岗位职责、行政强制和行政处罚。因其始终如一的实证主义立场和与此相联系地集中于法律形式，所以这是一部奥托·迈耶传统上的著作。自由主义和法治国的基本态度虽然与现行法相称，但却不再切合现实，也不再符合人们在总统专断制之下对集体主义思想的喜爱了。

---

[131] 尤利乌斯·哈切克（Julius Hatschek），《德国和普鲁士行政法制度》（Institutionen des deutschen und preußischen Verwaltungsrechts, Leipzig-Erlangen 1919），第7版和第8版（Leipzig 1931）；弗里茨·弗莱纳（Fritz Fleiner），《德国行政法制度》，（Institutionen des deutschen Verwaltungsrechts），第8版，1928年[新版（Aalen 1995）]。

四　干预国的素材增长

从第一次世界大战结束到魏玛共和国垂死挣扎的那些年（1929—1932年），最重要的发展之一体现在行政法素材的扩展和专业的分化上。奥托·迈耶的基本假设是，所有行政活动都可以精减为几个基本形式，通过半直觉性半建构性工作把在一定程度上潜藏在材料中的基本形式公之于众。他的伟大成功也就是建立在这样的基础之上。而这种发展现在似乎被逼往相反的方向。这些年首次出现了作为独立学科的公共经济法、社会法、税法和交通法。地方法规获得了全新维度。在自由市民社会瓦解的背景下，民法的离心趋势（劳动法、含社会法和公司法的经济法、租赁法、垦殖法和土地法）预示着"社会法突进到古典私法"［弗朗茨·维亚克尔(Franz Wieacker)语］，或"私法的烦恼"［克努特·W. 内尔(Knut W. Nörr)语］。像民法一样，看上去才在"总则"的屋檐下得到统一的行政法现在又分裂了。行政法院变得越来越丰富的司法判决促使了这样的分裂，这主要是因为在魏玛时期还没有实行今天普遍溯及一般宪法原则的做法。

除了在当时还被称作社会法那样的劳动法和工人保险法这些新领域外，[132]在工业革命的条件下还形成了拥有自己期刊和年鉴的地方学(Kommunalwissenschaft)。人们讨论"大城市的社会任

---

[132] 伊凡娜·米凯希奇(Ivana Mikešić)，《作为科学学科的社会法——起源(1918—1933年)》(Sozialrecht als wissenschaftliche Disziplin. Die Anfänge 1918-1933，Tübingen 2002）。

务"[弗朗茨·阿迪克斯(Franz Adickes)语],事实上正在形成的集体供给制度的法律形式。恩斯特·福斯特霍夫(Ernst Forsthoff)在1938年把这样的制度总结为浅显易懂的词语叫作"生存预防"(Daseinsvorsorge)*。[133] 还有,此时愈发大势干预社会的国家需要金钱。金钱在传统上通过征税来获取,自1871年帝国建立以来根据宪法法上变化的指标被分摊到帝国、各邦和城乡。在19世纪最后二十年形成于德国、奥地利和意大利的税法学(Steuerrechtswissenschaft)成形了,它部分来自财政学,部分来自行政法。几乎不为人所知的是,公法学家路德维希·瓦尔德克(Ludwig Waldecker)在柏林从1915年起就首次开设了税法课程。由于有战后的财政问题、国家财政部长马蒂亚斯·埃茨贝格尔(Matthias Erzberger)对国家推行的核心的税收制度改革、法官恩诺·贝克尔(Enno Becker,1869—1940年)独自一人制定的《国家征税条例》(Reichsabgabenordnung),所以才有更多强劲动力对税法进行学术探讨。[134] 阿尔贝特·亨泽尔(Albert Hensel,1895—

---

* 不少相关中文论述把恩斯特·福斯特霍夫的这一著名概念译为"生存照顾",这种译法其实并不准确,因为该德文组合词中的"Vorsorge"(动词为"vorsorgen")其含义是"预防",意指事先采取措施预防危险或不好情况的发生。把它译为"生存照顾"有可能是混淆了"vorsorgen"和"versorgen"这两个德文动词的基本含义,后者的意思才是"照料""照顾""护理""供给"等。因此,本中译本把"Daseinsvorsorge"译为"生存预防"或"生存预防措施"。——译者

[133] 恩斯特·福斯特霍夫(Ernst Forsthoff),《作为给付主体的行政》(Die Verwaltung als Leistungsträger,Stuttgart-Berlin 1938)。

[134] 库尔特·巴尔(Kurt Ball),《税法导论》(Einführung in das Steuerrecht),第2版(Mannheim 1922);路德维希·瓦尔德克(Ludwig Waldecker),《德国税法》(Deutsches Steuerrecht,Breslau 1924)。

第十一章 魏玛共和国的行政法

1933年)撰写了奠基性的教科书《税法》(Steuerrecht),他是这门学科的真正创始人。[135]

然而,国家干预调控的核心领域却是经济法。经济法的公法变体很快被称为经济行政法(Wirtschaftsverwaltungsrecht)。[136] 洛伦茨·冯·施泰因(Lorenz von Stein)在1868年谈到了"经济行政法"的一个特殊领域。[137] 十年后,俾斯麦的国内政策偏离了自由主义。与此同时,人们便开始更为认真地思考国家干预私法、托拉斯、康采恩和卡特尔问题。与这些相关的材料在1913年被首次称为"工业法"(Industrierecht),但很快被称为"经济法"(Wirtschaftsrecht)。人们在教义学上讨论合同弹性化的可能性、根据"利益"的解释、消费者保护和其他社会保护的可能性,比如通过注入伦理的一般条款来进行保护。相应地,人们试图对调控的行政法手段进行体系化,这要么在"战时经济"的旗号下进行,要么把它们作为社会主义的或保守的"集体经济"部分〔维夏德·冯·默伦多夫(Wichard von Moellendorff)、瓦尔特·拉特瑙(Walther Rathenau)、鲁道夫·希尔弗尔(Rudolf Hilferding)、弗里茨·纳

---

[135] 保罗·基希霍夫(Paul Kirchhof),"阿尔贝特·亨泽尔(1895—1933年)——在法治国上规整税法的斗士"〔Albert Hensel (1895 bis 1933): Ein Kämpfer für ein rechtsstaatlich geordnetes Steuerrecht〕,载海因里希斯(Heinrichs)等主编,《犹太血统的德国法学家》(Deutsche Juristen jüdischer Herkunft, München 1993),第781页及以下诸页。

[136] 克莱门斯·察赫尔(Clemens Zacher),《德国经济法的形成》(Die Entstehung des Wirtschaftsrechts in Deutschland, Berlin 2002)。

[137] 洛伦茨·冯·施泰因(Lorenz von Stein),《行政学说》(Die Verwaltungslehre, Stuttgart 1868),第7部分:"国内行政学说"(Innere Verwaltungslehr),第3大领域,第15页。

夫塔利(Fritz Naphtali)]。大家都在想象一种以共同利益为导向的强势行政性国家，所有人的思想都趋向于反议会制和反自由主义。

因此，恩斯特·鲁道夫·胡贝尔(Ernst Rudolf Huber，1903—1990年)以黑格尔的思想风格运用"保守革命"这一思想财富，[138]贡献出首部经济行政法的综合论著，这绝非偶然。他的《经济行政法》(Wirtschaftsverwaltungsrecht，1932年)经由纳粹直至联邦德国仍保持着它的基本形态。后一情形之所以也可能，是因为在联邦德国有着与同时形成中的秩序自由主义(Ordoliberalismus)相近的特征。把所有这些理论上的预先规定结合在一起的因素是以下这种坚信，即认为只以市场为导向的自由主义是一种被消除了的19世纪现象，而对于20世纪来说，根据世界大战的经验、经济萧条和1923年的通货膨胀，只有受国家指导的和受到制约的自由主义才是合适的。纳粹还仅仅需要为这种思想提供一套独裁说辞。这就是恩斯特·鲁道夫·胡贝尔在1934年试图勾勒的《德国社会主义的形态》(Die Gestalt des deutschen Sozialismus)。

像国家法学说那样，行政法在那个时代的方法与方向之争无论如何也不明显。大多数行政法学家都不太喜欢方法论的反思，这主要是因为在其中从事公共活动的实践者比例要比在国家法的高。还有同样不易看到的紧张关系。如果把瓦尔特·耶利内克翔实的论著(1927年)和阿道夫·默克尔(Adolf Merkl)的《一般行政

---

[138] 拉尔夫·瓦尔肯豪斯(Ralf Walkenhaus)，《保守的国家思想——对恩斯特·鲁道夫·胡贝尔的知识社会学研究》(Konservatives Staatsdenken. Eine wissenssoziologische Studie zu Ernst Rudolf Huber，Berlin 1997)。

法》(Allgemeines Verwaltungsrecht,1927年)进行比较,那么人们一方面拥有了传统实证主义的著名例子,另一方面拥有了科学理论指导的、严格维也纳学派实证主义的突出例子。相比而言,恩斯特·鲁道夫·胡贝尔的作品则刻画了反实证主义的、以黑格尔词汇进行论述的变种,但这一变种直到1933年都还没有定下整体上冷静的并与实践相关的论调。

第十二章 纳粹国及其公法

一 权力交接

魏玛共和国总统兴登堡（Hindenburg）把权力交给了极端的鼓动者阿道夫·希特勒（Adolf Hitler），人们在总理布吕宁（Brüning）、巴本（Papen）、施莱歇（Schleicher）之下早已熟悉这种交权形式。但由此在混杂着欢呼喜悦与沉默恐惧的气氛中所启动的却是一场国家颠覆。各政党被击溃，紧接着便是议会制、联邦制、总统与总理的二元首长制被废除，对受政党掌控的组织有利的所有主要社会团体都被取缔。总之，议会民主制转变成为无宪法的国家。所有这一切发生在大约二十四个月之内，且没有形成过真正的抵抗。

这个政权迅速上马稳定了局势，因为行政、司法和军队中的资产阶级精英们都心甘情愿与之合作。他们欢迎结束魏玛的"政党国"（Parteienstaat）和议会制，赞成攘除社会民主党人、驱逐犹太人——尤其是律师和医生，赞同创造就业的措施以及指向消除"凡尔赛会议"梦魇的外交政策。希特勒在1934年6月暗杀行动中解散的纳粹冲锋队（SA）这支政党军队，被帝国国防军轻而易举地收编了。谁不愿合作，他就得离开这个国家，或者不得不去体验首批集中营的恐惧。谁没有受此波及,他就得力图潜伏地下,或流亡国外。

二 精神斩首

这样一来,德国大学和精神生活在最短时间内就在整体上流失了受国际认可的科学巨擘、作家和艺术家。这是一场"精神斩首"。[139] 焚书仅仅是序幕而已。紧接着便是权利剥夺和解雇、侮辱和财产丧失,这些随着1938年的"十一月计划"而被进一步极端化,并汇聚成大屠杀这样的反人类罪行。这场大屠杀始于战争期间,并越来越系统化和科层化。尽管对大屠杀已有深入的研究和解释工作,但在其决定当代的深度方面最终还是无法理解、无法探测。[140]

对于公法来说,在纳粹时期不仅仅它的真正研究对象,即可靠的和在学术上可以解释的宪法秩序遭到毁灭,而且学术本身也遭到最严重的破坏。主要基于"种族"原因,重要学者被革职,其中大多数人还遭驱逐。在这一点上,以下这些国家法学者、行政法学家和国际法学家的名字就可以让大家想象得到毁掉了什么。他们是:汉斯·凯尔森、埃里希·考夫曼、赫尔曼·黑勒、阿

---

[139] 黑尔格·普罗斯(Helge Pross),"德国的精神斩首——移民导致的损失"(Die geistige Enthauptung Deutschlands: Verluste durch Emigration),载沃尔夫冈·阿本德罗特(Wolfgang Abendroth)主编,《纳粹与德国大学》(Nationalsozialismus und die deutsche Universität, New York-Berlin 1966),第143—155页。

[140] 米歇尔·施托莱斯(Michael Stolleis),"理解无法理解的东西——大屠杀与法史"(Das Unverstehbare verstehen: Der Holocaust und die Rechtsgeschichte),载《政治思想——2011年年鉴》(Politisches Denken. Jahrbuch 2011),第143—156页。

尔贝特·亨泽尔、恩斯特·伊赛(Ernst Isay)、卡尔·勒文施泰因(Karl Loewenstein)、弗朗茨·诺伊曼(Franz Neumann)、奥托·基希海默尔(Otto Kirchheimer)、马克斯·弗莱施曼(Max Fleischmann)、恩斯特·弗伦克尔(Ernst Fraenkel)、阿尔布雷希特·门德尔松·巴托尔迪(Albrecht Mendelssohn Bartholdy)和在他那里撰写教授资格论文的玛格达莱妮·肖赫(Magdalene Schoch)、卡尔·施特鲁普(Karl Strupp)、格哈德·莱布霍尔茨(Gerhard Leibholz)、格哈德·拉萨(Gerhard Lassar)、库尔特·佩雷尔斯(Kurt Perels)、弗里茨·莫施泰因·马克思(Fritz Morstein Marx)、瓦尔特·耶利内克(Walter Jellinek)、埃尔温(Erwin Jacobi)、汉斯·纳维亚斯基(Hans Nawiasky)、路德维希·瓦尔德克(Ludwig Waldecker)、瓦尔特·许金(Walther Schücking)、威利巴尔特·阿佩尔特(Willibalt Apelt)等。由于宪法和行政法深受特定国家的限制，所以这群流亡到国外的学人在当地无法大展身手，情况不如法律比较、国际私法或古代法史领域。汉斯·凯尔森的法理论及其国际法研究不依附于一国之法，他因此是一个例外。

　　自经济危机以来和在纳粹时期，大学学生数量从大约十万人下降到约三万七千人(1941年)。在1938年夏季学期仅仅还有42名女生学习法学——因此与1930年夏季学期的1175名女生相比是正在消失的小零头。法律系相应萎缩，一些地方的公法几乎陷于瘫痪。大的法律系(柏林、莱比锡、慕尼黑、维也纳)改变了它们的特点，失去了特色；小的法律系(基尔、布雷斯劳、柯尼斯堡、波森、斯特拉斯堡)作为"突击部队"强调向纳粹看齐，但由于缺乏具有"斗争精神的"纳粹分子和战争原因，要被看齐的东西并没有

第十二章　纳粹国及其公法

真正成功。其他法律系受到关停的威胁（哈雷、法兰克福），或以紧急解决方案加以应付。尽管一个自成体系的法律系反抗阵线没有聚集起来，但是它们也绝对不是千篇一律地沉湎于新的精神。如果大家愿意有所区别地对人员和实际问题进行研究的话，那么无论如何也不可能笼统地指责法律系"一无是处"。于是，我们仅仅可以大致总结性地构建起四类群体：1. 1933 年到 1938 年移民的教授，以及 1933 年左右退休或自愿隐退的那些教授；2. 体制的坚定拥护者（大多数是年轻人），但与更为广泛的中间群体关系紧密；3. 中间群体里大多数人的思想是德意志民族的，他们起初对政权表示欢迎，但接着逐渐疏远它或保持沉默；4. 最后是一个坚决拒绝纳粹政权的小群体[公法学家中进行反抗或接近反抗的只有汉斯·彼得斯（Hans Peters）和克里斯蒂安-弗里德里希·门格（Christian-Friedrich Menger）]。

1933 年以后的这些高校教师出版的东西在整体上具有非常大的异质性。一些人开始时激情地掺和或撰写"狂想片段"，但接着便转向行政法或尽可能不具政治性的主题。卡尔·施密特从 1933 年到 1936 年在高压之下一篇接着一篇地撰写文章，他在 1936 年丢掉了工作，于是把兴趣转移到国际法上。另一些人试图以教科书开辟新市场[特奥多尔·毛恩茨（Theodor Maunz）、奥托·克尔罗伊特（Otto Koellreutter）、阿诺尔德·克特根（Arnold Köttgen）、恩斯特·鲁道夫·胡贝尔]。还有一些人转移到宪法史，或完全三缄其口、沉默不语。战争期间出版活动曾一度活跃，确切地说，这是通过由基尔大学纳粹国际法学家保罗·里特布施（Paul Ritterbusch，1900—1945 年）组织编写的一部可疑的

"德国人文科学的共同作品"使然。里特布施的目的是,在满心期待"最后胜利"之后好向世人展示德国人文科学的成就能力。参与其中的公法学家比如有恩斯特·鲁道夫·胡贝尔、赫尔曼·雅赖斯(Hermann Jahrreiß)、特奥多尔·毛恩茨、乌尔里希·朔伊纳(Ulrich Scheuner)、瓦尔特·哈梅尔(Walter Hamel)、亚历山大·冯·弗赖塔格-洛林齐霍芬(Alexander von Freytagh-Loringhoven)、黑尔弗里德·普法伊费尔(Helfried Pfeifer)和格哈德·瓦克(Gerhard Wacke)。[141]

纳粹时期公法研究的学术总结和教学是可以想象的糟糕。慌里慌张的心态和高度的政治化充斥着所有材料。在纳粹政权垮台后几乎就没有留下什么可用的东西,确切地说,这不仅因为里边有丢人现眼的引注,或因为在参考文献中有犹太作者的记号,而且还因为有几乎完整的时代和意识形态依附性。反犹主义的、帝国主义的或只是夸夸其谈的"帝国"的长篇大论在1945年土崩瓦解了,并在数十年之后还严重拖累其作者。由纳粹国(NS-Staat)释放出来的破坏性能量也随之撕碎了这样的文献。

三　期刊

法学专业期刊本来在经济危机期间就已锐减,这时又处于政治压力之下。如果说1933年还有其中155份的话,那么在1937

---

[141] 弗兰克-鲁特格尔·豪斯曼(Frank-Rutger Hausmann),《"二战"中的德国人文科学——"里特布施行动"(1940—1945年)》[„Deutsche Geisteswissenschaft" im Zweiten Weltkrieg. Die „Aktion Ritterbusch"(1940-1945),Dresden 1998]。

年就只剩下 91 份了。众多杂志停刊了，或以新名称与其他杂志进行合并。所有犹太主编和作者都销声匿迹。历史悠久的《德意志法学家报》(Deutsche Juristenzeitung)在 1934 年归卡尔·施密特领导，但他在 1936 年丢掉了这一领导职务。《德意志法学家报》或它的订阅者被《德国法学会杂志》(Zeitschrift der Akademie für Deutsches Recht)接手，而这份杂志本身又是纳粹政权的法政展示窗口。存在于 1935 年至 1942 年的杂志《德意志法学》(Deutsche Rechtswissenschaft)落到法学会会长汉斯·弗兰克(Hans Frank)的头上。刊行于 1941 年至 1943 年的杂志《帝国-人民秩序-生存空间》(Reich-Volksordnung-Lebensraum)完全由纳粹党卫军掌管，这份期刊服务于对被征服国家的事先规划、种族政策以及党卫军与法学家之间的地位斗争。

自 1885 年以来就一直存在的《公法档案》(Archiv für öffentliches Recht)让犹太主编们都离职了，它接受了新主编，但这份期刊逐渐衰落，它在某种程度上像地震观察学那样记录着公法专业的状况。[142] 罗伯特·冯·莫尔在 1844 年创建的《总国家学杂志》(Zeitschrift für die gesamte Staatswissenschaft)，从 1934 年起在恩斯特·鲁道夫·胡贝尔的领导下汇聚了一大批忠于纳粹政权的作者，其目标是革新"国家学统一体"的旧理念，但这时却打着种族"纳粹国"的旗号。同样历史悠久的《公法年鉴》(Jahrbuch des

---

[142] 洛塔尔·贝克尔(Lothar Becker)，《"行走在陡峭道路上"——〈公法档案〉与第三帝国的德国国家法学》["Schritte auf einer abschüssigen Bahn". Das Archiv des öffentlichen Rechts (AöR) und die deutsche Staatsrechtswissenschaft im Dritten Reich, Tübingen 1999].

öffentlichen Rechts）在奥托·克尔罗伊特的经营下还持续到了1938年。

在行政法期刊那里体现出同步的发展情况。古老的《帝国和普鲁士行政简报》（Reichs- und Preußisches Verwaltungsblatt）每周发行，尽管直至1943年在外表上保持一样，但它变成了帝国政府官方的公告机构和行政法院司法判决最重要的招领处，而行政法院司法判决还在不断减少。在《行政档案》（Verwaltungsarchiv）那里，之前的主编也都被排挤走了，克尔罗伊特坐上了领导位置，他遵循着国家主义路线，这也是帝国内政部长弗里克（Frick）预先定下的路线。除此之外，还有新创办的纳粹法律维护者联盟的斗争报《德国行政》（Deutsche Verwaltung），在上面发表文章的除了法律实务者外还有政党的显赫人物。这份杂志在1938年合并了其他三家期刊，并试图成为该领域的领军刊物。州行政法杂志在一个一统国家（Einheitsstaat）中都已变得多余，这些杂志遭遇了迅速消失的厄运，最晚的在1941年"因纸张短缺"而停止了发行。如果加上这些杂志的话，那么人们就会获得以前丰富的意见多元化遭受毁灭性根除的印象。不仅仅联邦制消失了，而且人们也不再"需要"意见多元化了。接受人们评论的行政法院判决的数量在战争期间趋于零。

四 "宪法"的紧急建构

公法专业的外部环境——驱逐犹太学者和政治上不受喜欢的学者、大学凋敝、书报检查和期刊萎缩——也切合内部条件。

第十二章 纳粹国及其公法

最重要的基本权利因1933年2月28日的《国会纵火法令》（Reichstagsbrandverordnung）而失去了效力；随着《授权法》（Ermächtigungsgesetz）的出台，议会制解散了，政党消失了，联邦制被废除了；兴登堡逝世（1934年）后，总统与总理二元首长制被取消。魏玛宪法只作为空壳而存在。充其量每隔四年在形式上重复的、无意义的授权（1937年、1941年、1945年）还让人们想起1933年的起点。虽然人们对"形成中的宪法"和"基本法"谈及很多，[143]还赞赏未成文宪法的灵活性优点，但事实上国家法学者面对的却是夸夸其谈地加以粉饰的虚无存在。希特勒梦想一个日耳曼大帝国和相应的建造物，幻想着要去征服的空间、主人的民族和奴隶的民族。宪法问题、法律确定、程序、法治国和基本权利对他来说都无关痛痒，他对这些漠不关心。

在这种局势下，继续机械发行的国家法学说出版物不再有固定核心。每一道陈述断语都有这样的保留条件，即第二天所有一切都可能是另一回事儿。人们回避大胆言论。这样的言论可能有无法预测的后果，还会有人事上的后果。因此，支持纳粹政权的作者们在头两年（1933/1934年）的言论狂热，但后来也模棱两可起来，从而逐渐变得更加小心谨慎。诚然，为学生们的需求撰写了首批纲要。1934年新的《司法培训条例》（Justizausbildungsordnung）要求如此，它由奥托·帕兰特（Otto Palandt，1877—1951年）领导

143　恩斯特·鲁道夫·胡贝尔（Ernst Rudolf Huber），《大德意志帝国的宪法法》（Verfassungsrecht des Großdeutschen Reiches，Hamburg 1939），第54—57页。

下的帝国司法考试局具体实施。[144] 法律汇编《舍恩菲尔德》（Schönfelder）和《萨托里乌斯》（Sartorius）这时首次以活页形式出版，因为没有议会的立法其运行极为快速。但是，这些纲要仅仅提供了与考试相关的框架。教科书刚开始只有奥托·克尔罗伊特的《德国宪法法》（Deutsches Verfassungsrecht，第 2 版，1936 年）。克尔罗伊特坐镇慕尼黑掌管着最重要的期刊(《公法档案》《帝国和普鲁士行政简报》《行政档案》)，他本人被视为德国国家法的领军人物。他还撰写了《一般国家学说》（Allgemeine Staatslehre）和《德国行政法》（Deutsches Verwaltungsrecht）。所有这三本书在联邦德国初期都被再次出版，[145]当然是以修订版形式。

唯一值得一提的有关纳粹国家法的书籍出自恩斯特·鲁道夫·胡贝尔之手。

这本书首次出版的书名是《宪法》（Verfassung，1937 年），第二版的书名是《大德意志帝国宪法法》（Verfassungsrecht des Großdeutschen Reiches，1939 年）。它以强烈和谐化形式对人们从国家法的断裂部分中所能够做的东西进行了综合，只要人们决心在那些断裂部分中去发现"整体"的话。胡贝尔描绘了直至战争爆发前的"种族宪法"建造，整理了"人民""领袖""运动""帝国的结

144　汉斯·弗罗贝尔（Hans Wrobel），"纪念奥托·帕兰特(1877 年 5 月 1 日—1951 年 12 月 3 日)"(Otto Palandt zum Gedächtnis 1. 5. 1877 bis 3. 12. 1951)，载《批判性司法》（Kritische Justiz），1982 年，第 1 页及以下诸页。

145　奥托·克尔罗伊特(Otto Koellreutter)，《德国国家法》（Deutsches Staatsrecht，Stuttgart und Köln 1953）；同上作者，《国家学说纲要》（Staatslehre im Umriß，Göttingen 1955）；同上作者，《行政法基本问题》（Grundfragen des Verwaltungsrechts，Köln-Berlin 1955）。

构划分"和"人民同志的法律地位"方面的素材。总之,该书展现了纳粹政权的外貌,它是一位从青年运动发展到纳粹的理想主义者和黑格尔派所撰写的著作,作者的语言和谋篇布局能力早就从其广博的《经济行政法》(Wirtschaftsverwaltungsrecht)中得到了证明,并且可以继续得到证明,尤其是从他在战后所著的八卷本《德国宪法史》(Deutsche Verfassungsgeschichte)那里可以得到印证。

五 重点主题

纲要和教科书层面上的国家法讨论所关心的东西少有重点主题,这些不多的重点主题在短时间内也都失去了重要性。因此,人们在起初争论,是否能够和应该按传统方式仍然把国家称之为"法人",或者"共同体"是否是符合时代的概念。在这背后隐藏着国家与政党、静态与动态、顽固势力与纳粹党卫军之间的斗争。代表最后一种情形的,有赖因哈德·赫恩(Reinhard Höhn)。他对新的"共同体思想"进行了孜孜不倦的辩护。当然,其辩护并没有什么结果,因为对于所有进行实践性思考的法学家们来说,国家必不可少地表现为人格归责主体,或表现为国库、行政行为的责任人,或国际法中的责任人。

体现局势不稳的典型特征还有在开始所展开的争论,即这个新国家是否还是(19世纪类型上的)"法治国"。纳粹党的积极分子们想扔掉这个概念,因为他们面对开始出现的恐惧和首批集中营而害怕这个概念的批评潜能。卡尔·施密特宣称,"法治国"意味着对政治实体的破坏,它在19世纪是自由民主、犹太文化和马克思主义的开路先锋。他认为,"民族法治国"(克尔罗伊特)或"纳粹法治国"这些表述都不是恰当的解决办法,他因此建议用"阿道夫·希特勒的德意志法治国"这一表述。这场争论于是荒唐收场,很快就被大家放弃了。

一个相关的重要议题是法史上十分中肯的诊断,即私法与公法的古典对立这时被"扬弃"了,就是这个黑格尔式谜语一直所意味的东西。事实上,人们在19世纪最明确地区分了市民社会的法(私法、民法)和公法(国家法、行政法)。对于前者,典型的法律形态是契约,而对于后者则是主权命令、行政行为。这种划分源自19世纪的政治情况,在那种政治情况下,有自由意识的社会与君主制官僚国家进行了界分。但是,从1878年起,国家愈多地干预社会的发展,比如通过社会保险、劳动法、社会法和财政法的方式;国家愈多地扶持工业;雇主与雇工的利益联合体、政党、教会、大型工业愈多地介入立法,那么私法与公法的区分就变得越有问题。随着第一次世界大战爆发,形成了跨越二者之前所有分界线的"共同法"(Gemeinrecht),它在战争结束后再也没有消失,因为人们想保留私人经济,但也愿意通过限制、刺激、补贴或混合经营的方式把私人经济纳入到危机的消除中来。

然而,纳粹的法学家们却以下述方式改变了这一结果的功用,即他们从中推断出的结论认为,国家与社会之间的界限在纳粹国和种族共同体中"被克服"了,基本权利和"针对"国家的法律保护因此是多余的,因为共同体的意志与真正的人民意志是同一的。只存在着受共同利益约束形式的私人自治,因为所有的法都是共同体法。这些论点是反对议会制民主的国家形象、反对分权和法治国的唯一斗争标语。

六 国际法

国家不仅在实践上而且在理论上都已变成独裁制,它与外国的国际法关系也有不同体现。首先,"对抗凡尔赛条约"、终止对莱茵地区的占领和结束萨尔问题、与英国签订的海军协定、与梵蒂冈签订的帝国和约,这些支配着大学、两个国际法研究所(柏林、基尔)和外交部里的国际法学说。人们在此意义上跟随魏玛共和国的学说,强调民族的生存权、国家的尊严、国家间的平等权、不干涉的规定和对外国中少数国民的保护。最后一种情形有时还带有威胁口吻。但是,真正的"纳粹"国际法理论根本就没有形成。

在1935年的《纽伦堡种族法》(Nürnberger Rassegesetze)之后,人们还在国际法中观察到告别"国家"和转向"人民"的现象。大家也很快察觉到在对其他国家和民族提出帝国主义领导主张意义上的"帝国"(Reich)思想。[146] 这在根本上是老思路,但它在这时首次包含着一种种族主义转向。人们于是读到,帝国的形成以种

---

[146] 同时代人的观察,参见如劳伦斯·普罗伊斯(Lawrence Preuß),"纳粹的国际法构想"(National Socialist Conceptions of International Law),载《美国政治学评论》(American Political Science Review),第29期(1935年),第504—609页;爱德华·布里斯特勒(Eduard Bristler)[=约翰·H. 赫茨(John H. Herz)],《纳粹的国际法学说》(Die Völkerrechtslehre im Nationalsozialismus, Zürich 1938);维多利亚·L. 戈特(Victoria L. Gott),"纳粹的国际法理论"(The National Socialist Theory of International Law),载《美国国际法杂志》(American Journal of International Law),第32期(1938年),第704—718页。

族斗争为基础,优等种族统治"空间",为臣服于他们的各民族提供"他们的"国际法。

在其中隐藏着对所有国际法的基本思想即普遍性的拒绝。外交部长里宾特洛甫(Ribbentrop)的顾问弗里德里希·贝尔贝(Friedrich Berber)在1939年给希特勒的贺寿文中宣称,国际法不应该再是"国际主义与和平主义意识形态的休闲场所",应该掀掉西欧和盎格鲁-撒克逊国际法的面具,德国的国际法应该给"德国的外交政策在它为德意志民族的自由和伟大而斗争中……提供……国际法武器"。[147] 对国际法进行种族解释的坚定代表者[赫恩(Höhn)、贝斯特(Best)、莱梅尔(Lemmel)]是国际联盟和普遍性规范的明确反对者——他们认为这二者都是国际犹太文化的发明,其目的是为了削弱优秀能干的雅利安种族对帝国的塑造。卡尔·施密特从1936年起更强烈地转向国际法,他在这一转向中也不断地反对自由主义的、普遍性的或和平主义的思想。[148] 1939年4月,他在基尔讲到"禁止外国强权干涉的国际法大空间秩序——论国际法中的帝国概念"(Völkerrechtliche Großraumordnung mit Interventionsverbot für raumfremde Mächte. Ein Beitrag zum Reichsbegriff im Völkerrecht)。[149] 这篇演讲一经发表就立刻引起

---

147 弗里德里希·贝尔贝(Friedrich Berber),"德国国际法学"(Deutsche Völkerrechtswissenschaft),载《德国的科学、研究与任务》(Deutsche Wissenschaft, Arbeit und Aufgabe, Leipzig 1939),第62页及下页。

148 卡尔·施密特(Carl Schmitt),《和平还是和平主义?——国际法与国际政治文集(1924—1978年)》(Frieden oder Pazifismus? Arbeiten zum Völkerrecht und zur internationalen Politik 1924-1978, Berlin 2005), G. 马施克(G. Maschke)编注。

149 Berlin-Wien-Leipzig 1939, 4. Aufl. 1941.

国外的注意,国外把它理解为德国式门罗不干涉主义。在德国国内也存在着这样一场关于战争目的的含蓄争论。[150]

当然,绝对不是所有的国际法学家都追随纳粹党卫军的种族主义路线。就连卡尔·施密特也在国际法中继续寄望于"诸国",受其影响的古斯塔夫·阿道夫·瓦尔茨(Gustav Adolf Walz)也同样如此。[151]尤其在外交部、在外国公法和国际法威廉皇帝研究所(柏林)、在拥有战争国际法专家的国防军最高司令部,人们更是试图保持传统路线。但是,因为已有国外接触,所以人们对新的论调也绝非充耳不闻。这是否是伪装,我们姑且不论。

七 行政法与行政学说

从上述这些前提得出行政法的相应结果。几乎不可想象行政法学的延续与研究没有断裂。在新的课程规划中,"行政"课程代替了"行政法"课程。人们可以把这(中肯地)解释为法律的降级和对法律自身价值的否定,但也可以(充满希望地)把这解释为吸纳行政现实的机会和要求重新接纳几乎被掩埋的行政学说传统。但起初到处都是斗争标语:批斗形式主义、要合法性(Rechtmäßigkeit)而不要合乎法律性(Gesetzmäßigkeit)、批斗主

---

[150] 马蒂亚斯·施默克尔(Mathias Schmoeckel),《大空间理论——第三帝国的国际法学史研究(尤其战争时期)》(Die Großraumtheorie. Ein Beitrag zur Geschichte der Völkerrechtswissenschaft im Dritten Reich, insbesondere der Kriegszeit, Berlin 1994)。

[151] 古斯塔夫·阿道夫·瓦尔茨(Gustav Adolf Walz),《国际法秩序与纳粹——国际法革新研究》(Völkerrechtsordnung und Nationalsozialismus. Untersuchungen zur Erneuerung des Völkerrechts, München 1942)。

观公权利、共同体先于个体("公共利益先于个人利益")、向上负责、对下领导。

然而,行政法不同于分崩离析的国家法,它显示出了韧性,并且被如此强劲地和实践绑在一起,以至于不能轻而易举地把它挪到一边去。在头两年(1933/1934 年)形成了一种嘈杂声音,快速撰写的演讲稿和小册子在其中定下了论调。恩斯特·福斯特霍夫撰写了《整体国家》(Der totale Staat,1933 年),恩斯特·鲁道夫·胡贝尔撰写了《德国社会主义的形态》(Die Gestalt des deutschen Sozialismus,1934 年),维尔纳·松巴特撰写了《德国社会主义》(Deutscher Sozialismus,1934 年),特奥多尔·毛恩茨(Theodor Maunz)撰写了《行政法的新基础》(Neue Grundlagen des Verwaltungsrechts,1934 年)、奥托·克尔罗伊特(Otto Koellreutter)撰写了《论民族革命的意义与本质》(Vom Sinn und Wesen der nationalen Revolution,1933 年)。接着在 1935 年到 1938 年这些年间,讨论平息了,派别呈现出来了。福斯特霍夫多次宣称,宪法问题得到了"解决",还有:"当今公法学的紧迫任务在行政领域。纳粹国的宪法建造大体上结束了,由其决定的宪法不会让学术面临解释问题。"[152]这明文意指:纳粹国不管怎么样在国家法方面根本不需要学术。

---

[152] 恩斯特·福斯特霍夫(Ernst Forsthoff),"论行政法学的任务"(Von den Aufgaben der Verwaltungsrechtswissenschaft),载《德国法》(Deutsches Recht,1935),第 398—400 页(尤其是第 398 页);亦参见同上作者,"行政新面相与行政法学"(Das neue Gesicht der Verwaltung und die Verwaltungsrechtswissenschaft),载《德国法》(Deutsches Recht,1935),第 331—333 页。

第十二章 纳粹国及其公法

想合作的公法学家们因此致力于行政研究,他们不得不发展出新的、适合于独裁个人风格的法律形态,不得不重新寻找与行政现实的联系。自由主义的行政法据称已经丢失了这种联系。接纳这些关键词、摒弃之前一直有效力的原则,或用新的内容进行填充,这些都为野心勃勃的高校教师们提供了占领新地盘的机会。奥托·克尔罗伊特(1883—1972年)和特奥多尔·毛恩茨(1901—1993年)出版了新教科书,[153]二者为了课堂教学,也为了下一代纳粹的"法律维护者",企图把所提到的标语口号切合专业地转化到行政法中。毛恩茨于1935年在弗莱堡大学任副教授,1937年任正教授,他还为国家部长汉斯·弗兰克主编的官方手册《德国行政法》(Deutsches Verwaltungsrecht)撰写了纲领性词条"纳粹国的行政法"。作为希特勒早期的法律顾问和"老斗士",弗兰克衷心希望成为司法部长。[154] 在当时已经移民的汉斯·纳维亚斯基那里取得教授资格的毛恩茨也是这样一个人,他在1936年应卡尔·施密特之邀作了一篇纲领性报告《犹太人与行政法学》(Die Juden und die Verwaltungsrechtswissenschaft)。[155]

---

[153] 奥托·克尔罗伊特(Otto Koellreutter),《德国行政法》(Deutsches Verwaltungsrecht, Berlin 1936);特奥多尔·毛恩茨(Theodor Maunz),《行政》(Verwaltung, Hamburg 1937)。

[154] 汉斯·弗兰克(Hans Frank)主编,《德国行政法》(Deutsches Verwaltungsrecht, München 1937)[其中载有特奥多尔·毛恩茨,"纳粹国的行政法"(Das Verwaltungsrecht des nationalsozialistischen Staates),第27—48页]。

[155] 该报告下落不明。《德意志法学家报》的报道证明施密特作过此报告,参见《德意志法学家报》(DJZ),1936年,第1230栏。

125 在纳粹期间出版的教科书可以回顾性地归结为许多类别。首先存在着年长作者的书籍,这些书籍经过帝制时代和魏玛共和国还保留着它们的影响,它们充其量嵌入了一些"符合时代"的套语。[156] 另一些书籍妥协性地维持着流传下来的库存,同时努力寻找新的路线。这是类似阿诺尔德·克特根的书籍的目的,这本思想丰富的著作试图——抛弃了奥托·迈耶——不再按照法律形式,而是按照行政目的来对行政法进行结构划分。[157] 然而,处于顶端的是鲜明拥护纳粹思想的书籍(克尔罗伊特、毛恩茨),以及大量的复习材料和纲要。这些复习材料和纲要虽然没有多少学术价值,但因对学生影响极大,所以不可低估。

大家如果纵观那个时代的行政法出版物,确切地说不仅有变得更为稀罕的书籍,而且还有《帝国行政简报》(Reichsverwaltungsblatt)、《行政档案》(Verwaltungsarchiv)、《公法档案》(Archiv des öffentlichen Rechts)和行政法州法期刊上的文章,那么大家首先就可以断定,大量成果在论调上与早期没有明显区别。行政法不仅是意识形态的斗争场所,而且也是客观性文章的撤退场地,这样的文章在国家法里已不再可能。人们在行政法里还可以半中立地撰写有关地方法规和税法的主题,以及建筑法和规划法、征收法或

---

[156] 路德维希·冯·克勒(Ludwig von Köhler),《德国行政法基本学说》(Grundlehren des Deutschen Verwaltungsrechts, Stuttgart-Berlin 1935);威廉·拉福雷特(Wilhelm Laforet),《德国行政法》(Deutsches Verwaltungsrecht, München 1937)。

[157] 阿诺尔德·克特根(Arnold Köttgen),《德国行政》(Deutsche Verwaltung, Berlin 1935),第2版,1937年;第3版(Berlin 1944);博多诺尔德·克特根登纳维茨(Bodo Dennewitz),《行政与行政法》(Verwaltung und Verwaltungsrecht, Wien 1944)。

第十二章 纳粹国及其公法

工商法问题的文章。诚然,到处都存在着以下方面的"突破点",即在建筑自由或工商自由问题方面,这些自由此时要服从纳粹意义上的"公共利益";在纳粹对地方法规的干预权方面;在公务员法的政治问题方面,或在税法中对"公共有用性"的审查方面。但是,直到 1939 年,行政法工作的烦琐性和专业性仍提供了一定的保护。所有作者都明白,他们不得不使用最少量的纳粹词汇,还不得不停止对政权的直接批评。

有一段被最频繁用来批斗过去"自由主义"行政法的短语声称,那样的行政法"远离生活",它丧失了与行政现实的联系,并忽视人们的需求。这样的指责从 19 世纪最后三十年以来也被提出来反对传统的民法教义学。人们这时要求在行政法中吸纳经验知识、松动教义学、吸纳"生活",这具体意指,要重视纳粹党在所有行政层面上的要求。

这是在向洛伦茨·冯·施泰因(Lorenz von Stein)意义上的"积极行政"(tätige Verwaltung)看齐,而这样的看齐唤醒巨大希望,去复活在 19 世纪最后三十年几乎完全销声匿迹的行政学说。自从"法学方法"得到奥托·迈耶的最终贯彻推行以来,行政学说陷入受冷落的境地。它在魏玛时代就几乎不被讲授。转折的第一个信号是瓦尔特·诺登(Walter Norden)的短文"行政学意味着什么以及学习它为何?"(Was bedeutet und wozu studiert man Verwaltungswissenschaft? 1933 年),作者还在同一年被迫移民,他脑海里所想的该专业类似于英美的"公共管理"(public administration)。诺登未获成功,主要因为他的这篇文章在他移民后再也不被引用了。但纳粹的作者们却采纳其想法。[158] 他们还获得了很多共鸣,因为他们把"实证主义"宣布为敌人,要求吸纳生活现实,并把这转化为教学规划。但他们并不太成功,主要因为法律系要确保基本培训都有困难。

尽管如此,纳粹官方还在继续努力。人们努力获取"布鲁塞尔行政学国际研究所"的成员资格,甚至计划于1939年9月在柏林举办一场国际性会议——因战争爆发而被取消——并于1942年在柏林成立了"国家学与行政学国际研究院"。[159] 诸如汉斯·彼得斯(Hans Peters)和格哈德·瓦克(Gerhard Wacke,1902—1976年)这样的作者也在继续撰写有关行政学说的书籍,尽管这些书籍无法得到出版。1941年再度产生了一场围绕法律课程条例的讨论,人们这时考虑把行政培训从法律人才教育中划分出去。这一规划的背景是,将要被征服的东欧地区对行政专业人才有预期需求。

---

[158] 奥托·克尔罗伊特(Otto Koellreutter),"行政学说在新国家中的意义"(Die Bedeutung der Verwaltungslehre im neuen Staat),载《帝国和普鲁士行政简报》(Reichs- und Preußisches Verwaltungsblatt),1933年,第741—743页;特奥多尔·毛恩茨(Theodor Maunz),"行政中的新法律思想"(Neues Rechtsdenken in der Verwaltung),载《德国行政》(Deutsche Verwaltung),1935年,第65页及以下诸页;弗朗茨·W. 耶路撒冷(Franz W. Jerusalem),"行政法与新国家"(Das Verwaltungsrecht und der neue Staat),载《许布纳贺寿文集》(Festschr. f. Hübner, Jena 1935),第124页及以下诸页;埃德加·塔塔林—塔尔海登(Edgar Tatarin-Tarnheyden),"新国家中的行政法基础"(Grundlagen des Verwaltungsrechts im neuen Staat),载《公法档案》(AöR),第63卷(1934年),第345页及以下诸页。

[159] 对此参见汉斯—克里斯蒂安·雅施(Hans-Christian Jasch),"1942年行政学国际研究院的建立"(Die Gründung der Internationalen Akademie für Verwaltungswissenschaften im Jahr 1942 in Berlin),载《公共行政》(DÖV),2005年,第709—721页。

于是,行政普遍存在着不确定性,钟摆又回到了原处。政治学和社会学的基础缺失,可以传授的知识大纲也没有形成。除了帝国行政外,行政本身被分裂成许多相互竞争的特殊行政和不可靠近的纳粹党卫军的行政权力。由希特勒促进的"多头政体"(Polykratie)形成了,这部分出于他的算计,部分出于他对"秩序"的普遍厌恶。在1943年的新课程计划中,人们又返回到1934年时的状态;"行政"课程又销声匿迹了。

八 "生存预防"与总结

在所有可以想象得到的观点下,对那些年代的总结都会得出负面结果。诚然,行政法学不像人类学和优生学那样,或不像大学和威廉皇帝研究所中明目张胆地追求其目的的战争研究那样,与纳粹政权的罪行以直接方式联系在一起。但是,像其他法学分支学科那样,行政法学在更深意义上却是体制的一部分,它在教学和实践中支撑着行政的作用能力,使按法律形式操作和可被监督的行政产生规范性效果,并以这种方式巩固纳粹国和市民价值世界之间的暂时盟约。

与此同时,对自由主义的持续批判影响行政敞开它在国家中的角色前景,这样的国家实际上也不能与19世纪的国家相提并论。纳粹国混淆了国家与社会之间的所有界限。它所设定的政治目的绝对占据优先地位。个体很久以来就不再自给自足了,而是依靠国家的给付(Leistung)*。恩斯特·福斯特霍夫把这称之为"生存预防"(Daseinsvorsorge),他是在跟随从黑格尔到洛伦茨·冯·施泰因这条更老的路线,但最新也受到了卡尔·雅斯佩斯(Karl Jaspers)的激励。[160] 公法学,福斯特霍夫这样说道,不但要转向行政法,而且还要致力于洛伦茨·冯·施泰因意义上的"积极作为的行政"(arbeitende Verwaltung)。[161] 他在此意义上强调,现代生活在物质上依靠国家给付(电、气、水)的同时,会受到物质调动的技术可能性与空间支配之间矛盾的影响。行政的大部分是以给付行政(Leistungsverwaltung)在积极作为。公民为其生存必须"分享"这种给付;这在一定程度上是现代生存的阿喀琉斯之踵。行政的这种给付型国家面向变成了联邦德国早期的一项重要议题,尤其是通过福斯特霍夫早在战争期间就开始撰写的教科书使然。[162]

---

* 该德文词有"成就""功效""偿付""支付""给付""履行""执行"等含义。在现代社会国和干预国的语境下,恩斯特·福斯特霍夫等人的行政法理论认为国家在现代生活中要积极作为,因此行政要积极主动,相应地把这样的行政称为"Leistungsverwaltung"。人们一般把该组合词译为"给付行政"。其实,所谓"给付",就是我们通常理解的"服务",在很多语境下把"Leistung"译为"服务",更容易理解文本含义,并且更符合中文的习惯表达。所以,本中译本根据不同语境把该词译为"给付"或"服务":在国家行政语境下一般译为"给付",而在非国家行政语境下一般译为"服务"。——译者

160 Ernst Forsthoff, Die Verwaltung als Leistungsträger, Stuttgart-Berlin 1938. 对此的基础文献参见弗洛里安·迈尔(Florian Meinel),《工业社会的法学家——恩斯特·福斯特霍夫及其时代》(Der Jurist in der industriellen Gesellschaft. Ernst Forsthoff und seine Zeit, Berlin 2011),第 154 页及以下诸页。

161 恩斯特·鲁道夫·胡贝尔(Ernst Rudolf Huber),"生存的预防措施——黑格尔及洛伦茨·冯·施泰因国家学说的基本概念"(Vorsorge für das Dasein. Ein Grundbegriff der Staatslehre Hegels und Lorenz von Steins),载《恩斯特·福斯特霍夫贺寿文集》(Festschr. f. Ernst Forsthoff,1972),第 139—163 页。

162 恩斯特·福斯特霍夫(Ernst Forsthoff),《行政法教科书》(Lehrbuch des Verwaltungsrechts, München-Berlin 1950),第 1 卷,"总则"(Allgemeiner Teil)。

第十二章　纳粹国及其公法

于是,规范性与恐慌、深邃的洞见和最无聊的权力斗争相互混杂在一起,尤其在战争期间更是如此。这些最无聊的权力斗争存在于"正常"行政、扩军与"四年规划"之间,以及存在于纳粹党卫军与无数希特勒特别授权的人之间。尽管如此,常常在"正常"行政、战争必要性与大屠杀之间进行的区分却是苍白无力的。这无论如何都是一种自我辩护的企图。无瑕疵地按照流传下来的规则办事的行政官员,在国家犯罪的语境下获得了另一种职能。他对职责岗位的坚守产生了信任,并为不受任何羁绊的体制核心传递了一种形式上的正当性。而这个体制的行政策划者们所扮演的角色才更是有问题的。他们是一帮御用文人,尽管他们不掌握指挥权。他们摒弃此时被讽刺为资产阶级表达对国家不信任的基本权利、"批斗主观公权利"、以"目的"来为镇压辩解、通过模棱两可援引"共同体的法"以瓦解行政活动的法律约束、"克服"分权、对被征服地区的行政进行规划、为撤销行政司法审判做智识上的准备,比如通过排除"政治"案件或通过固定"无司法的主权行为"范畴的方式——所有这一切都在演讲和作品中得到五花八门的论证与传播,这是积极的和要负责任的举动。就此而言,当代的行政法学基于这些事例而拥有一切理由去批判性质问,在当今各领域去适应各种令人感兴趣的权力,这种适应的软肋究竟在哪里?它同时还有一切理由把这些洞见创造性地转化为行动准则:一个自由的、民主的和法治运行的社会想要什么——以及它不想要什么?

第十三章　德国法律状况、重建、两个国家

一　零点时刻？

对于在欧洲大陆和在英国所有涉及第二次世界大战的人来说，1945年的初况都是灾难性的。德国人经历了纳粹国的毁灭，国家被军事占领，存在着最严重的物资紧缺。人们知道了，或无论如何也想象到了，纳粹德国犯下"清除欧洲犹太人"[拉乌尔·希尔贝格（Raoul Hilberg）语]和"清除"其他受害群体这样深重的反人类罪行。在接下来的数十年间，罪行的范围程度才逐渐变得更加清晰。人们可以回顾性地看到，这种"文明断裂"[达恩·迪纳（Dan Diner）语]被埋进如今形成中的两个德国的建国史有多深，还有被埋进以色列新生国家的建国史又有多深。

被大量引用的1945年"零点时刻"起初被记载在投降书、《柏林宣言》（Berliner Erklärung）以及波茨坦会议（1945年7月17日至8月2日）的文件当中。[163] 它们构成了现在讨论"德国法律状况"

---

[163] 英戈·冯·明希（Ingo von Münch）主编，《分割德国的资料》（Dokumente des geteilten Deutschland），第1卷（Stuttgart 1968）。

第十三章　德国法律状况、重建、两个国家

问题的起点。顺便一提的是，在社会、行政和国家中延续多于断裂，以至于"零点时刻"这一比喻只是小部分恰当。在这个比喻掩盖延续性的地方，它就肯定不合适了。对于仍由许多思想引领者严肃着手进行的崭新开端而言，这个比喻又是可以使用的。换言之，对一些人意味着解放的东西，对于另一些人来说则意味着震惊；对于大多数人来说意味丢失家园和工作，对另一些人来说则意味着不显山露水和保持沉默的理由。

在第一阶段的紧急行政、地方行政开始运行、形成了拥有自己宪法的"各州"[164]以及它们聚集在西边（美英两国占领区、美英法三国占领区）之后，显现出了西方占领区与苏联占领区的基本划分。这一划分基于世界政治的变化似乎不可避免。盟军管制委员会在1948年不再运行了，东西双方都在准备自己的宪法，发行新货币，相互中断了联系。虽然东德和西德重新统一的希望继续存在，并在策略上还被加以利用，但是鉴于民主德国公开的斯大林主义和联邦德国与西方的结合，这种希望也不再有机会了。[165]

西德和东德的国家法学者与国际法学家也倒退到思想上的零点时刻，在许多情况下都背负着自己曾与纳粹国合作过的包袱。他们现在立即并怀着政治热情对"德国法律状态"进行解释。作为法律主体的德国灭亡了吗？按照以下这种经典学说，即当国家不

164　米歇尔·施托莱斯（Michael Stolleis），"占领统治与重建（1945—1949年）"（Besatzungsherrschaft und Wiederaufbau 1945-1949），载约瑟夫·伊森泽（Josef Isensee）、保罗·基希霍夫（Paul Kirchhof）主编，《国家法手册》（Handbuch des Staatsrechts），第3版（Heidelberg 2003），第1卷（Bd. I, §7）。

165　战后发展的详情参见迪特马尔·维罗魏特（Dietmar Willoweit），《德国宪法史》（Deutsche Verfassungsgeschichte），第6版（München 2009，§§41-43）。

再有领土、不再有国家权力或不再有人民时,它便不复存在了,这个问题就相当有道理。由德国的国家权力支配的领土减少了,其国家权力本身要么被解散并被占领国接管,要么即便还存在,但也瘫痪了,没有行动能力了。另一方面存在着大量的反对论点:国家没有被吞并,盟军只是接管了"最高权威"(supreme authority)罢了;只存在着投降,不存在和平条约,存在着德国的国际法义务,以及存在着如今在一定程度上眼看就要变成无法律主体的应收账款和债务。人们用一切脱离实证主义的方法论去解释事实和占领文件,其方向是,不仅要在精神上,而且还要在法律上保卫德国。另外,还存在着在政治上针对"胜利者"的情绪,但结果胜利者们却一致认为,鉴于"冷战",保持德国问题悬而未决,并以持续存在的德国为前提,这样会更好。灭亡论(Untergangsthese)因此没有实现。在民主德国早期,人们也首先听从存续论(Fortbestandsthese),因为在中立或社会主义的旗号下,存续论对保全德国完整的解决方案更为有利。

国家法学说和国际法学说重新站稳了脚跟,其内部的这场首次讨论也有各种各样的政治蕴含,正如政治反过来也在提供真正的原动力。尽管开始形成两个(暂时的)不完整的国家(Teilstaat),但是,只要德国还作为一个整体存在,那么人们就必须坚持一个德国的国籍,承认德国是责任客体,并使它在国际上具有行动能力。大家于是保持一种政治虚构,提出"德国唯一代表的主张"(Alleinvertretungsanspruch),在西边和东边区域框架内分开交涉,各自努力跻身于国际公共场合[哈尔斯坦主义(Hallstein-Doktrin)],并相互指责。只有在1969年开始的德国内部政策"通过接触而改变"、在民主德国慢慢形成的异议分子圈子、东部区域的不稳、欧洲安全与合作会议和大范围的世界政治变化,才慢慢缓和了原初的对抗。但除此之外,之所以显得如此,是因为人们在看不清楚的时间里不得不容忍两个德国并行存在。

二 大学重建

1945年,大学在物质意义上的"零点时刻"又开始运行,它们启用不是纳粹从犯或至少得到占领国允许的师资力量来组织应急运行工作,把纳粹文献扔进"有毒书柜"里,复印首批上课讲义,并在更为广泛的战线上寻找某种思想新起点。法学家们为此回溯到"自然法"或"实质的价值伦理",但并没有把它们真正成功地转化到实践中去。人们在实践中必须在(仍)有效的旧法律、失效的纳粹法律、占领区的法律和新的各州法律丛林中辨别方向。对西方国家"价值秩序"的召唤与日常不可避免的法律实证主义因而彼此对立。

与此同时,人们在努力重新充实师资队伍。在幸存的纳粹受害者中能够或想重返学校的只有少数人,即便对他们关怀备至也是如此。几乎找不到不是纳粹从犯的编外讲师。同事们从苏联占领区涌向西德。许多纳粹轻从犯的"随波逐流者"还未"去纳粹化"。从对过去未供认的羞愧中,为同事般的网络和极度的物质困难形成了一个具有西部占领区和联邦德国早期特色的典范。几年后,以前的教授们差不多都重返教席,当中就有公法学家,只有少数几位明显是纳粹从犯的人除外,其中尤其是卡尔·施密特、赖因哈德·赫恩、奥托·克尔罗伊特、恩斯特·鲁道夫·胡贝尔——他们是完全不同的人物。

在西德,大学原有的师资力量几乎没有发生变化(波恩、埃尔朗根、法兰克福、弗莱堡、哥廷根、汉堡、海德堡、基尔、科隆、迈因茨、马堡、慕尼黑、明斯特、图宾根、维尔茨堡)。在柏林,现在位于被分割城市东边的"弗里德里希-威廉大学"改名为"洪堡大学",在城市西边创建了"自由大学"。在萨尔布吕肯出现了一所德法大学,该大学在1955年经全民公决后重新面向德国,至少在公法上是如此。在斯派尔——同样是在法国的赞助下——开办了一所大学毕业后进行培训的行政学高校。该高校逐渐取得了大学权利资格。

在东德,大学重建的困难明显更大。六个法律系(柏林、莱比锡、哈雷、耶拿、罗斯托克、格赖夫斯瓦尔德)中最后提到的两个被撤销了。剩下的四个法律系现在主要变成了培训基地,而法律研究和干部培训集中在"国家学与法学德国'瓦尔特·乌布利希特'研究院"[166]。该研究院仿照苏联建立在波茨坦的巴贝斯柏格。最后还在波茨坦-戈尔姆诞生了一所"国家安全部法律高校"。随着时间推移,该校还取得了授予博士学位和教授资格的权利资格,在该校所完成的作品原则上不为公众而定。那些作品服务于间谍活动和埃里希·米尔克(Erich Mielke,1907—2000年)的情报帝国

---

[166] 在这一长名称中,随着个人崇拜结束而取消了人名"瓦尔特·乌布利希特"(Walter Ulbricht),以及随着"两国理论"的形成也取消了形容词"德国的"(Deutsche)。

的内部方向。[167]

大学里差不多所有的"资产阶级"教授都转移到了西德。替代他们的是忠于路线的年轻讲师。课程规划被改造了,代替国家考试的是毕业文凭和实习期,"马列主义"专业从现在起是必修课。德国统一社会党(SED)获得统治权越大,国家法和行政法的空间就变得越狭窄。1949年10月7日的宪法不允许评论,从1952年起撤销了行政法院,行政法——因其自由的、限制国家权力的因素无法消除——仍是不信任的对象。为了管制法学,瓦尔特·乌布利希特(Walter Ulbricht)在1958年策划上演了巴贝斯柏格会议。[168]"行政法"作为一个专业随之彻底消失,至少在口头上是如此。它从此被安顿在"国家法"当中,并获得了"指导法"(Leitungsrecht)这一名称。[169] 这个名称表明,它涉及的是一种行政操控之法,而不是一种限制国家权力之法。

三　学术机构与期刊

纳粹以前还取缔了大多数"行业协会",或把它们占为己有,使

---

[167] 米歇尔·施托莱斯(Michael Stolleis),"民主德国教会中的'敌对−消极力量'"(„Feindlich-negative Kräfte"in den Kirchen der DDR),载《新教教会法杂志》(Zeitschrift für evangelisches Kirchenrecht),第56期(2011年),第328—347页。

[168] 约恩·埃克特(Jörn Eckert)主编,《1958年4月2日—3日的巴贝斯柏格会议》(Die Babelsberger Konferenz vom 2./3. April 1958,BadenBaden 1993)。

[169] 约阿希姆·赫克(Joachim Hoeck),《民主德国的行政、行政法和行政法保护》(Verwaltung, Verwaltungsrecht und Verwaltungsrechtsschutz in der Deutschen Demokratischen Republik,Berlin 2003)。

其屈服于自己。纳粹灭亡后,这些协会只有重新建立。协会重建统统都发生在 1949 年,也就是与联邦德国的建立同时发生,但筹备这些协会已有更长时间。职是之故,1917 年创建、1933 年被中断的"国际法德国学会"(Deutsche Gesellschaft für Völkerrecht)重新组建于 1949 年。基尔的"国际法研究所"[Institut für Internationales Recht,即今天的"瓦尔特·许金研究所"(Walther Schücking-Institut)]重新开办。在柏林更早的"外国公法和国际法威廉皇帝研究所"(Kaiser-Wilhelm-Institut für ausländisches öffentliches Recht und Völkerrecht)这时在海德堡以"马克斯·普朗克研究所"(Max-Planck-Institut)之名继续运作。组织松散的"德国法史学家协会"(Deutsche Rechtshistorikertag)在 1949 年得以整合,"德国法学家协会(注册协会)"(Deutsche Juristentag e. V.)也是如此。后者是 1860 年"德意志法学家协会"(Deutsche Juristentag)的延续。与刑法学家们一样,民法学家们也开始召开他们的年会。[170]

对于"德国国家法教师协会"(Vereinigung der Deutschen Staatsrechtslehrer)来说,1949 年也是新建之年。该协会创建于 1923 年,在纳粹时期没有召集过。新建时,82 位教授被邀请到海德堡,而有几个明确是纳粹从犯的会员却没有得到邀请,或缺席了会议。里夏德·托马(Richard Thoma)担任资深会长。他说,这

---

[170] 民法教师年会[在罗尔夫·迪茨(Rolf Dietz)的倡议下]从 1951 年起周期性地每两年举行一次,刑法学家年会从 1952 年开始召开[后者参见托马斯·伦瑙(Thomas Rönnau)、弗兰克·扎利格尔(Frank Saliger),《刑法教师年会史资料(1952—2009 年)》(Materialien zur Geschichte der Strafrechtslehrertagung 1952-2009,Hamburg 2009),布塞留斯法学院(Bucerius Law School)私印]。

个协会可以"扬眉吐气"重现江湖了。当然,这些新协会存在着够多的内部紧张关系,但人们力图至少不把它们公开化。人们听到的是关于"内阁问题与立法紧急状态"以及《基本法》保障法律保护的报告。居住在当地的瓦尔特·耶利内克宣称,"当今国家法学的重要任务"是,"对处于容易出现危机规定中"的《波恩基本法》"进行解释,直至达到时代最可能的清晰明确为止,因为一切政治可能性都还在未来的母腹之中"。[171]

在国际法学家的首次年会上,还有来自苏联占领区(SBZ)的代表参加,而这样的德国内部接触在"冷战"笼罩期间中断了。从此没有全德法学家论坛了。在民主德国也没有一个国家法教师协会。东部大学的个别教授起初还被允许出行旅游,私人接触还在继续,比如在法史或法哲学方面。但东、西两个不完整国家的国家法和行政法从此明显在各自分开发展,这主要因为没有像在民法(《民法典》)和刑法(《刑法典》)中那样可以联系的实体法法典。在国际承认民主德国的进程中,国际法交流又复苏了,并且还有小心谨慎的接触,比如在关于联合国方面。但一言以蔽之,从1947年到1990年,在公开的、半去政治化的语境下进行全德相互间的法学沟通了解是不可能的。

与这些学术机构的新建或重建相并行,西德的法学期刊也呈现出繁荣景象,其中比如有《南德法学家报》(Süddeutsche Juristenzeitung)和《德国法刊》(Deutsche Rechts-Zeitschrift),这

---

171 瓦尔特·耶利内克(Walter Jellinek),"依照《基本法》的内阁问题与立法紧急状态"(Kabinettsfrage und Gesetzgebungsnotstand nach dem GG),载《德国国家法教师协会文丛》(VVDStRL),第8期(1950年),第19页(主要原则Ⅰ)。

两家都于 1946 年创办的期刊在 1951 年合并成了今天的《法学家报》(Juristenzeitung, JZ)。在英国占领区发行《德国法月刊》(Monatsschrift für Deutsches Recht)，在柏林刊行的是《法律评论》(Juristische Rundschau)。最后，从 1947 年起发行《新法律周刊》(Neue Juristische Wochenschrift, NJW)。尤其对公法来说，从 1948 年起重新出版《公法档案》(Archiv des öffentlichen Rechts, AöR)，新老主编在一起工作。1939 年停刊的《公法年鉴》(Jahrbuch des öffentlichen Rechts, JöR) 在 1951 年又和公众见面了。在行政法方面，形成于旧的《帝国行政简报》(Reichsverwaltungsblatt) 基础上的《德国行政简报》(Deutsche Verwaltungsblatt, DVBl) 很快就独占鳌头，它和重新创办的《行政档案》(Verwaltungsarchiv) 联系紧密。在某种程度上，《行政档案》在南德的对应刊物是 1948 年以后的《公共行政》(Die Öffentliche Verwaltung, DÖV)。与这些跨区域的刊物机构同样重要的是涉及单个联邦州的行政法期刊，这些期刊在重建初期甚至还比前者更为重要。作为其中最悠久的刊物，《巴伐利亚行政简报》(Bayerischen Verwaltungsblätter) 今天仍然存在。

出于经济原因尤其是政治原因，在民主德国没有这样开放的刊物市场。更确切地说，对于一个在 1952 年不但取消了联邦制，而且还撤销了行政司法审判的国家来说，有两份期刊就明显足够了：[172]一份是 1947 年之后由司法部主编、主要为法官们考虑的《新

---

[172] 还要提及两份边缘刊物，即《协议体系》(Vertragssystem, 1957—1969 年)，该刊物后来叫作《经济法》(Wirtschaftsrecht)，以及《社会主义财经》(Sozialistische Finanzwirtschaft, 1969—1989 年)。

司法》(Neue Justiz, NJ)，另一份是 1952 年以后的公法核心期刊《国家与法律》(Staat und Recht)。在后者中反映了民主德国直到 1991 年所有内部的和常常艰深晦涩表达的法学探讨，还有对联邦德国的法学探讨。联邦德国被严厉地指责为像法西斯那样的"波恩分离国"。

第十四章　新"价值秩序"与重建法治国

一　对《基本法》的最初反应、评论与教科书

在1945年到1949年州宪法,尤其是《基本法》的形成过程中,虽然宪法和行政法的法学家们到处扮演内行角色,但是宪法制定本身却掌握在政治的手上,而政治本身又要顾及占领国事先的核心规定。在这一过程的不同阶段,从1948年6月7日的《伦敦建议》(Londoner Empfehlungen),经由赫尔伦基姆泽宫的宪法会议直到议会委员会,大家讨论了民主制的基本路线和细节、法治国、基本权利、联邦制、分权、立法权限和行政权限、财政宪法和其他议题。魏玛宪法的经验与"冷战"的框架条件一样在其中起着重要作用。鉴于未来不明朗,人们认为只需要制订一份"临时协议",因此还排除了重要议题。

最终在1949年5月23日形成的《联邦德国基本法》虽然隆重颁布,[173]但它在公众中更可能被当成是权宜之计。对于德国人来

---

[173] 霍斯特·布雷德坎普(Horst Bredekamp),"《基本法》的政治象征手法"(Politische Ikonologie des Grundgesetzes),载施托莱斯(Stolleis)主编,《共和国的心室——德国人与联邦宪法法院》(Herzkammern der Republik. Die Deutschen und das Bundesverfassungsgericht, München 2011),第9—35页。

第十四章 新"价值秩序"与重建法治国

说,摆在首位的是营养状况、货币改革、经济和难民整合。活下去比一个新国家更重要。人们批判性地看待这部宪法本身。就其外表而论,首先,它在基督教方向上定位太少;其次,在社会主义方向上定位也太少;最后,在司法国(Justizstaat)方向上定位又太多。[139] 许多人完全反对建立一个不完整的国家,因为他们期盼一种得到苏联同意的保全德国完整的解决办法。顺便提及的是,有这种期待的不仅有共产党人,而且恰恰还有那些具有纳粹历史过往的时评者。保守的国家法教师们批评,行政被塑造得太弱,联邦制和法治国被塑造得太多,对"紧急情况"的预防措施被塑造得太少。[174] 但大多数人准备适应这部《基本法》,并在这一法律基础之上撰写评论、文章和教科书。

在新的国家法文献中要提及的——姑且不论提供几乎不会超过注解文本的"评论袖珍书"——首先是《波恩评论》(Bonner Kommentar)。该文献从 1950 年起以活页形式出版,并增长成为一部带有 15 个活页夹和拥有 100 位合著者的著作。尽管在它滞留期间存在有包括对历史背景进行杰出评论的宝库,但后来它在另一家出版社中重新确立下来。同样在 1950 年,赫尔曼·冯·曼戈尔特(Hermann von Mangoldt)的评论开始出版。该评论被编为三卷,但在曼戈尔特的继任者弗里德里希·克莱因(Friedrich

---

[174] 作如此批评的尤其是,维尔纳·韦伯(Werner Weber),《魏玛宪法与波恩基本法》(Weimarer Verfassung und Bonner Grundgesetz, Göttingen 1949);明显温和一些的是,汉斯·彼得·伊普森(Hans Peter Ipsen),《论基本法》(Über das Grundgesetz, Hamburg 1949),第 3 版,1969 年;鲁道夫·劳恩(Rudolf Laun),《西德的基本法》(Das Grundgesetz Westdeutschlands, Hamburg 1949)。

Klein)手下增加至所计划的15卷,然后就中断了。在其第四版中(1999—2001年,3卷本),克里斯蒂安·施塔克(Christian Starck)才对它进行了大力修订。除此之外,还有一部联邦宪法法院司法判决的参考著作[莱布霍尔茨(Leibholz)、林克(Rinck)],对此还有一部切合实践的中等规模的评论[哈曼(Hamann)、伦茨(Lenz)]。但从1958年起以活页形式出版的评论《毛恩茨-迪里希》(Maunz-Dürig)占据支配地位,该评论总共5卷,有1000页。《基本权利构造》(Grundrechts-Architektur)主要出自图宾根的国家法学者京特·迪里希(Günter Dürig,1920—1996年)之手,它形成于《基本法》的头三条,其核心部分还被联邦宪法法院采纳接受。

最后,在联邦德国初期,弗朗茨·L.诺伊曼(Franz L. Neumann)、汉斯·卡尔·尼佩代(Hans Carl Nipperdey)和乌尔里希·朔伊纳(Ulrich Scheuner)的6卷本选集《基本权利》(Die Grundrechte)扮演了重要角色,因为在头二十年特别需要关于当时直接具有效力的基本权利(《基本法》第3条第3款)的专著。

特奥多尔·毛恩茨(Theodor Maunz,1901—1993年)的教科书成为新国家法的领军性学习用书。作者现在又站到为民主服务的一边。该教科书简要并可靠地提供了关于东德、西德以及柏林法律状况的信息。从1952年起差不多每年都要出版这本教科书,它属于所有学生的标准装备。[175] 但该书几乎没有提供历史的、法

---

[175] 特奥多尔·毛恩茨(Theodor Maunz),《德国国家法——学习用书》(Deutsches Staatsrecht. Ein Studienbuch,München-Berlin 1951)。从该书第27版(1988年)以后逐步被赖因霍尔德·齐佩利乌斯(Reinhold Zippelius)接手,接着是托马斯·维滕贝格尔(Thomas Würtenberger)。

第十四章 新"价值秩序"与重建法治国

律比较的或法理论的深入阐述。它在制度上把国家当作前提条件,并通过基本权利来限制其活动。但自联邦宪法法院的"吕特-判决"(《联邦宪法法院判决汇编》,第7卷,第198页)以来,基本权利被激活,并在一定程度上"渗透"到行政法、民法和刑法中。但是,联邦德国的舞台在内部政治上发生了转变,新一代人到来了,自从1960年建造柏林墙以来它与民主德国的关系发生了变化,也敞开了对西欧和美国相似公共秩序的观察。因此,对在方法上更具水平的教科书的需求增加了。康拉德·黑塞(Konrad Hesse, 1919—2005年)在1967年出版的书名为《联邦德国宪法法的基本特征》的著作就是这样的一部教科书,该著作直到1995年已出版了20版。[176] 像其书名已揭示的那样,它把宪法理解为在规范要点与立法决断之间进行程序性协调的一般化框架秩序。该书的主要图景不再是官僚机构国家,而是在国家性质上进行建构的市民社会,它在方法论上的主要思想是,在宪法框架内对文本和社会的紧张关系进行和谐化平衡。这在根本上也是联邦宪法法院的主要路线。黑塞本人从1975年到1987年是该法院的成员。

黑塞的著作出版不久,埃克哈特·施泰因(Ekkehart Stein)出版了明显对标教学的"国家法教科书"。[177] 该书开篇讲述国家组织机构法,接下来才是基本权利。作为其法理论的方向性观点,最大

---

[176] 康拉德·黑塞(Konrad Hesse),《联邦德国宪法法的基本特征》(Grundzüge des Verfassungsrechts der Bundesrepublik Deutschland, Heidelberg 1967),第20版,1995年。

[177] 埃克哈特·施泰因(Ekkehart Stein),《国家法》(Staatsrecht, Tübingen 1968),从1971年到1993年有13版,2000年以来由格茨·弗兰克(Götz Frank)修订。

可能要提到赫尔曼·黑勒(Hermann Heller)。这在康拉德·黑塞那里要提到的是鲁道夫·斯门德和他在弗莱堡的学生与同事圈子,而这在毛恩茨那里肯定或多或少要提到国家领土、国民和国家权力三合为一的传统观念。

二 联邦宪法法院

联邦德国整个公法持续发展的最强力量过去是、现在仍是联邦宪法法院。而宪法法院的某种雏形可谓源远流长,比如,从前的帝国法院对在个案中适用的法律附带进行形式的,最终甚至还是实质的合宪性审查;巴登自1863年以来,以及普鲁士、巴伐利亚和奥地利自1875年以来还存在着行政法院对行政行为的审查。魏玛共和国设立过"保护共和的国家最高法院",[178]但不存在审理公民个人的宪法申诉。

如今在经历了纳粹以后,人们下定决心——像捷克斯洛伐克和奥地利共和国已经在20年代所做的那样——建立了一种赋予更广泛管辖权的宪法司法审判制度,它还吸收了美国最高联邦法院的某些特征。公民们从此可以举证某个行政行为、某份法院判决,甚至是某项法律侵害了他们的基本权利。法官们可以把在合宪性方面存在着严重疑问的、与判决攸关的法律提交到联邦宪法法院(《基本法》第100条第1款)。同样地,在联邦众议院落败的

---

[178] 英戈尔夫·J. 许克(Ingo J. Hueck),《保护共和国的国家最高法院》(Der Staatsgerichtshof zum Schutze der Republik, Tübingen 1996)。

三分之一少数(2009年以后是四分之一)的议员们可以让宪法法院审查某项法律。自1951年以来,几乎所有与国家法攸关的问题都可以落地联邦宪法法院。"去一趟卡尔斯鲁厄"*变得具有法谚性质。[179]

诚然,存在着这样的民主理论问题,即民主选举的立法者所决定的法律,即所谓主权者的"最后决定",现在仍可以被撤销。[180] 但是,人们排除掉了这个理论问题,跟随在许多国家都可查明的趋势,即宪法因变换的案件而被持续具体化,并最终在发生变化的关系下得到更新,人们把宪法的这种具体化和更新委托给某个有资格的和中立的法院。该法院在极具政治性的案件中越是经常表现得坚定不动摇并忠于原则,那么它的威望就越会与日俱增。看上去,形而上学的背景已褪色的世俗化国家似乎特别需要一个机构,

---

* 德国联邦宪法法院位于德国西南部巴登—符腾堡州的小城卡尔斯鲁厄。——译者

[179] 简明扼要的论述有:乌韦·韦泽尔(Uwe Wesel),《宪法的守护者——联邦宪法法院、其历史、功能与危机》(Die Hüter der Verfassung: Das Bundesverfassungsgericht, seine Geschichte, seine Leistungen und seine Krisen, Frankfurt 1996);尤塔·林巴赫(Jutta Limbach),《"以人民的名义"——法官的权力与责任》("Im Namen des Volkes", Macht und Verantwortung der Richter, Stuttgart 1999)。全面论述(含统计数据)的有:彼得·巴杜拉(Peter Badura)、霍斯特·德赖尔(Horst Dreier)主编,《联邦宪法法院五十周年庆贺文集》(Festschrift 50 Jahre Bundesverfassungsgericht, Tübingen 2001),2卷本。大多数作者不是法学家的论述有:米歇尔·施托莱斯(Michael Stolleis)主编,《共和国的心室——德国人与联邦宪法法院》(Herzkammern der Republik. Die Deutschen und das Bundesverfassungsgericht, München 2011);克里斯托夫·默勒斯(Christoph Möllers)、马蒂亚斯·耶施泰特(Matthias Jestaedt)、克里斯托夫·舍恩贝格尔(Christoph Schönberger)、奥利弗·莱普修斯(Oliver Lepsius),《去边界化的法院——联邦宪法法院六十年后的批判总结》(Das entgrenzte Gericht. Eine kritische Bilanz nach sechzig Jahren Bundesverfassungsgericht, Frankfurt 2011)。

[180] 参见英格博格·毛斯(Ingeborg Maus),《澄清民主理论》(Zur Aufklärung der Demokratietheorie, Frankfurt 1992),第235页及以下诸页。

值得信任地解释被奉为圭臬的宪法文本。船舵从中重新稳定住前行的意志形成过程，并以这种方式产生"减速"的作用并促进安宁。在宪法文本比围绕它的社会更加开放的地方，宪法法院也能担当起驱动者和革新者的角色；联邦宪法法院在头二十年的判决对此提供了丰富的证据，尤其在婚姻法和家庭法以及刑法方面更是如此。

仍令人担忧的是，现在所有重要的议会决定都要获取充分的正当性，当然都必须再次穿过卡尔斯鲁厄的"针眼"。议会不再拥有"最后决定权"，确切地说，一方面在微观层面上，它在社会法、公务员法和工资法、消除选举权可想象得到的不公正等这些棘手的细节方面是如此，宪法法院在这些方面作出调整建议、设置期限或警告性的说明，某项调整与基本法"仍"是一致的。另一方面在宏观层面上，政府行为要受合宪性审查，并受制于议会的共同参与权，比如在有争议的外交政策或欧洲协议、联邦军队的动用、欧洲的进一步整合或货币政策危机方面便是如此。

宪法法院因此在联邦德国的历史上明显地改变了基本权利的构造。它不但是监督者，而且还是活跃者。这是古典民主理论没有考虑到的。它不仅会限制政治，而且还会通过把对不恰当判决的责任继续转移到卡尔斯鲁厄的方式，在很大程度上为政治减负。宪法法院自1970年以来因其翔实的判决论证和判决特别表决的出版而要面对公众和学术的批评，这当然也削减了它的强势地位。[181]

---

[181] 所有重要信息见克劳斯·施莱赫（Klaus Schlaich）、斯特凡·科里奥特（Stefan Korioth），《联邦宪法法院——地位、程序、判决》（Das Bundesverfassungsgericht. Stellung, Verfahren, Entscheidungen），第8（新修订）版（München 2010），边码第48—50页。

第十四章 新"价值秩序"与重建法治国

它在总体上——主要是其同事般的合作结构，现在大约已是第三代法官——表现得适度和务实。它作为榜样对其他国家和法律文化的巨大影响超乎寻常。在欧洲层面，它与卢森堡的欧洲最高法院和斯特拉斯堡的人权法院之间的某些界限划分公式已日渐规范化。[182] 但在这一点上，宪法法院要么以更强的民族国家路线，要么以更亲欧洲整合的路线也能够获取对欧洲政治的巨大影响力。

三　法治国与基本权利

在盟军击溃纳粹政权和在充分意识到这个政权犯下了剥夺权利、驱逐犹太人和大规模屠杀罪行之后，对传统法治国的呼吁便是一件理所当然的事情，这在流亡和反抗的讨论中就已经体现出来了。"法治国"所意指的核心内容清晰明了：法官在人和物上独立、没有例外法庭或特殊法庭、一事不二罚、保护自由不受肆意剥夺、保障辩护权、保护不受国家行为的肆意侵害，这主要通过行政法院来实现。国家要重视人权和公民权，只有在法律基础上，并且只有在它能够从宪法本身获取理由的条件下才允许干涉人权和公民权。这是一项以"绝不重蹈覆辙"的激昂姿态所发表的国家权力法律化的伟大纲领。[183]

这项纲领已经体现在首批州宪法当中，比如在黑森、巴伐利亚

---

[182] Schlaich-Korioth（见本书注释181），（边码）347ff.

[183] 哈索·霍夫曼（Hasso Hofmann），"法治国的历史性与普适性要求"（Geschichtlichkeit und Universalitätsanspruch des Rechtsstaats），载《国家》（Der Staat），第34卷（1995年），第1—32页。

和莱茵地区-普法尔茨的州宪法中。紧接着,在《基本法》形成时,重建法治国便是一件确凿无疑的事情。人们在州和联邦层面的司法上对法治国进行了制度确定,确切地说是从这五个分支方面:普通法院审判(民事和刑事司法审判)、劳动法院审判、社会法院审判(新的)、财政法院审判和行政法院审判。法官们被宣布为独立,并只服从"法律和法"(Gesetz und Recht)。交给新联邦宪法法院的事务是,它不仅要履行从先前国事司法审判中被认可的功能(权限冲突、组织机构诉讼),而且现在还要找到一条如何转化基本权利直接效力(《基本法》第 1 条第 3 款)的路径。

在联邦德国,塑造法治国是一个拥有许多共同参与者的分工过程。首先是早在占领期间(1945—1949 年、1955 年获得主权)就有澄清程序性和实质性问题并提供首批指示的普通法院,然后最高联邦法院不断更多地参与其中。在公法方面,联邦社会法院和联邦财政法院,尤其是联邦行政法院,负责首批方向性判决。然后从 1951 年起联邦宪法法院开始发展,尽管有各种各样相反的判决公告,但它变成了一个像"最高上诉法院"那样的审级机构,这主要通过在"法律听审"上大量使用基本权利(《基本法》第 103 条第 1 款)使然。

除了这些法院外,立法者也不知疲倦地积极在法律上确定公法、扩充旧材料并创造新材料。很少有其他现行法律的复合体像公法那样大量增长。这时首次有了一部统一的行政法院诉讼条例(1960 年),还首次有了一部行政法"总则"的部分法典[《联邦和州行政秩序法》(Verwaltungsverfahrensgesetze des Bundes und der Länder),1976 年]。尽管在原则上是市场经济秩序,但国家在不

第十四章 新"价值秩序"与重建法治国

断干预,这要么为了获得或维持特定的客户(农业),要么为了减少生产能力过剩(磨坊业)、扶持结构薄弱区域(东、西德交界地区)、使新兴产业具有竞争力,或为了解决新型问题(数据保护)。与此同时,社会国(Sozialstaat)得到扩展——随着 1975 年的退休金改革——甚至得到原则性重塑。所有这一切导致在自由动力和干预动力之间不断出现平衡举措。这种矛盾交织的政策最为明显地体现在 1967 年 6 月 8 日的《促进经济稳定与增长法》(Gesetz zur Förderung der Stabilität und des Wachstums der Wirtschaft)当中。这部法律试图在物价稳定、充分就业、外部经济的平衡、经济增长这一"神奇四角"中带来相互协调——这是徒劳,像人们很快从 1973 年起所经历的那样。

公法的角色因这样的政策发生了显著变化。法院和立法者——从地方层面经由州和联邦直到欧共体——不断提供必须得到评论和处理的法律素材,这一实际情况就要求有大批专家队伍。曾经和司法审判一起只负责形成体系和主要概念的行政法学失去了它的早期功能。尽管存在紧迫性呼吁,但它越来越少地注意到通过拟定出一套有约束性的教义学所产生的操控性影响。[184] 这也可能是因为所谓的"衡平法学"(Abwägungsjurisprudenz)为了解决新的问题状况,常常会对教义学上的指示和禁令置之不理。在国家法方面,学术陈述表达的相关重要性式微——另一边却是被

---

[184] 埃伯哈德·施密特-阿斯曼(Eberhard Schmidt-Aßmann),《作为秩序理念的一般行政法——行政法体系形成的基础与任务》(Das Allgemeine Verwaltungsrecht als Ordnungsidee. Grundlagen und Aufgaben der verwaltungsrechtlichen Systembildung),第 2 版(Berlin-Heidelberg 2004)。

反复滥用的陈词滥调,即"这是违宪的"。国家法的评阅人在所有不管是否相关的问题上都抛头露面,这已习以为常。他们在各方面都掌握大量案源的实践活动给人造成某种随意性印象。各方当事人都习惯拥有"他的"评阅人。因为国家法教师协会的成员数量在 60 年代增加了大约十倍,[185]所以形成了这样一种表达意见的"多声部音乐",以至于一场全面的、集中于单个问题的讨论几乎不可能。有人因此谈到"国家法学说被罢黜"。[186]

对于联邦德国大约延伸至 1960 年的建立阶段来说,这样一种断言当然并不中肯。在那时国家法相对开阔的舞台上,知名国家法学者们的言论扮演着重要角色。那些国家法学者比如在波恩大学有恩斯特·弗里森哈恩(Ernst Friesenhahn)和乌尔里希·朔伊纳(Ulrich Scheuner),在图宾根大学有京特·迪里希(Günter Dürig)和奥托·巴霍夫(Otto Bachof),在弗莱堡大学有康拉德·黑塞(Konrad Hesse),在汉堡大学有汉斯·彼得·伊普森(Hans Peter Ipsen),在哥廷根大学有鲁道夫·斯门德(Rudolf Smend)和维尔纳·韦伯(Werner Weber),在慕尼黑大学有特奥多尔·毛恩茨(Theodor Maunz),在明斯特大学有弗里德里希·克莱因(Friedrich Klein)和汉斯·尤利乌斯·沃尔夫(Hans Julius Wolff),在科隆大学有赫尔曼·雅赖斯(Hermann Jahrreiß)和汉斯·彼得斯(Hans Peters),在柏林大学有卡尔·奥古斯特·贝特

---

[185] 名单在 2012 年总共含有 714 位,包括了瑞士和奥地利。
[186] 伯恩哈特·施林克(Bernhard Schlink),"国家法学被宪法司法审判罢黜"(Die Entthronung der Staatsrechtswissenschaft durch die Verfassungsgerichtsbarkeit),载: Der Staat 28(1989),161ff. 。

尔曼(Karl August Bettermann)，在海德堡大学有赫尔曼·莫斯勒(Hermann Mosler)、恩斯特·福斯特霍夫(Ernst Forsthoff)和汉斯·施奈德(Hans Schneider)。他们发声定下了论调，他们的言论受到重视。

他们对法治国的贡献基本上少有争议。他们在法治国完备的必要性、基本权利的相关重要性和法治国的制度保障上都或多或少存在着一致意见。尤其在行政法和行政程序法中存在着理论与实践相互影响的重要革新，这些革新在当时属于固定的保留剧目，还部分地找到了进入立法的路径。其中可以提及的有，准确说明"邻人诉讼"(Nachbarklage)或"竞争者诉讼"(Konkurrentenklage)时的诉讼权限、"公私混合"纠纷（征收、补贴、带有公法参与的契约）时的法律解决路径问题、提炼行政法院诉讼程序的典型诉讼形式、确定各项规划决策的可争讼性、准确区分未确定的法律概念和包含自由裁量审查在内的自由裁量概念、对所要求的"前置程序"[Vorverfahren,《行政法院司法条例》(VwGO)第68条]进行归类或行政衡平判决的司法"审查密集度"的重要问题。

在这些背后存在着分权的基本原则问题："行政化"会再次压缩政治和行政的活动空间吗？"法治国过度生长"会瘫痪行政和政府活动吗？给予联邦宪法法院许多权限，以至于它可以借助被激活了的基本权利去废除一般制定法，并经由对抗法院终审判决的宪法申诉最终可以变为支配一切的最高法院，这特别正确吗？许多专家和实践者对这些讨论作出了贡献，人们在其中还可听到来自30年代的泛音，它带有这样的音讯，即政治决定既不是在法院里，也不是在议会里作出的。

但是，尤其是以下问题变得尖锐激烈，即法治国(Rechtsstaat)和社会国(Sozialstaat)是否是同样级别的宪法目标。恩斯特·福斯特霍夫在1953年提出的论点引起了人们的注意，并激发了异议。他认为，法治国"依照基本法秩序是被赋予了所有法律保障的首要价值。《基本法》排除了法治国与社会国在减少法治国宪法因素之下的结合"。[187] 福斯特霍夫还认为，限制性和保护性的法治国属于宪法层面，而分配性的社会国却是积极活跃的行政事物；宪法顶多可以提供社会的国家目标规定；"社会的法治国"（sozialer Rechtsstaat）这一组合词尽管被包含在宪法文本当中（《基本法》第28条第1款），但它本身却是矛盾的，因此"不是法律概念"。

这样的论点遭到大多数人的拒绝，不仅因为像宪法形成史所体现的那样，宪法恰恰想结合法治国与社会国这两种因素，而且还因为在宪法层面排挤掉社会国在政治上似乎也是错误信息。在经济奇迹和形成中的中产阶级社会的旗号下，多数人恰恰想在宪法层面上"发挥"社会因素，并把古典的法治国和社会因素结合起来，[188]确切地说，不损害法治国的传统保护功能。但是，因为《基本

---

[187] 恩斯特·福斯特霍夫(Ernst Forsthoff)，"社会法治国的概念及本质"(Begriff und Wesen des sozialen Rechtsstaates)，载：VVDStRL［第12期（1954年），"主要原则Ⅳ"］。

[188] 几年后这样认为的是：汉斯·F.察赫尔(Hans F. Zacher)，《联邦德国头十年的社会政策与宪法》(Sozialpolitik und Verfassung im ersten Jahrzehnt der Bundesrepublik Deutschland, 1961)，1980年在柏林出版。

第十四章 新"价值秩序"与重建法治国

法》只是间或地和模糊地确立社会国,[189]所以人们提出这样的问题,即如何把《基本法》的"社会国规定"引入到立法、行政和司法中去。这主要通过把以下前提放到所有规范制定和规范适用之前的方式加以实现,即所有规范制定和规范适用都受"以《基本法》确立的价值秩序"的约束,而这套价值秩序现在首先包含了社会国规定。为了产生相对实质性平等,社会国规定与民主也有直接关联,像沃尔夫冈·阿本德罗特(Wolfgang Abendroth)在 1953 年的那场讨论中所强调的那样,而人们在当时几乎没有注意到这一点。

那场讨论因此也触及早期宪法解释的主要问题之一,即在《基本法》中包含的——或处于其下的——"价值秩序"(Wertordnung)。这个词语此时经历着前所未有的发展景象。援引一套超司法之外的,但同时已被确定或将要被确定在法律体系中的"价值秩序",基于以下三大原因几乎不可避免。

1. 价值秩序衔接了 20 年代的价值哲学,并以这种方式提供了一种被普遍接受的价值视野。人们在 1945 年后比在第一次世界震动后还更加急迫需要这种价值视野,或者作为抵抗价值相对主义或"错误"价值的堡垒。其中,天主教方面更可能回溯到自然法的保留剧目,而新教方面则更喜欢马克斯·舍勒(Max Scheler)和尼古拉·哈特曼(Nicolai Hartmann)继任者们的价值哲学。

---

[189] 除了《基本法》第 3 条的平等原则外,还参见《基本法》第 14 条第 2 款、第 15 条、第 20 条第 1 款、第 28 条第 1 款;"生活关系的统一性",见《基本法》第 72 条第 2 款、第 3 款(旧文本);《基本法》第 74 条第 7 款、第 12 款;"公共救济""劳动保护""工作介绍以及包含失业保险在内的社会保险";《基本法》第 87 条第 2 款(旧文本);"社会保险公司";第 120 条第 1 款;"用失业保险和失业救助资金补贴社会保险费用"。

2. 价值秩序为此时必须发誓放弃传统上法律服从的法学家，提供了一种纯粹法律文本不能提供的精神支撑。被普遍接受的"反实证主义"，只要当它受到某种"价值体系"支持的时候，才显得是可以接受的。顺便提及的是，这种"反实证主义"在方法论上被混淆成类似于1933年之后年代的那种"反实证主义"。

3. 在此所要求的"体系"预示着学术体系形成传统中的科学性。法学家们之所以如此更多地推崇"体系"，是因为他们一直在试图对法律进行体系整理，恰恰在其中认识到了他们的真正使命——这是在德国特别塑造的传统，它可以追溯到17、18世纪的自然法体系，以及19世纪的唯心主义哲学。

如果不仅成功地对这些价值进行了命名，并证明它们具有法律约束力，而且甚至还形成了一套自身无矛盾的体系，那么它们的不可颠覆性似乎就得到了确保。年轻的共和国内部仍不稳定，它的国家法学者和宪法法官抓住这套"价值秩序"，还毫无困难地在源自同样思想氛围的《基本法》中找到了它，并把它当作流向宪法法的固定公式进行操作。1958年的联邦宪法法院"吕特—判决"[190]汇聚了先前的这些趋势，该案判决道，整个法律秩序必须符合《基本法》的价值秩序。对此，"需要价值填充的概念"和"一般条款"被当成是法律秩序可被使用的开放地方。经由这些概念和条款的

---

[190] 《联邦宪法法院判决汇编》(BVerfGE)，第7卷，第198页及以下诸页。对此详见托马斯·亨纳(Thomas Henne)、阿尔内·里丁格(Arne Riedlinger)主编，《〈法〉史视角下的吕特—判决——围绕法伊特·哈兰的冲突与联邦宪法法院的基本权利审判》[Das Lüth-Urteil aus (rechts-)historischer Sicht. Die Konflikte um Veit Harlan und die Grundrechtsjudikatur des Bundesverfassungsgerichts, Berlin 2005]。

第十四章 新"价值秩序"与重建法治国

"第三人效力"(Drittwirkung),整个私法也可以衔接那套价值体系。联邦宪法法院认为,《基本法》本来就不是"价值中立"的秩序,它在其基本权利一章中除了具有基本权利的防御功能外,"还树立起了一套客观的价值秩序"。这个判决因此为《基本法》的"价值体系"渗透到整个法律秩序打开了大门。

诚然,这被很好地意指法律秩序的方向标,并且在内容上也符合对法治国自由民主秩序的期待视野。但是,这也制造了一系列到当时为止还不为人所知的方法论问题,因为当时对价值本身并不存在毋庸置疑的社会共识。在把价值转化到行政法、税法或刑法细节时,更是产生了困难——人们完全无视通过中立的观察者形象为私人自治划上伦理界限的困难。[191] 如果立法者之前对有价值取向的社会意见争论进行了裁决,那么这时又要用《基本法》的价值体系来衡量其结果。为了给正在形成的基本权利教义学提供更多的稳固性,人们于是在表述相对抽象的基本权利中寻找一套"体系"。尤其是京特·迪里希(Günter Dürig,1920—1996年)从宪法文本中发展出作为最高宪治原则的"人的尊严"和作为最高基本权利的自由(《基本法》第2条)与平等(《基本法》第3条)这"三叠纪"。[192]

---

[191] 埃莱娜·巴纳特(Elena Barnert),《想象的第三方——民法中的一种论证图示》(Der eingebildete Dritte. Eine Argumentationsfigur im Zivilrecht, Tübingen 2008)。

[192] 京特·迪里希(Günter Dürig),"人类尊严的基本权利条文——从《基本法》与第19条第2款相联系的第1条第1款构思可应用的基本权利价值体系"(Der Grundrechtssatz von der Menschenwürde. Entwurf eines praktikablen Wertsystems der Grundrechte aus Art. 1 Abs. 1 in Verbindung mit Art. 19 Abs. Ⅱ des Grundgesetzes),载:AöR,81(1956),117ff.。该文必须与迪里希(Dürig)在毛恩茨(Maunz)、迪里希(Dürig)和赫尔佐克(Herzog)主编的《基本法评论》中对《基本法》第1条第1款和第2条第1款、第3款的评注相互关联在一起来看待。

紧跟这"三叠纪"的是特殊的基本权利保障以及其他宪法位阶的"价值"。他这时又仔细权衡地把这些价值相互关联起来。这种在"价值体系"内部被置于一般法律适用之前的定位趋向于使一般制定法（Gesetzesrecht）贬值。人们在适用制定法之前，必须要审查它的形成是否符合宪法规则，但主要审查它在内容上是否符合那套价值体系。

这样一来，在公法学的大力参与合作下实现了对以前制定法的现代化解释。与《基本法》不一致的其他规范都被废除。对于其规范大部分仍源自帝国时代、魏玛共和国或纳粹时期的法律秩序来说，这是一种总体上更为必要和更值得欢迎的现代化推动。但与此同时，与此相关的法律秩序却被稀释化了，这会侵蚀法律本身的根基。什么是现行法，这可能会越来越少地源自法律文本，而会越来越多地源自联邦宪法法院的判决。恩斯特·福斯特霍夫以好斗的口吻谈到"宪法律遭改造"。[193] 卡尔·施密特对此甚至附和地谈及"价值专断"。[194] 二者都强调立法决定的独立性，并批评法官们声张的或落到他们头上的解释权。其中除了在方法论上有值得再三思考的东西外，还有卡尔·施密特对联邦德国早期方向

---

[193] 恩斯特·福斯特霍夫（Ernst Forsthoff），"宪法律之改造"（Die Umbildung des Verfassungsgesetzes），载《卡尔·施密特七十寿辰庆贺文集》（Festschr. f. Carl Schmitt zum siebzigsten Geburtstag），1959年，第35页及以下诸页。反对该文的是，亚历山大·霍勒巴赫（Alexander Hollerbach），"法治国宪法的瓦解？——论恩斯特·福斯特霍夫在卡尔·施密特贺寿文集中的文章'宪法律之改造'"（Auflösung der rechtsstaatlichen Verfassung？Zu Ernst Forsthoffs Abhandlung „Die Umbildung des Verfassungsgesetzes" in der Festschrift für Carl Schmitt），载：AöR85（1960），241ff.。

[194] 卡尔·施密特（Carl Schmitt），《价值专断》（Die Tyrannei der Werte），第3（修订）版（Berlin 2011），克里斯托夫·舍恩贝格尔（Christoph Schönberger）作跋。

的诸多忌恨,尤其是恩斯特·福斯特霍夫对联邦宪法法院的反感。

从此以后可谓变化多端。联邦宪法法院已经"谨慎地告别了最初十年的价值公式",[195]但其务实的路线方针因对社会发展保持着与日俱增的开放而得以延续。法治国和社会国在宪法层面上已经得到了很好结合。这两个原则的截然对峙不符合问题状况。法治国不仅在对国家违法行为的形式抵御方面得以实现,而且它还必须包含社会成分,因为它可以抵御个人以自身力量无法抵御的违法行为。在"私力"捍卫欠缺事实(社会的或技术的)前提条件的地方,法治国便展现出其实质性的一面。由于生活世界发生骤变,所以也谈不上法治国要求得到了持续稳定的"实现"。

此外,50年代以降在欧洲层面上形成了新的机构,法治国的语境从而发生了变化。斯特拉斯堡的欧洲人权法院自1959年以来开始运行,它从1998年起发展成为摆脱欧洲理事会成员国羁绊的一般法院,公民可因47个成员国违反《欧洲人权公约》(Europäische Konvention für Menschenrechte)而在该法院提起诉讼。它对实现"欧洲法治国"的重要性与日俱增。[196]

卢森堡的欧洲法院是在1952年为欧洲钢铁联盟而设立,它从

---

[195] Schönberger(见本书注释194),77.
[196] 艾德·贝茨(Ed Bates),《欧洲人权公约之演进——从其开端到常设人权法院的创建》(The Evolution of the European Convention on Human Rights: From its Inception to the Creation of a Permanent Court of Human Rights, Oxford 2011)。

1957年起管辖所有的欧洲共同体（今天的欧盟和欧洲原子能共同体）。它通过两个轰动性判决从国际法中脱离出欧洲法（Europarecht），并使其成为一套独立的法律秩序[范吉德 & 卢斯案（Van Gend & Loos），1963年]，这套法律秩序甚至可以主张优先于国内法的地位[科斯塔/埃内尔案（Costa/ENEL），1964年]。

从此，当涉及优先地位和基本权利保护时，尽管在这两个法院与联邦宪法法院之间存在着某种紧张关系，但是这种紧张关系，像人们所说的那样，却以务实方式得到了调解。

人们可以回顾历史看到，在"法治国"和"基本权利保护"这两大要求的旗帜下实现对整个法律秩序的渗透是多么的不一样。首先，人们以基本权利从字面上所获取的直接效力（《基本法》第1条第3款）为出发点，不需要立法者的传递，但对此需要联邦宪法法院的具体化帮助。上文提到的1958年的"吕特–判决"经由一般条款和需要价值填充的其他表述带来了基本权利"第三人效力的突破"。人们可以继续通过以下方式填补基本权利保护中的漏洞，即把《基本法》第2条第1款的一般行为自由用作"底线规范"（Auffangnorm），在出现侵犯与基本权利相关领域的时候，通常把界线往前移动。后来，随着借助基本权利非直接卷入其中的"辐射作用"这一比喻，以及使用"紧张关系领域"这一笼统词语，受《基本法》严格的文本约束遭到离弃。从对不同基本权利的"总体观察"中可以发展出新的基本权利，比如在死后的名誉保护、人格权和"信息自决"方面考虑到了"安全上的基本权利"。总之，人们遵循里夏德·托马的早期信条，即基本权利应该尽可能"有效"发挥其

"法律效力",[197]相互间应该"在实践上得到协调",并得到最有分寸的平衡[里夏德·博伊姆林(Richard Bäumlin)、康拉德·黑塞(Konrad Hesse)、彼得·莱尔歇(Peter Lerche)]。这种平衡现在通过"权衡"来产生,也就是通过常常只是直觉和与结果相关的估量来产生,而这样的估量不断导致法律理论的批判。[198] "合比例性"(Verhältnismäßigkeit)这一根本原则的适用标准同样不精确。以前为警察干预设定的合适的限度所发展出来的东西,这时扩大成为一条对与基本权利相关的所有干预都有效的、基本的法治国原则:[199]要尽可能限制对自由领域被认可为必要的干预。在对此进行必要权衡时——与自由法治国模式相符合——依照"存疑时有利于自由"(in dubio pro libertate)这一准则[彼得·施奈德(Peter Schneider)],自由应该保留为主要价值。

卡尔·施密特早在1932年就强调魏玛宪法基本权利部分的制度性保障。[200] 为了赋予某些私法制度(婚姻、家庭、财产)"客观"

---

197 里夏德·托马(Richard Thoma),"基本权利原则的法律意义"(Die juristische Bedeutung der grundrechtlichen Sätze),载汉斯·卡尔·尼佩代(Hans Carl Nipperdey)主编,《帝国宪法的基本权利与基本义务》(Die Grundrechte und Grundpflichten der Reichsverfassung),第1卷(Berlin 1929),第9页。

198 恩斯特·沃尔夫冈·伯肯弗尔德(Ernst Wolfgang Böckenförde),"基本权利理论与基本权利解释"(Grundrechtstheorie und Grundrechtsinterpretation),载《新法律周刊》(NJW),1974年,第1529页。

199 基础文献见《联邦宪法法院判决汇编》(BVerfGE),第7卷,第377页及以下诸页——"药房判决"(Apothekenurteil)。

200 卡尔·施密特(Carl Schmitt),"德意志民族的基本权利与基本义务"(Die Grundrechte und Grundpflichten des deutschen Volkes),载格哈德·安许茨(Gerhard Anschütz)、里夏德·托马(Richard Thoma)主编,《德国国家法手册》(Handbuch des Deutschen Staatsrechts),第2卷(Tübingen 1932,§101,Ⅲ 5-7)。

特性和由此而来的不可侵犯性，基本权利的制度性保障在《基本法》的效力之下被重新采纳了。同样地，人们可以赋予这些机构（私立学校、高校和研究机构、广播电台、社会保险机构等）某种不易变化的实质；然后可以从中推导出国家的"保护义务"，而这样的"保护义务"又可以注入财政的最低配置要求中，当然还可以侧翼掩护古典的基本权利。当为基本权利运行的实际空间变得太过狭小时，国家应该通过社会服务或补助的方式又去扩大这个空间。基本权利保护的（难于确定的）"不足禁止"（Untermaßverbot）一旦下降，国家的保护义务就应该发挥作用。

"法治国"和"基本权利"的所有这些变化都是由学术和司法审判在相互间的共同作用中形成的，并通过判决得以固定。这些变化主要完成于1950年到大约1975年这数十年间，也就是在经济不断繁荣的阶段，人们在该阶段认为可以忽略"法治国成本"。[201] 随着经济奇迹结束，在时间上可以确定为1967年的"小危机"或1973年之后的增长结束，人们开始考虑，法律保护是否必须存在最高界限和适当的分级，"财政状况"是否是基本权利发展的内在限制。这同样意味着，人们把目光从立场的教义学结果更加明显地转向论据的功能性、转向后果影响和副作用。最后一种情形同时还激发人们更强烈地求助于经验性的社会科学。对基本权利的客观"制度性"因素的强调让人们认识到，从70年代中期开始，利用法治国和发挥基本权利的个人主义观点已经迈过了鼎盛阶段。

---

[201] 弗里茨·W.沙尔普夫（Fritz W. Scharpf），《法治国的政治成本——德国和美国的行政监督比较研究》（Die politischen Kosten des Rechtsstaats. Eine vergleichende Studie der deutschen und amerikanischen Verwaltungskontrollen, Tübingen 1970）。

基本权利被更明显客观化了,这可以被解释为边际效用的经济学问题,即采用手段进行法律保护和发扬基本权利的边际效用的经济学问题,比如在高等教育入学调控问题时(《基本法》第 12 条第 1 款第 1 句)便是如此。[202] 也可以把这种客观化在政治上解释为 1969 年以后党派大联盟和社会自由党施政期间的保守回击。当时用到了成本论据,但这肯定不是首要原因。换言之:当时可辨认出的"增长极限""石油危机"(1973 年)、那些年攀升的国家债务,这些也在基本权利教义学领域里体现出不良后果,并被理解为在提醒人们,不是每一个被司法变得具有效力的愿望都可被实现。对此提供的例子有国家对私立学校的支持、高校的扩建、社会救助的收费标准、医疗保险服务的限制、幼儿园的扩建,以及其他建立在基本权利基础上的主张遭到修剪的许多领域。

四 民　主

与 1949 年之后法治国的发展和基本权利的发扬相比,对于德国人及其法学家们来说,要获得与议会民主制的积极关系,这明显困难。他们与民主的历史经历乏善可陈。1848/1849 年革命遭到失败。在帝制时代,帝国议会慢慢才有些轮廓,它被当成是行动政策的障碍,甚至被当成像德皇威廉二世(Wilhelm Ⅱ.)喜欢说的"猴子之家"。魏玛的议会民主制遭到右派和左派訾言谩骂,自身最终中断停滞了。纳粹政权是十足反民主的;它灌输给德国人的

202　BVerfGE33,303(330ff.)Numerus Clausus Ⅰ("大学入学名额限制").

宣传是，真正的民主化体现在纳粹国当中。纳粹垮台以后，人们才理所当然地想恢复"法治国"和"自由权"。因此，位居新宪法之首的不是政体，而是对人的尊严和基本权利的表白。确立民主在政治上尽管所当然，但人们在《基本法》中对它设置了诸多保障：在联邦层面上排除了直接民主的所有形式；[203]多数人的意志被抽取掉了宪法的核心内容（《基本法》第79条第3款）；宪法的守护者变成了联邦宪法法院，它拥有的权限可以宣布议会通过的法律无效；强化总理对抗议会的作用（建设性的不信任投票），并阻止小党派进入议会（获得5％票数的附加条款）。另外，花了整整一代人的时间制定出调整议会"紧急状态"的规则。人们不遗余力地强调，民主必须具有"防御性"，它不得给它的敌人提供自由。[204] 在以下规定方面都有具体结果，即在规定政党概念、政党资助、解释议员特殊地位（《基本法》第38条第1款）方面，尤其在打击——不同定义的——民主的敌人方面，这要么在政党和议会层面上，要么在进入公职时或在宪法保护时进行打击。接着有两次党禁（《基本法》第21条第2款），[205]一次是在1952年禁止社会帝国党（SRP），这是

---

[203] 作为小例外，只允许对联邦区域进行重新划分调整〔《基本法》第29条（旧文本）〕。

[204] 埃哈德·登宁格（Erhard Denninger）主编，《自由民主的基本秩序——有关联邦德国的国家认识与宪法现实的资料》（Freiheitlich demokratische Grundordnung. Materialien zum Staatsverständnis und zur Verfassungswirklichkeit in der Bundesrepublik，Frankfurt 1977），2卷本。总结见于尔根·贝克尔（Jürgen Becker），"基本法的防御性民主"（Die wehrhafte Demokratie des Grundgesetzes），载《国家法手册》（Handbuch des Staatsrechts），J. 伊森泽（J. Isensee）、P. 基希霍夫（P. Kirchhof）主编（Heidelberg 1992），第7卷，第167页。

[205] BVerfGE2, Ⅲ（社会帝国党）；5, 85ff.（德国共产党）。

一个纳粹党的继任党;一次是在 1956 年禁止德国共产党(KPD),紧接着对该党采取了一连串刑事诉讼。[206]

如果把所有这一切都放在一起,人们就会看出一道深深的、只有在历史上才能解释的精神创伤、一种对"政党争吵不休"和议会制的普遍厌恶。除此之外,还有"冷战"中联邦德国局势的直接影响。"冷战"的前沿阵线横贯德国。自 1948 年的柏林封锁、1953 年 6 月 17 日的人民反抗和 1961 年的柏林墙建造以来,人们的精神高度紧张。当太大的自由危害到稳定时,自由必须退让。"防御性""宪法忠诚""宪法敌人""基本权利丧失""职业禁止"和"党禁"成了流行语。奥地利和瑞士在立法层面上却没有这些词汇,也没有为此投入可相提并论的学术精力。[207]

尽管如此,但自 60 年代以来,一方面对纳粹的反应出发点,另一方面对"冷战"的反应起始点都渐行渐远。西德被整合进欧洲,新一代的社会学家、政治学家从美国学成归来,重心在内政上发生了位移。社民党(SPD)因《哥德斯堡纲领》(Godesberger Programm,1959 年)而成为中产阶级的可选选项。与此同时,清理纳粹罪行开始进入新阶段;1961 年在耶路撒冷对艾希曼(Eichmann)的审判惊动了全世界;1962 年发生了"明镜周刊丑闻",这是波恩政府对新闻自由的轰动性侵犯,这也导致四位自民

---

[206] 亚历山大·冯·布吕内克(Alexander von Brünneck),《联邦德国对共产党员的政治审判(1949—1968 年)》(Politische Justiz gegen Kommunisten in der Bundesrepublik Deutschland 1949-1968,Frankfurt 1978)。

[207] 参见瓦尔特·哈勒尔(Walter Haller)和西格贝特·莫施尔(Siegbert Morscher)的讨论文章,载:VVDStRL37(1979)。

党(FDP)部长退出政府。1963年,阿登纳(Adenauer)总理引退。1965年有了关于大学在纳粹中角色的首批系列课程。[208]

这些事件看上去可能各不相干,它们同样也很清晰地标志着战后期的结束和市民社会中到处弥漫着启程时那种心神不安的情绪。市民社会想共同决策,寻求民主参与的新形式,越来越多地组织公民自发团体,追问纳粹的历史过往,并因越南战争而敢于首次批评之前一直心存感激尊崇的那个北美保护国。尤其是,"民主"这个词这时变成为了凝聚点。1969年7月刚当选的联邦总统海涅曼(Heinemann)要求"更多民主",新当选的联邦总理勃兰特(Brandt)采纳了这一点:"敢于要更多民主"。于是,"民主"在联邦德国普遍的新方向潮流中成了被到处使用的口号。它伴随着对父权制家庭模式的告别,还伴随着妇女运动新榜样和"反独裁教育"的理想家庭模式、推行对企业的共同决策、[209]教会内部围绕工人代表的讨论、学生的自我管理、高校领导新规["三三制"(Drittelparität)]*、政治党派中的候选人提名。换言之:要求更多

---

[208] 慕尼黑大学:"第三帝国的德国大学"(Die deutsche Universität im Dritten Reich,1966);图宾根大学:A. 弗利特尔(A. Flitner)主编,《德国的精神生活与纳粹》(Deutsches Geistesleben und Nationalsozialismus,1965);柏林大学:"纳粹与德国大学"(Nationalsozialismus und Deutsche Universität,1966);吉森大学:载《批判性司法》(Kritische Justiz,1968/69)。明斯特大学、法兰克福大学、哥廷根大学和基尔大学紧跟着开设相应课程。参见:Michael Stolleis, Recht im Unrecht. Studien zur Rechtsgeschichte des Nationalsozialismus, Frankfurt 1994(2005年版有一篇新后记),15。

[209] 1976年5月4日的《共同决策法》(Mitbestimmungsgesetz),载《联邦法公报》(BGBl),第1卷,第1153页。对此参见:BVerfGE,50,290-381。

* 所谓"三三制"(Drittelparität),是指大学领导由教授、学生和行政人员各占三分之一构成。——译者

第十四章　新"价值秩序"与重建法治国

民主在那些存在着等级和确立好了权力关系的地方开始普遍推行。一方面,这是朝着更多开放性和透明性方向的必要的现代化推动,另一方面,在那些不能由多数人决定的实际问题上也存在着显著的消极效果,或在所要求的"所有人对所有事务"的参与混淆了事实的不平等这一实际问题上也是如此。趋向于同等性民主的"基层民主"(Basisdemokratie)这个词带有一种理想主义音调,但为了实现自私目的而对它进行的策略性使用很快就把它磨损掉了。出现了无限制的公开导致违反人格权或造成"夸夸其谈"的程度,在这种情况下,要求"公开"也同样被消耗掉了,而真正的决定又转移到了绝密领域。

这种发展对国家法学说是一种挑战,因为到那时为止对它来说尤其重要的是法治国,以及基本权利和其中所包含的"价值体系"对法律秩序的渗透。诚然,国家法学说绝对没有忽略选举权、议会权利、党禁和"防御性民主"这些主题。但是,防御姿态仍占优势:波恩不应该变成"魏玛",也就是说不能要失败的民主。职是之故,人们与其说研究民主的真正内容,倒不如说忙于护卫民主。只有少数国家法学者愿意把民主原则从限定于联邦议会、州议会和地方代表机构的选举过程中脱离出来,承认它是社会的一般组织原则。

但当时流传着一种新看法。从19世纪传习下来的国家与社会的分离从第一次世界大战以来事实上就已经过时了,如今在理论上也值得怀疑。国家不再表现为高于社会并对公共利益负责的中立性权力,而是由社会本身塑造的一种子体系(Subsystem),它带有特殊任务并提供财政。立法在内容上无异于汇入法律规范的大多数人的意志，"共同福利"（Gemeinwohl）不再是伦理或政治精英们定义的固定"价值"，而是社会和国家中多元意志形成程序的结果。共同福利是在多种力量的平行四边形中作为"公共利益"（public interest）在程序道路上所形成的东西。因此，国家法学说之前对社会力量的厌恶失去了理论依靠。社会力量是意志形成的一部分。政党在意志形成中扮演着重要角色，这个角色应该保证，国家要受民主定期据守，它不仅在制度上，而且还在精神上不断自我革新。这样的信息表明，从一种特别的视角观察，国家就是社会本身。

这种发展受到联邦宪法法院的持续推进，该法院不断指明自由公共意志形成的程序，而这套程序对民主可谓生死攸关。它发布了无数关于新闻和广播自由、艺术自由的判决，最后还有关于《基本法》第8条集会自由或游行示威自由的判决。[210] 大量有关游行示威和反游行示威、静坐和其他激起公众注意的手段的法院判决，发生在该案*之前或紧随其后。这些法院判决基于已经描述过的观念，即基本权利必须被如此解释，以至于它们能够尽可能广泛地和有效地发挥其影响。这建立在小心谨慎扩展个人权利保护的路线基础之上，但与此同时，与这种观念联系在一起的是那些不受专制政府统治的开放的公民社会，简而言之，即多元的"市民社会"。对此具有重大意义的是，在公民自发团体中组织起来的人数

---

[210] BVerfGE69,315(342ff.)——"布罗克多夫"（Brokdorf）案。

* 指本书注释210中提到的"布罗克多夫"案。该案发生在1976年，当年成千上万的人在易北河地区的布罗克多夫举行声势浩大的游行示威活动，反对在当地修建核电站。——译者

很快超过了政治党派中的成员数。

　　国家法学说对此在制度上的某种迟钝体现在这样的事实上，即1949年以来在众多年会中只有唯一的一次年会明确讨论过"《基本法》中的民主原则"这一主题。这一次年会于1970年在施派尔召开，即紧随1968年爆发高校和社会动乱之后。前外交官、欧洲法学者维尔纳·冯·西姆松（Werner von Simson）和科隆的国家法教师马丁·克里勒（Martin Kriele）[211]被邀请为报告人。不久有了第二次年会（1974年），这次年会探讨"议会制的政府体制"。[212] 在这两次年会上存在着一致意见，大家都认为在国家和社会中的民主原则服从于不同要求，但它必须被当成是结合国家与社会这两个紧密交织在一起的领域的基本思想。同样变得清楚明了的是，不存在代议制议会体制的真正选项，但战后时期对直接民主太过严格理解的抵制肯定有了松动，比如在州层面或在地方领域。

　　可见，在社会、政治和国家法学说中不仅可以纯粹描述性地，而且还能够积极评价地谈论通往民主道路上的成功学习过程。从魏玛时代和纳粹遗留下来的反民主制和反议会制保留被逐渐消除，民主实践越来越多地得到巩固，并经受住了执政联盟的更换和政府的更迭。"波恩民主"在西欧中的政治确立使对法国和英国的

211　维尔纳·冯·西姆松（Werner v. Simson）、马丁·克里勒（Martin Kriele），"基本法中的民主原则"（Das demokratische Prinzip im Grundgesetz），载：VVDStRL，29(1971)，3ff.，46ff.。

212　托马斯·奥珀曼（Thomas Oppermann）、汉斯·迈尔（Hans Meyer），"议会制的政府体制"（Das parlamentarische Regierungssystem），载：VVDStRL33(1975)，7ff.。

旧有保留消失了，像这两个国家反过来也注意到德国是成功的民主一样。美国在当时被称赞为助人为乐的和慷慨大方的国家。政治运行的积极性经验、联邦宪法法院"亲民主的"一系列判决和法学中的舆论变化一并出现。

法学中的舆论变化也有代际上的特殊原因。1933年以后受聘的高校教师在1960年至1970年这十年间退休了。他们的学生在学术上成长于联邦德国初期，那些学生不仅认同法治国和社会国，而且还认同民主。那个时代的高校教师们的想法也不一样，他们都是坚定的民主主义者——这是与魏玛共和国的根本区别。

五 从一般国家学说到宪法学说

一个国家从独裁制中崛起，在军事上遭到毁灭性打击，然后转变为法治国、社会国和民主制。这种逐步观察到的转变可以在国家理论、一般国家学说或宪法学说的发展上进行细细品味。在头二十年，古典的"一般国家学说"近乎沉静。除了魏玛时代的小复制品[鲁道夫·劳恩（Rudolf Laun）、弗里德里希·吉泽（Friedrich Giese）、汉斯·黑尔弗里茨（Hans Helfritz）、里夏德·托马（Richard Thoma）、奥托·克尔罗伊特（Otto Koellreutter）、恩斯特·冯·希佩尔（Ernst von Hippel）]外，更大一些的书籍就只有一本汉斯·纳维亚斯基（Hans Nawiasky）在1952年至1958年出版的《一般国家学说》（Allgemeine Staatslehre）。鲁道夫·斯门德（Rudolf Smend）的《宪法与宪法法》和卡尔·施密特（Carl Schmitt）的《宪法学说》都在1928年出版，这两本书的重印本展示了曾经被非常热烈讨论过的文本。赫尔曼·黑勒（Hermann Heller）的《国家学说》（Staatslehre）几乎是60年代晚期的新发现，这本书于1934年在荷兰出版，当时在德国未受重视。这些就是可以重新完整掌握到的30年代的著作一览表，但其中典型地没有汉斯·凯尔森（Hans Kelsen）的《一般国家学说》（Allgemeine Staatslehre, 1925年）。他的这本著作在联邦德国初期被断然认为"已被超越"，而在奥地利却获得了几乎教规般的性质。

那个时期不利于新立一般国家学说或民主的宪法学说。联邦德国还一直被理解为"权宜之计"、被截了肢的完整国家，它在1961年以后还正式被泾渭分明的边界设施所分割。整个德国没有了行动能力。西德和东德相互驳斥对方的存在资格。赫伯特·克里格尔（Herbert Krüger）的巨著《一般国家学说》（Allgemeine Staatslehre, 1964年）虽然被尊为博学之作，但在其基本观点上却被认为陈旧过时。其基本观点至少不敌视社团，而是把社团改造成公共机构。然而，赫伯特·克里格尔没有赶上思想主流。同样赶上主流不多的是奥地利人费利克斯·埃马科拉（Felix Ermacora）晚一些出版的《一般国家学说》（Allgemeine Staatslehre, 1970年）。

尽管如此，政治学在这期间又开始在以下大学中站稳了脚跟，并开始形成不同"学派"，即弗莱堡大学[阿诺尔德·贝格施特雷瑟（Arnold Bergstraesser）、威廉·亨尼斯（Wilhelm Hennis）]、柏林大学[奥托·海因里希·冯·加布伦茨（Otto Heinrich von der Gablentz）、恩斯特·弗伦克尔（Ernst Fraenkel）、奥西普·弗莱希特海姆（Ossip Flechtheim）、奥托·祖尔（Otto Suhr）]、汉堡大学

[西格弗里德·兰茨胡特(Siegfried Landshut)]、海德堡大学[卡尔·约阿希姆·弗里德里希(Carl Joachim Friedrich)、亚历山大·吕斯托(Alexander Rüstow)、多尔夫·施特恩贝格尔(Dolf Sternberger)]、科隆大学[费迪南德·A.赫门斯(Ferdinand A. Hermens)]、法兰克福大学[马克斯·霍克海默尔(Max Horkheimer)、特奥多尔·W.阿多尔诺(Theodor W. Adorno)、卡罗·施密德(Carlo Schmid)、伊林·费切尔(Iring Fetscher)]和慕尼黑大学[卡尔·勒文施泰因(Karl Loewenstein)、埃里克·弗格林(Eric Voegelin)、库尔特·松特海默尔(Kurt Sontheimer)、汉斯·迈尔(Hans Maier)]。[213] 1965年,社会学家拉尔夫·达伦多夫(Ralf Dahrendorf,1929—2009年)出版了他的名著《德国社会与民主》(Gesellschaft und Demokratie in Deutschland)。所有政治学代表都或多或少受到美国或英国经验的影响,也就是受到不熟悉"国家学说"(Staatslehre),而更容易知道复杂"治理"(government)即多元意志形成的那个圈子的影响,而复杂"治理"强调的是"作决策"(decision-making)和选举权问题。"共同福利"看上去不仅受到纳粹修辞的污染,而且还在天主教的社会学说中被教派占用,它在这时被理性的"公共利益"所替代。"公共利益"压倒其他"利益"而被大家普遍接受。接着,人们开始启动政党和选举研究,民意研究成了一项更具分量的要素,电视成了"第四权力"。

---

[213] 威廉·布勒克(Wilhelm Bleek)、汉斯·J.利茨曼(Hans J. Lietzmann)主编,《德国政治学学派》(Schulen in der deutschen Politikwissenschaft,Opladen 1999);威廉·布勒克(Wilhelm Bleek),《德国政治学史》(Geschichte der Politikwissenschaft in Deutschland,München 2001)。

第十四章 新"价值秩序"与重建法治国

在国家法学说中也相应地激发了新的理论兴趣。恩斯特·福斯特霍夫在 1971 年撰写了一部被许多人阅读的听天由命之作《工业社会的国家》(Der Staat der Industriegesellschaft),这是一首古典国家的挽歌。[214] 但与此同时,新一代学人已到来。罗曼·赫尔佐克(Roman Herzog)在 1971 年出版了《一般国家学说》(Allgemeine Staatslehre),马丁·克里勒(Martin Kriele)在 1975 年出版了《国家学说导论》(Einführung in die Staatslehre)。这两本书的基本结构适中,改革中有保守,又带有自由主义,但在根本上是以国家而不是以宪法为出发点。[215] 倘若人们指望通过宪法来建构国家,而不仅仅是通过宪法来限制国家,那么在结果上必然会撰写一部"宪法学说"著作。然后,国家就缩水为潜在的例外状态。但这种状态在 1968 年还受到宪法法上的限制。公民在宪法层面上同样被赋予了反抗权(《基本法》第 20 条第 4 款)。紧急状态和反抗权情况在某种程度上凸显于超宪治之外的空间,并被转译进了宪法法。这两种消除危机的形式到目前为止还没有经受过严肃的检验——这实属幸运。

从 1965 年到 1975 年,人们对革命、民主理论或一般法理论的

---

[214] 批判性观点见彼得·黑贝勒(Peter Häberle),"国家(法)学说的回顾还是现实主义的社会学说?"(Retrospektive Staats-(rechts-)lehre oder realistische Gesellschaftslehre?),载《商法杂志》(Zeitschrift für Handelsrecht),第 136 期(1972 年),第 425 页及以下诸页。

[215] 彼得·黑贝勒(Peter Häberle),"一般国家学说、民主的宪法学说还是国家法学说?"(Allgemeine Staatslehre, demokratische Verfassungslehre oder Staatsrechtslehre?),载:AöR98(1973),119-134[载同上作者,《作为公共程序的宪法》(Verfassung als öffentlicher Prozess,Berlin 1996),第 2 版,第 271 页及以下诸页,尾注,注释 289]。

旧文献的理论兴趣随学生运动苏醒了。许多文献被"挖掘出来",被重新转译,被盗版复制。人们又去阅读马克思(Marx)和列宁(Lenin),以及沉没在斯大林主义之下的苏联理论家们。还新产生了"托洛茨基主义"(Trotzkismus),这主要是通过比利时的理论家埃内斯特·曼德尔(Ernest Mandel,1923—1995年)。右派和左派的反自由潮流以隐蔽方式相互触碰。所谓议会外的反对派又重新接纳20年代的反议会制思想,并把希望寄托于轮流坐庄的"委员会",寄托于基层和所有决策的民主化。"反抗"的发声有许多种方式,尤其是在对法治国来说站不住脚的地区分权力对事和权力对人时更是如此。有关这场讨论的法律文章主要聚集在创建于1968年的杂志《批判性司法》(Kritische Justiz)中。在其中的国家理论文章大概从1972年起又枯竭了。其他主题在日常政治中似乎更为重要。值得一提和持久的国家理论因此没有产生。

只要现代科学理论和分析哲学专注于语言-规范问题,对它们的重新发现从长期来看就更具重要意义。在该领域重新发现了许多在奥地利和德国衰落的东西,比如科学理论的维也纳学派〔莫里茨·施利克(Moritz Schlick)、鲁道夫·卡纳普(Rudolf Carnap)、奥托·诺伊拉特(Otto Neurath)、汉斯·哈恩(Hans Hahn)〕、天才的独行侠路德维希·维特根斯坦(Ludwig Wittgenstein)、阿尔夫·罗斯(Alf Ross)和赫伯特·L. A. 哈特(Herbert L. A. Hart)的著作,尤其是汉斯·凯尔森(Hans Kelsen)的著作。后者虽然在奥地利一直都在场,但在规范实证主义中已被教条化了。所有这些结合在一起便产生了对临近战后时期的哲学前提假设的拒绝。在与常常转嫁到法律解释的本体论前提、本质论证和价值秩序惯用语的比较中，人们认识到并赞赏在语言精准和法治国上的收获。凯尔森以前的洞见又变得活跃起来，即议会民主制、法律实证主义和认识理论上的相对论相互支撑，其中文本的约束、解释的理性和评价标准的公开相互配套。1970 年发行了新杂志《法理论》(Rechtstheorie)，除了法哲学外还因此确立起了一门新专业，这都不是偶然。法律逻辑学和方法学说也走出其存在的阴影，又重见天日。

人们对哲学和理论的新兴趣也有利于国家和宪法的基本问题。通过追问主权行为"合宪"或"违宪"这个与联邦宪法法院的司法审判永久联系在一起的问题，这种新兴趣在语义学上早已从国家转入到了宪法。宪法思考覆盖了国家思考。尽管大多数国家法学说不想听从凯尔森的国家与法律秩序同一理论，但并不怀疑宪法思考的普遍支配地位。警示性的声音由此已谈到"国家遗忘"(Staatsvergessenheit)，并警告大家不要把国家只看成是宪法秩序崩溃情况即紧急状态时的备用。[216] 由此可见，在某种程度上，国家法(Staatsrecht)向宪法法(Verfassungsrecht)的转变即将来临，特别是在来自国外的作者那里更是如此。以前拥有美国经历的德国人提早地出版了"宪法学说"的著作［卡尔·约阿希姆·弗里德里希(Carl Joachim Friedrich)，《近代立宪国家》(Der Verfassungsstaat der Neuzeit)，1953 年；卡尔·勒文施泰因(Karl Loewenstein)，《宪法学说》(Verfassungslehre)，1959 年；费迪南德·A. 赫门斯

---

[216] 文献见：克里斯托夫·默勒斯(Christoph Möllers)，《失踪的利维坦——联邦德国的国家理论》(Der vermisste Leviathan. Staatstheorie in der Bundesrepublik, Frankfurt 2008)。

(Ferdinand A. Hermens),《宪法学说》(Verfassungslehre), 1965年],而处于德国传统中的作者们依然继续不变地撰写"一般国家学说"(Allgemeine Staatslehre)的著作[赫伯特·克里格尔(Herbert Krüger), 1964年;费利克斯·埃马科拉(Felix Ermacora), 1970年;托马斯·弗莱纳(Thomas Fleiner), 1980年;赖因霍尔德·齐佩利乌斯(Reinhold Zippelius), 1969年;罗曼·赫尔佐克(Roman Herzog), 1971年;马丁·克里勒(Martin Kriele), 1975年;汉斯·赫伯特·冯·阿尼姆(Hans Herbert von Arnim), 1984年;卡尔·德林(Karl Doehring), 1991年;布克哈德·舍贝内尔(Burkhard Schöbener)、马蒂亚斯·克瑙夫(Matthias Knauff), 2009年]。

只有少许几位敢涉足卡尔·施密特的《宪法学说》(1928年)喜忧参半地占据的地盘,还敢同样命名他们的书籍为"宪法学说"(Verfassungslehre)[彼得·黑贝勒(Peter Häberle),《作为文化科学的宪法学说》(Verfassungslehre als Kulturwissenschaft), 1982年;格尔克·哈弗卡特(Görg Haverkate),《宪法学说》, 1992年;彼得·黑贝勒,《欧洲宪法学说》(Europäische Verfassungslehre), 2006年;菲利普·马斯特洛纳迪(Philippe Mastronardi),《宪法学说:作为优良和公正国家学说的一般国家法》(Verfassungslehre: Allgemeines Staatsrecht als Lehre vom guten und gerechten Staat), 2007年]。在这种犹豫不决的适应调整中隐藏着的不仅仅是语义学问题。更确切地说,这涉及古典国家作为生活方式的存亡问题。谁固守国家、国家法和国家学说,谁在今天就倾向于处于捍卫立场,并抵抗古代欧洲国家模式在某种欧洲国家联盟中的,或在某种特有类型的形成物中的转变趋势和消散趋势,这种作为"欧盟"的形成物承担了一些国家功能,但它本身(仍)不是国家。谁喜欢"宪法"这个词义场,谁在理论上就更少有顾忌地经由传统国家上升到"开放性的国家属性"的新形式和某种类似于国家的欧洲联盟,还能够考虑价值秩序尤其受人权影响的宪治化。在这个重要问题上,无论是事实上的政治发展,还是理论上的反思都还是开放着的。

第十五章 联邦德国的社会国与干预国

一 社会国与"社会法"

纳粹政权在军事上和物质上崩溃之后,仍具部分运作能力的社会保险、地方救济和福利团体在州层面上极为艰难地重新运转。在 1948 年货币改革、1949 年联邦德国建立之后,社会保险体系随经济蓬勃发展又得以恢复。它从此得到持续扩展(起初主要是战争受害者救助、战争损害补偿、住房市场规制、救济、社会法院审判)。由于养老金彻底地转变为费用发生拨款制和动态制,退休者从 1957 年以后也分享"共同富裕"。[217] 1961 年,现代的、更具服务能力的社会救助(Sozialhilfe)替代了旧的"救济"(Fürsorge),新的青少年救助法取代了 1923 年的帝国青少年福利法。[218] 这种救助扩

---

[217] 汉斯·G. 霍克茨(Hans G. Hockerts),《战后德国的社会政策决定——1945 年到 1957 年盟国和德国的社会保险政策》(Sozialpolitische Entscheidungen im Nachkriegsdeutschland. Alliierte und deutsche Sozialversicherungspolitik 1945 bis 1957, Stuttgart 1980);米歇尔·施托莱斯(Michael Stolleis),《德国社会法史》(Geschichte des Sozialrechts in Deutschland, Stuttgart 2003),第 260 页及以下诸页。

[218] 克丽斯塔·哈森克勒费尔(Christa Hasenclever),《1900 年以来的青少年救助与青少年立法》(Jugendhilfe und Jugendgesetzgebung seit 1900, Göttingen 1978)。

第十五章 联邦德国的社会国与干预国

张运动基于"经济奇迹"在物质上是可能的,就此而言,在德国分离的阴影下也得到具有共识性质的政治的支持。扩张阶段大约延伸至 1973 年。从那以后,社会国(Sozialstaat)这艘沉重巨轮借助于调整法(Anpassungsgesetz)得到操控,其预算在 2010 年总计超过 7600 亿欧元,人们希望它在人口老年化的信号下有能力消除将要到来的人口统计危机。养老金、退休金以及与日俱增的医疗保险成本不得不强加给年轻的劳动者们。从 1994 年以后,增加了一项独立的老年护理保险,它作为"第五支柱"也只能部分地肩负起未来的养老重担。

社会国在《基本法》中虽然得到原则性确定,但它也只是得到间或性确立(《基本法》第 20 条第 1 款;第 28 条第 1 款;第 14 条第 2 款),其发扬光大得助于伴随所有立法时期的社会立法。社会服务体系一直被扩展或改造、受到限制或受更有限的前提条件的制约,以便在总体上把它改善或维持为最有效的但也是世界上最昂贵的体系。[219] 这种立法与三审级的社会法院审判亦步亦趋,联邦社会法院位于三审级的顶端。其法官也经常与联邦和州的社会行政实践者通力合作,还不断作为社会法作者和评论家抛头露面。

社会法(Sozialrecht)因此长期以来就是法律实践的专业领

---

[219] 曼弗雷德·G. 施密特(Manfred G. Schmidt),《德国的社会国——历史与当代》(Der Deutsche Sozialstaat. Geschichte und Gegenwart, München 2012),第 62 页及以下诸页。

域,今天,其在很大部分仍是如此。公法和私法的"救济"(社会救助)、儿童和青少年救助、战争受害者救助以及社会保险的巨大财政资助板块,这些异质性部分后来才结合成半自成一体的"社会法"。如果人们把劳动关系置于中心位置,那么社会保险就表现为劳动关系的附加物,以至于劳动法(Arbeitsrecht)似乎更可能作为民法的一部分进行调整。如果人们强调社会保险的强制性特征,那么它更容易适合于公法,但由于其保险特征,它又和所有受税收资助的服务有原则上的不同。社会法在大学被当成典型的次要领域。人们在 20 世纪 60 年代才普遍谈及广泛意义上的社会法。它在当时被看成是基本目的的集合。这些基本目的有为未来的预防措施、不同生活状况的团结性平衡和以"人的尊严"为名的最低生存保障。各种社会服务一起慢慢发展成为一个整体,在宪法的要求下,通过司法审判得以文字表达,并得到政治的提升。政治这时也开始制定自己的社会预算。这种新看法催逼法典化,并促成了始于 1976 年、在一代人之后才通过的《社会法典》(Sozialgesetzbuch)。明显地——在公共意见看来也是如此——社会服务体系在这时成了社会的核心,它是富有创造性的国民经济的一个孪生儿,是国内和平与稳定的担保者。但因为这个体系的成本特别高昂,所以它一直都伴随着这样的忧虑,即它在人口统计发生变化时是否还能维持其标准。

法学从 20 世纪 70 年代以来参与了这一过程,其参与或来自于私法[吉特(Gitter)、冯·迈德尔(v. Maydell)、艾兴霍夫尔(Eichenhofer)],或压倒性地来自于公法[察赫尔(Zacher)、吕夫纳

(Rüfner)、鲁兰(Ruland)、贝克尔(Becker)、施纳普(Schnapp)等]。大学设立了社会法教席,出版了教科书,考试条例对此有了反应。与欧洲整合同步,"欧洲社会法"也形成了。[220] 但这种发展并非直线进行,而是处于事实上的或所宣传的社会需要的跌宕起伏之中。最终,思想氛围决定了,在设立新教席时是社会法优先,还是国际银行法优先。在经济新自由主义的信号下,社会法又处于阴影面。在财政危机和欧洲多国蔓延青年人失业的信号下,这又重新发生了变化。社会服务虽然不是首要适合于支持经济,但是它通过发挥其再分配的作用以渡过危机时期,并避免危险的社会分裂。它尤其保障退休一代人的尊严生活。

二 持久干预

社会法只是某一涵盖广泛的发展进程的一个例子而已。我们换一种说法,用"干预国"(Interventionsstaat)这个不十分恰当的词语来描述这一发展进程。它意指在19世纪末可以观察得到的对经济自由主义原则的偏离。这些自由主义原则(个人力量、政治力量和经济力量的自由发挥、自由贸易)在德国从未完全发挥过作用。自18世纪的救济-威权性福利国(Wohlfahrtsstaat)以来,

---

[220] 埃伯哈德·艾兴霍夫尔(Eberhard Eichenhofer),《欧洲社会国史——从"社会问题"到全球化》(Geschichte des Sozialstaats in Europa. Von der „sozialen Frage" bis zur Globalisierung, München 2007)。

干预国的地位在传统上强大,其地位还保持到19世纪上半叶。在1873年左右的经济危机以后,即在所谓的"经济大崩盘"(Gründerkrach)之后,出现了重新转向国家调控社会的苗头,尤其在帝国议会的立法上更是如此。这肇始于创设工人疾病社会保险(1883年)、事故社会保险(1884年)、工作失能和老年社会保险(1889年),然后蔓延到一般的经济生活,比如通过以下方面的广泛立法,即社会法、知识产权法、银行监管、手工业和工商活动监督、防止来自工业的威胁(技术监控协会)和新"消费者"目标群体保护,比如在食品方面。国家对学术的资助此时也有目的地通过庞大的研究机构(威廉皇帝学会,1911年)干预以前自我管理的大学研究。同样地,科学院增加投入跨代际的长远项目,科学专家们随之得到资助,同时也受到制约。

这种起初就清晰可见的"干预主义"经历过第一次世界大战的强大推动,很快就形成了到那时为止还不为人所知的公法与私法的混合形式,其目的是促进和监管所有重要的战争物资。第一次世界大战之后,数百万人必须得到照顾,还必须得到面包和工作。魏玛共和国的危机管理不再允许回到"不干预"。这对瞄准独裁控制的纳粹来说更是有过之而无不及。纳粹立即以"帝国农业协会"的法规覆盖农业市场,并为创造就业、扩军和战争需求分阶段地、肆无忌惮地压缩仅剩的自由空间。当时进行管理的是"计划"以及对投资、研究和各类物资产量所设定的目标指标,但仍以保留私有财产和企业家的方式进行。

在1945年以后,所有四个占领区都面临战争损失、提供工

第十五章　联邦德国的社会国与干预国

作和住房、救助战争受害者和制度重建等问题。没有"来自上面"的协助,这要么通过马歇尔计划,要么通过各州逐渐又变得具有活动能力的"公共之手",一切似乎都不可能。起初直接分配所有重要的生活物资,市场只有在外部设定严格的条件下才可运作。当经济形势好转时,才取消对大多数物资的管制,但在住房市场方面却取消得非常晚。相反,农业市场很快又转向补贴和(同样是补贴性的!)限制双重调控——这时在欧洲层面上也是如此。欧洲煤钢共同体中的煤炭和钢铁生产被"欧洲化"了,欧洲对外的海关阻止从发展中国家进口廉价商品。国内制度和欧洲制度在口头上一直拥护"自由"(Freiheit)和"自由权利"(Freiheiten),事实上对广泛的社会生活领域进行规制,还通过社会法、税法、卫生法、包括知识产权法在内的消费者法,通过工商监管和环境法间接地调控着社会行为。调整的重要指示器有欧洲进出口利益、对农业的考虑,也有可以达成共识的近期目标,即在交通安全、卫生政策或能源节约(如系安全带和戴头盔义务、禁烟、新型白炽灯)方面。在国内政府与"布鲁塞尔"之间复杂的意志形成过程中可以达成共识的东西,会得到促进、受到限制或遭到禁止。如今,主权许可及监督遍及几乎所有进入市场的产品和服务。

当这些发展进程逼着宪法和行政法详细地检查其基础,并和欧洲邻国的宪法与行政法进行比较时,它们对法律和法学就具有了重要意义。民主建构法治国的基本模式建立在对国家和社会领域进行划分的基础上,像在宪法中所写下的那样。这两个领域之间的距离由基本权利来确定;行政对基本权利的每一项干预,都需要议会立法来规定干预的理由和深度。这样的干预一旦有争议，独立的法院就是否存在有效的法律基础，以及就行政适用法律是否与更高位阶的成文法和未成文法相一致，即就是否符合法治国作出裁决。尤其要审查的是，干预是否是必要的、合适的，以及在与争取的成果之间的比例关系上是否"过度"。而法院也同样受到制定法和法的约束。

这一基本模式绝对没有消失过。在警察法、工商法、建筑法或征收法的日常案情中，它被一如既往地运用到。在国家活动的核心领域，古典的"危险防御"必不可少，但行政实践环境和行政实践本身在许多问题上却发生了变化。

最迟从 20 世纪下半叶以来，国家的成长已经远远超过了"危险防御"，它在其间几乎处处利用社会力量。在社会服务领域，这个系统不仅仅落到庞大的公法性社会保险和国家与地方的社会管理上，而且还主要落到教会和团体机构、自由协会和私人企业上。没有这些非国家机构，社会救助、儿童和青少年救助、医院、残疾人机构、老年人护理等根本就无法运作。

自 19 世纪以来，人们就已经认识到，没有国家与社会的合作，就无法为基本服务（能源、水和污水、邮政、交通设施、消防和灾难保护）建立和维系庞大的供给机构和基础设施。像已经谈到过的那样，恩斯特·福斯特霍夫（Ernst Forsthoff）在 1938 年提出的"生存预防"描述了个体对基本供给服务的依赖，而这种依赖性——在断然反民主语境下——通过参与权得以减轻。在接下来的争论中，这样的预防性服务光谱延展到所有属于"基础设施"的服务上,[221]还包含提供幼儿园、学校、各类教育和文化机构方面的充足服务,也就是要为"所有人"创造免受伤害的生活及工作环境。后者尽管可能是无法完全实现的目标,但是以下理念却是这个意思,即国家必须持续不断地、积极地、干预性地作为,它在所有层面上都必须与社会活动者合作。后者在过去大多只能在私法或公法契约的基础上,但也可以通过非正式合作和事实上的补充,才有可能,现在也是如此。公民进而基于法律获得大量"给付"(Leistung),更确切地说,不仅仅获得社会法的给付,而且还获得经济资助的给付,以及获得为弥补耕种面积的减少或为照顾畜牧业、为减少产能、为创新替代能源或其他未来科技所提供的给付,总之,是不计其数的鼓励性或补偿性给付。一种新的"给付行政法"(Leistungsverwaltungsrecht)因此形成,它与传统的"干预行政法"(Eingriffsverwaltungsrecht)多重交叉。二者缺其一都无法想象。

三 行政法的变化

行政法教义学在许多问题上必须对此作出反应。它起初——除了原型的干预或负担行政行为(belastender Verwaltungsakt)——

---

221 格奥尔格·赫尔梅斯(Georg Hermes),《国家的基础设施责任》(Staatliche Infrastrukturverantwortung, Tübingen 1998)。联邦最高法院在 2013 年 1 月 25 日的一项原则性判决(文件编号:Ⅲ ZR 98/12)中准许,只要运营商代理因特网业务,那么在网络中断时就要赔偿损失。这表明,将来全社会使用的所有设施都负有民法义务。尽管如此,它们还要受基本权利的制约,而其法律形式在所不问。

致力于授益行政行为(begünstigender Verwaltungsakt)形态,这种行政行为对第三人当然也可能有损益性附带影响。接着在单个行政行为旁边出现了被设定为持续的"行政法关系"(Verwaltungsrechtsverhältnis),这可与诸如民法上的"继续性债权债务关系"(Dauerschuldverhältnis)相提并论,有关给付性不能(Leistungsstörung)的规则此时也从这种法律关系中被接纳进公法。为了涵盖补贴,人们必须对作为给付理由的授益行政行为和民法上的履行行为(Erfüllungsgeschäft),比如在银行发放贷款时,进行区分[二阶理论(Zwei-Stufen-Theorie)],但这也是纯粹公法建构的良好时机,以保障统一的法律保护。此外,如果在类似性质的情况下,其他人都两手空空,或者差不多具有同样资格的官员却得不到擢升(竞争者诉讼),那么每次关照个人时都会出现平等问题。为了公正分配公共采购和防止腐败,在公共采购的争取中发展出了一种特有的国内分配法和欧洲分配法。

在有众多参与者的冗长的审批程序那里也存在着实践的和学术的显著变化,比如在修建机场或高速公路、铺设铁轨和对人口稠密居住区或对大自然的其他干预行为方面。由立法者发展出来的规划参与形式,把原初在行政内部进行的规划变成了拥有无数参与者的公共事务,而这样的公共事务为地方层面的直接民主形式提供了可能性。交通规划、地域和空间规划、社会计划、青少年计划、学校和高校计划这时成了行政的家常便饭,远远超过了旧"计划"(财政预算计划、建造计划)。直到20世纪60年代,在市场经济的框架内没有太多强调这种规划,这主要是因为人们不愿看到类似于纳粹的经济模式,尤其不愿走非市场经济道路,但事实却不可否认,并且还慢慢获得了学术反响。[222] 规划上升为"我们未来的关键概念"[约瑟夫·H. 凯泽(Joseph H. Kaiser)语]。在地方区域改革(1967—1978年)中,人们充满热情并通常不顾及现实地进行规划。在1966/1967年第一次经济危机中,前瞻性的全球调控是可取的。总理府在霍斯特·埃姆克(Horst Ehmke)的领导下形成了一个核心的规划部门。规划法(Planungsrecht)成了法律学习的考试科目。但在规划亢奋消退后,并在出现了无数错误规划后,规划的努力从1976年起又减少了。只有在学校和高校这些经典的社会和政治试验领域还不断被继续"规划"和"改革"。

公法学以领域分化的方式回应所有这些变化。它产生了新的课程、教席、期刊、作品系列和专业会议。这时加入到在魏玛时代就已形成的公共经济法[223]的有社会法[224]、环境法[225]、空间规划法与专

---

[222] 马克斯·因波登(Max Imboden)、克劳斯·奥伯迈尔(Klaus Obermayer),"作为行政法制度的计划"(Der Plan als verwaltungsrechtliches Institut),载:VVDStRL18(1960),113-215。

[223] 赖纳·施密特(Reiner Schmidt),《公共经济法——总则》(Öffentliches Wirtschaftsrecht. Allgemeiner Teil,Berlin-Heidelberg 1990),同上作者主编,《公共经济法——分则》(Öffentliches Wirtschaftsrecht. Besonderer Teil,Berlin-Heidelberg 1995,1996),2卷本;同上作者、托马斯·福尔默勒(Thomas Vollmöller),《公共经济法大纲》(Kompendium Öffentliches Wirtschaftsrecht,Berlin-Heidelberg 1998,2004)。

[224] Ivana Mikešć, Sozialrecht als wissenschaftliche Disziplin,Tübingen 2002.

[225] 米歇尔·克勒普弗(Michael Kloepfer),《环境法》(Umweltrecht),第3版(München 2004);赖纳·施密特(Reiner Schmidt)、沃尔夫冈·卡尔(Wolfgang Kahl),《环境法》(Umweltrecht),第8版(München 2010);鲁道夫·施泰因贝格(Rudolf Steinberg),《生态宪法国家》(Der ökologische Verfassungsstaat,Frankfurt 1998);施帕瓦塞尔(Sparwasser)、恩格尔(Engel)、福斯库勒(Vosskuhle),《环境法》(Umweltrecht),第5版(Heidelberg 2003)。

业规划法[226]、科学法[227]、媒体与电信法[228]、能源法[229]、数据保护法[230]、科技法[231]。这些领域准确地说是不同规范的集合物,而这些不同的规范是具有体系性质的新产物。人们试图对这些领域进行实用性界分,并为各自领域发展出自己的主导思想。由此形成了现代行政法的模糊性,这种模糊性也体现在学者们和出版机构的专业化当中,还体现在法院的管辖领域之中,并演变成一个现代法律秩序问题,即"多元规范性"(Multinormativität)问题。

一方面,人们长久以来表现出满足于以下情形的样子,即在法律形式学说中对自从奥托·迈耶(Otto Mayer)在1895年以来所发展出来的基本组成部分只进行少许补充。还在继续公布负担行政行为和授益行政行为,如今日益以电子形式进行公布;签订公法

---

[226] 鲁道夫·施泰因贝格(Rudolf Steinberg)、马丁·威克尔(Martin Wickel)、亨里克·米勒(Henrik Müller),《专业规划》(Fachplanung),第4版(Baden-Baden 2012)。

[227] 埃伯哈德·施密特—阿斯曼(Eberhard Schmidt-Aßmann),"公法秩序框架下的科学法"(Wissenschaftsrecht im Ordnungsrahmen des öffentlichen Rechts),载《法学家报》(JZ),1989年,第205页及以下诸页。

[228] 约阿希姆·舍雷尔(Joachim Scherer),《电信法与电信政策》(Telekommunikationsrecht und Telekommunikationspolitik, Baden-Baden 1985)。

[229] 汉斯—彼得·施奈德(Hans-Peter Schneider)、克里斯蒂安·特奥巴尔德(Christian Theobald),《能源经济法——实践手册》(Recht der Energiewirtschaft-Praxishandbuch),第3版(München 2011)。

[230] 施皮罗斯·西米蒂斯(Spiros Simitis)主编,《联邦数据保护法》(Bundesdatenschutzgesetz),第7版(Baden-Baden 2011)。

[231] 乌多·狄·法比奥(Udo Di Fabio),"科技法手段"(Instrumente des Technikrechts),载克劳斯·菲韦格(Klaus Vieweg)主编,《科技操控与法律》(Techniksteuerung und Recht, Köln u. a. 2000),第9—21页;米洛什·维茨(Miloš Vec),"科技法简史"(Kurze Geschichte des Technikrechts),载马丁·舒尔特(Martin Schulte)、赖纳·施罗德(Rainer Schröder)主编,《科技法手册》(Handbuch des Technikrechts),第2版(Heidelberg 2011),第455页及以下诸页。

第十五章 联邦德国的社会国与干预国

契约；提出计划并作为规章得以通过；区分社团、营造物和基金会。补充了被设定为持续的行政法关系，但它还没有获得清晰的教义学轮廓。但另一方面，把目光投向核心领域的法律形式上却让人产生错觉。不仅表面上保持一样的法律形式在其他情况下会改变其含义——这无异于在变化的语境下的言说行为，而且行政和行政法在过去数十年与国家和社会之间的位移同步，它们都发生了根本性变化。从社会和技术方面来看，我们生活在一个快速变化的时期。自然科学问题波及全球，在异常激烈的竞争中要投入大量国家资金或产业资金对之加以研究。知识过时的时间间隔变得越来越短，这主要因为每一项革新很快就可以通过电子方式获取。

由此，我们今天身处何方？众所周知，人们自身在高速运动时，位置确定是困难的。因此，大家可能会讨论，我们在农业经济（第一产业）和接着的工业化（第二产业）之后是否已经迈入到后工业的服务时代（第三产业）。[232] 不管怎么样，毋庸置疑的是，一方面，行政法极大地扩大了它的运用领域；但另一方面，它的传统轮廓和它的教义学可靠性却已经丢失了。

当初，在战后时期强调基本权利的法治国和社会国的语境下，行政的发展意味着整个行政法不得不适应新的宪法法。行政法当时在事实上成了"具体化的宪法"[弗里茨·维尔纳（Fritz Werner）语]。这首先意指在行政法中对基本权利保护的精细化和完整

---

[232] 令人信服的反驳论证见：于尔根·冯·克吕德纳（Jürgen von Kruedener），"从服务型社会到工业社会"（Von der Dienstleistungsgesellschaft zur Industrial Society），载卡尔·哈达赫（Karl Hardach）主编，《经济与社会史国际研究》（Internationale Studien zur Geschichte von Wirtschaft und Gesellschaft, Frankfurt u. a. 2012），第533—550页。

化，包括到处都观察得到的干预的"合比例"原则、发展出新的权益保护和国家保护义务、[233]对传统行政法的合宪性解释、从主权操作性行政转变为拥有新交流形式和采纳民法契约形式的合作性行政。

在1972年雷根斯堡的国家法教师年会上，奥托·巴霍夫（Otto Bachof，1914—2006年）对这些变化进行了总结。他指出宪法在法治国和社会国家上的预先规定对行政法的渗透、对行政活动进行法治监督的精细化，以及法律形式通过给付行政法进行的扩展。他认为行政法教义学的原则性革新不必要。更年轻的温弗里德·布罗姆（Winfried Brohm，1932—2012年）更竭力强调现代化，比如在规划的参与形式、议会对行政更为精准的监督、扩展"行政法关系"和"给付性不能"相应的公法权利等方面。

仅仅四年后，1976年首次有了行政程序的全面立法调整，同时还有不同的联邦和州的法律，与之相联系的是，对实质性一般行政法的无争议部分进行了法律确定。[234] 这是追溯至20世纪30年代的努力在立法上的终结。人们从此可以直接以法律和伴随而来的评论为依据。在这之前还是显赫权威的教科书倒退到次要位置了。程序法的修改是立法的事情。立法回应了实践需求，也回应了公法与私法之间界限变大的裂痕，以及"民主化"要求。这时有

233　其发展主要见：BVerfGE39（1975），1-95——"国家对形成中的生活的保护义务"（Schutzpflicht des Staates gegenüber dem werdenden Leben）。

234　2003年1月23日的《行政程序法》（Verwaltungsverfahrensgesetz）文本（载：BGBl Ⅰ，102），最新近的是被2004年5月5日的法律修改过（载：BGBl Ⅰ，718）以及相应地修改了州法。

了询问权和听证权,还规定了大众程序[Massenverfahren,《行政程序法》(VwVfG)第17—19条],电子通信被引入法律(《行政程序法》第3a条),[235]并采纳了被长期实践的公法契约(《行政程序法》第54—62条)。复杂的行政程序被细分成步骤阶段,这使行政在程序上可被操作。与此同时,人们试图克服所有程序的缓慢拖沓(《行政程序法》第71a—71e条)。

今天在原则上仍以熟悉的法律形式和相应的程序去解决所提到的变化。尽管如此,整个状况的变化却清晰明了。首先,调整的密集度与日俱增,确切地说,在地方、州和联邦层面以及在欧洲和部分国际法中都在进行调整,只要国际法对国际协定规定了标准(环境保护)。依照具体的目标指标或危险状况,人们在其中使用公法的传统手段(监控、审批保留、禁令),还间接地在征税或财政鼓励方面进行控制。计划打算越广泛,相关的法律规则就越繁多,反对者正常地或非正常地施加制约的机会也就越大。人们的稳固印象是,现代工业社会已推行了越来越精细、在结果上也成功的安全预防措施,它会随其"法律化"触碰到边界。与此同时,边际效用随安全预防措施的提高会下降,程序成本会随之上升。

一旦在唯一的判决层面上,即在法律争端那样的判决层面上,塑造复杂的调整结构变得越来越困难,那么所提到过的"多元规范

---

[235] 对此参见马丁·舒尔特(Martin Schulte),"行政活动形式及活动形式学说变迁"(Wandel der Handlungsformen der Verwaltung und der Handlungsformenlehre in der Informationsgesellschaft),载沃尔夫冈·霍夫曼—雷姆(Wolfgang Hoffmann-Riem)、埃伯哈德·施密特—阿斯曼(Eberhard Schmidt-Aßmann)主编,《信息社会的行政法》(Verwaltungsrecht in der Informationsgesellschaft,Baden-Baden 2000),第333—348页。

性"也因此会引发诸多问题。围绕"公共之手"的更大的建造计划的程序操作在今天随随便便都需要十年时间,如同康采恩与银行之间的损失赔偿程序或保险操作,或如同对人们"犯错"的刑事处理。

除此之外,还有公法与私法之间的界限混合。法律秩序的范畴二分法在 19 世纪是人们的意愿和观念,如今却几乎不存在这样的二分法。只有在不同权利救济渠道的分派上,这种二分法才有其栖身之地。如今,干预国都必须和私法组织的机构(既有"公共之手"的,又有私人的)分享它对主权调控的垄断,像使用公司法的法律形式那样使用公法的法律形式。为了达到"影响效果",公司法方面又得依靠税法。"目的"对整个法律秩序的渗透使法律形式问题变得次要。当然,如何通过《基本法》使从事民法活动的人有义务参与自由保护,这仍是现实问题。

由此形成了规则的"混合领域",这些领域受"保护目的"的引导,而"保护目的"大多都是以宪法法为根据(投资者保护、环境保护、消费者保护、儿童与家庭保护、性别平等、少数人保护等)。接着,规范复合体被列入这种保护目的当中,但没有形成内在统一体或"体系"。许多领域受主权规制,另一些领域则依靠"自我规制"(Selbstregulierung),而"自我规制"又必须受关怀性"规制",以至于在这个问题上还形成了授权与监管的混合。因此,在宪法规范与具体规制之间起到减负和构建作用的"总则"之形成普遍相对较弱。如今,主要的调控效能以援引宪法规范、形成中的"原则"以及一连串"稳固"的司法判决为前提。因而,一方面,人们有根据地呼吁,为了阻止在不同规制层面和领域上发展出特殊教义学的危险

第十五章 联邦德国的社会国与干预国

地带,要保护好体系形成的行政法核心。[236] 另一方面,现代行政法恰恰与以前的行政法有距离,奥托·迈耶(Otto Mayer)传统中的行政法重视法治国中法律形式的联系功能。行政法如今被更加强烈地从其"调控"功能来加以看待和归类。[237] 今天,"私人化、经济化、电子化、欧洲化和国际化"被作为最重要的趋势提及,除了法治国在传统上要求的法律约束外,"效率、可接受性、合作意愿、灵活性或可执行性"的新目标现在应该符合这些最重要的趋势。[238]

事实上,行政任务和行政的法律地位在这些关键词之下发生了改变。这种"法"越被强烈地看成是功能性的,它就越多地失去其自身价值,越多地被其他"目标引导"的手段所替代。法律形式的这种可交换性,或以"自我管制"之名放弃这些法律形式,使人们日益难于相信在"总则"中增多的教义学所起到的调控作用。如今,专业规制——已经与日俱增地——跳过"总则"直接被捆绑在宪法法的正当性基础上。由于可能的宪法法院审查,后者作为大家一致同意的教义学似乎还提供更大的安定性。

历史思考虽然"证明"不了什么,但可以使这变得具有说服力。

---

[236] Eberhard Schmidt-Aßmann, Das allgemeine Verwaltungsrecht als Ordnungsidee. Grundlagen und Aufgaben der verwaltungsrechtlichen Systembildung, 2. Aufl. Heidelberg 2004;同上作者,《行政法教义学——发展、改革及未来任务的中期总结》(Verwaltungsrechtliche Dogmatik. Eine Zwischenbilanz zu Entwicklung, Reform und künftigen Aufgaben, Tübingen 2013)。

[237] 沃尔夫冈·霍夫曼-雷姆(Wolfgang Hoffmann-Riem)、埃伯哈德·施密特-阿斯曼(Eberhard Schmidt-Aßmann)、安德烈亚斯·福斯库勒(Andreas Voßkuhle)主编,《行政法基础》(Grundlagen des Verwaltungsrechts),第1—3卷(München 2006-2009);第2版,2012/2013年。

[238] 同上注,2006年第1版第1卷的前言。

当立法制定了刑法"总则"(1871年)、民法典"总则"(1896年)、帝国保险条例"总则"(1911年)和帝国税收条例"总则"(1919年),这些部分性法律秩序就依靠放到"框架之前"的这部分内容所进行的调控。对此,当时的宪法法(帝国宪法、邦宪法)不是大家要去考虑的问题,这部分因为它没有提供通过基本权利进行的内容定位(帝国宪法),部分因为它缺少基本权利的直接效力。在这种情况下形成了行政法"总则",这主要通过奥托·迈耶(1895年)。他离析出为所有行政活动奠定基础的那些概念。这使法院或学术能够在具体案情中重新认识到它们,并服从法治国的秩序原则。在这个意义上,可以说"宪法凋谢,行政法长存"(奥托·迈耶,1924年),因为这不是指行政法的具体规定,而是指基础性的基本概念。然而,现在如果已变得形式多样的行政法的核心调控从"总则"转移到宪法和宪法司法判决,那么"总则"的调控效能就贬值了。换言之,1900年左右的刑法"总则"、民法和公法"总则"实现了一项功能,这项功能在联邦德国数十年里越来越强烈地被"基本法的价值秩序"接替。无论谁在今天想强调某种法律立场,他这样做通常都不会援引某项教义学原则,而是会指出,他的结论符合宪法,尤其是符合基本权利。

这具有更大说服力和公开性效果的优点,但也具有宪法法原则模糊性和需阐明性的明显缺点,或在制度上可以说:这强化了宪法文本的制度护卫者的地位,即强化了联邦宪法法院法官们的地位。曾孕育和研究"总则"的法学,其地位相应地失去了重要性。

四　大学扩张

显著依赖合格劳动力的工业国家必须持续投资教育部门,并对它进行调控。入学的社会障碍必须被消除,妇女教育必须获得资助,教育制度必须依照社会需求进行调整,入学人数变化必须进行调配。20世纪60年代的高校不再正确看待这些任务。有人在1964年疾呼"德国教育灾难",[239]从那以后可谓变化多端。

在1965年到1975年期间的"学生运动"左右了公共意识。有关高校纳粹历史的系列课程酝酿了这场运动,该运动因越南战争对美国展开批评,还同样对生活方式、两性关系的普遍转变展开批判;从许多变化可以读出并"感觉到"战后时期结束了,而这种结束的普遍转变也受到批判。在这场学生运动中变得更加极端的一个分支突变成一个恐怖主义派别[红色部队(RAF)],而这一代被政治化的大多数人则继续担负起改革的推动力。他们对更为保守的下一代人不仅产生了朝气蓬勃的影响,而且也产生了暮气沉沉的影响,这大概属于可以普遍观察得到的社会发展的辩证法。

从1960年到1980年,学生人数陡升,尤其是女生人数更是如此;高校扩建,并以罕见方式进行扩张,在1963年到1978年期间新建了24所高校。这时形成了法律系或法律专业领域的高校有波鸿大学、曼海姆大学、吉森大学、康斯坦茨大学、雷根斯堡大学、

---

[239] 格奥尔格·皮希特(Georg Picht),《德国教育灾难——分析与证明》(Die deutsche Bildungskatastrophe. Analyse und Dokumentation, Freiburg 1964),第2版(München 1965)。

比勒费尔德大学、特里尔-凯泽斯劳滕大学、奥格斯堡大学、不莱梅大学、汉诺威大学、奥斯纳布吕克大学、汉堡大学、拜罗伊特大学和帕绍大学。接着便是特别深度改革和改革尝试的十年。从1971年到1984年,几所大学试验"一站式法律人才培养"(Einstufige Juristenausbildung)*,尽管取得了成功,但还是停止了。学校讲授"基础课程"和"选修专业"——这一基本思想一直保持到当下。然而,在大众都可上大学的条件下,许多改革苗头偃旗息鼓。期待通过职业高校提供法律教育以减轻负担,这几乎没有出现。尤其是,一方面,伴有许多希望的理论与实践的整合,另一方面,把社会科学整合进法律人才培养中,这二者在教学规划中都没有达到持续教纲化的状态,而是听任于个人兴趣。这两种整合因此大约从1974年起就逐渐消停了。

可见,在艰难的外部条件下,尤其从财政来看,"教学改革"仍是一项长久议题。最近,政治和经济推进的改革明显向经济收益看齐。科研质量日益按所招揽的"第三方资金"数额来进行评价。全联邦的(常常是半吊子式的并由受益方推动的)"高校排名"驱使高校领导去竞争全国"一流大学"。科研条件因此或许在某些方面得到改善。然而,根据参与者几乎异口同声的评价,科研和教学水平总体上并没有得到提高,倒不如说还相反。基础专业(法哲学、法理论、法史、法律比较)因此遭殃。大学学习的快速化压力和与之相关的中学化导致"大学职高化"(Verfachhochschulung)。德

---

* 所谓"一站式法律人才培养",是指理论与实践相结合的法律人才培养模式。——译者

国大学教学模式以前对外国法律人才具有的莫大吸引力减弱了。[240]

对于公法来说,大学扩张意味着教学人员成倍增加,这可以从德国国家法教师协会的成员数量上看得出来,还意味着出版的材料也同样成倍增长,尤其是评论和教科书。大学里公法的各个方向都没有真正显现出鲜明特色,或者有了良好开端后却因大众化运行又被磨损掉了。

---

[240] 上文已提及的德国科学委员会在2012年11月9日通过的建议方案,即"法学展望",主张有力地加强基础专业,这不仅着眼于德国法律人才教育的国际吸引力,而且表达了对维持大学教育学术性质的担忧。

第十六章 民主德国的国家法、国际法与行政法

一 政治基本结构

民主德国的国家法和行政法以及国际法一开始就受制于国家政党即德国统一社会党(SED)的预先规定。通过受政治调控的学生预选、对教席的占据、课程规划和教材及考试等方式,德国统一社会党的路线遵守在所有层面上都得到控制。行政司法审判不复存在,宪法司法审判在意识形态上因——虚构的——人民意志与立法同一而被排除掉。自由评论宪法可能会导致观点分歧,这样的自由评论也不为人所知。肯定存在着学术上的意见形成,其细微差异因此必须通过仔细阅读《国家与法律》(Staat und Recht)以及《新司法》(Neue Justiz)这两份期刊得以重构。

对于实践尤为严重的是,像已经提到过的那样,行政法事实上已经消亡了,其原因是政党高层在1958年的巴贝斯柏格会议上对其进行了攻击。这在某种程度上也可以说是瓦尔特·乌布利希特(Walter Ulbricht)时代的结束时间,该时代被打上东、西对峙的烙印。1961年修建的可以阻挡人们去往西德的柏林墙和边界设施,起到了一定的缓和作用。1968年初,一部新的主权国家的民主德

国宪法生效。这部宪法在基本权利部分设置了一些希望信号,但这些希望信号在1968年8月又消失了。

1971年5月,与瓦尔特·乌布利希特交权给埃里希·昂纳克(Erich Honecker)相联系的是,首先出现了旨在国内稳定的小小松动和改善情况。在外交政策上,民主德国参与欧洲安全与合作会议(KSZE),它大概希望以此能够掌控可能形成的异议分子舞台。然而,《赫尔辛基最后协定书》(Schlussdokument von Helsinki,1975年)、沃尔夫·比尔曼(Wolf Biermann)被开除国籍(1976年)、鲁道夫·巴罗(Rudolf Bahro)的书籍《抉择》(Die Alternative,1977年)表明,民主德国久而久之已经难以应对诸多社会问题了。此外,经济上的困难通过西德在1983年提供的数十亿贷款也得不到解决,而只是暂时缓解而已。

在国家法方面,自1969年以来存在着两卷本宪法文件及评论出版物。民主德国的首部国家法教材出版于1977年,第二部在1984年出版。这两部著作不言而喻都是受"政党"控制的集体作品,在其中还完成了从早年的"一个德国政策"向"两国理论"(Zweistaatentheorie)的转变。所有对德意志民族的记忆都被抹掉了。整部书的笔法风格符合多年的状况:充满斗争精神的段落作为导论、真正教科书的描述性实证主义、不评论体制。

与此相对照,民主德国的大学也讲授"资产阶级国家的国家法"。这个专业不得不对外交政策的变化作出敏感反应,但其核心是描述资本主义世界如何灭亡,以及为何注定要灭亡。但机智的作者们通过其作品,在该领域也可以描绘他们愿意看到在自己的领域里实现的制度。此外,他们享受着能够研究"敌人"书籍的特权,而这样的书籍一般人很难获取得到。

国际法提供了观察世界的机会,民主德国的人民同样很难看到。首先,国际法伴随德国统一社会党在"冷战"中的政策。起初,俄文教科书《国际法》(Völkerrecht,1967年)的译本对上课来说就绰绰有余。但接着当与联邦德国缔结的《基础条约》(Grundlagenvertrag,1972年),提供了一个新基础时,以及当随着被接纳进联合国(1973年),实现被国际认可时,国际法也活跃起来了,并衔接上了西方的国际法讨论。1973年出版了一部自己的国际法教科书,1981年出版了第二版。该书在基本路线方面没有发生变化,但在对政治变化的反应上却灵活了,它如今是一部特有类型的历史文献。

特别惨淡的是日常生活中不可缺少的行政法。它起初在1958年的巴贝斯柏格会议以后作为教学内容就已经消失了。在这之后,它——这时候被划进国家法中——在"指导法"这一名称下又现身露脸。事实上,对受农业或手工业生产合作社以及国营企业和联合企业的法律规划和主权调控的民主德国经济来说,这类法律领域其实是不可缺少的。为了使这类"社会主义计划经济"(1968年的《民主德国宪法》第3条)的法律领域可被讲授,国家在1972年听取了来自实践的声音,并重新委托出版教科书。1977年批准了"行政法"课程,接着1979年在国家出版社出版了教科书《行政法》(Verwaltungsrecht),该书由民主德国国家学与法学研究院主编。这时候完全是按民主德国的行政需求来裁剪其素材。这本教科书淡化了个人权利方面,并强调今后也不需要行政司法审判。[241] 公民有"申诉权",即每一位民主德国的公民有向国家机关和党组织表达愿望和意见的权利,[242]就足够了。然而,一些作者却恪守行政受司法监督的理念[卡尔·本宁格尔(Karl Bönninger)、沃尔夫冈·贝尔内特(Wolfgang Bernet)]。[243]

二 学术机构与期刊

西德又逐渐确立起大学教育与制度化法律基础研究的并存格局,这主要且首先通过以下马克斯·普朗克学会的法律研究所使然,即外国公法与国际法研究所(海德堡)、外国私法与国际私法研究所(汉堡)、欧洲法律史研究所(法兰克福)和外国刑法与国际刑法研究所(弗莱堡),而在东德更为强烈地塑造国家与法律研究院(巴贝斯柏格)和柏林大学、哈雷大学、耶拿大学以及莱比锡大学各法律系之间的二元模式。东德在各大学首要推行的是法律教育而不是法律研究,在公法方面差不多就由一名教员讲授国家法、行政法和国际法以及资产阶级国家的国家法。教员们通常都是在家乡的大学成长起来的。一般也不存在像西德那种通过求职与解聘所形成的大学竞争,但在研究院、大学与外交部之间肯定存在着人员交换,比如在国际法方面。讲课的教员大多数是德国统一社会党

---

[241] 该书1988年第2版不一样,在该版中强调了公民法律保护的意义,并间接地要求行政司法审判。

[242] 1975年6月19日的《处理公民申诉法》(Gesetz über die Bearbeitung der Eingaben der Bürger)。

[243] Joachim Hoeck, Verwaltung, Verwaltungsrecht und Verwaltungsrechtsschutz in der Deutschen Demokratischen Republik, Berlin 2003, 217ff.

的党员，但其他"联盟党"(Blockpartei)的党员看上去也是可以被接受的。

"国家学与法学德国瓦尔特·乌布利希特研究院"(Deutsche Akademie für Staats- und Rechtswissenschaft Walter Ulbricht)在1971年把它的名称简化为"民主德国国家学与法学研究院"(Akademie für Staats- und Rechtswissenschaft der DDR)。人们不再容忍"乌布利希特"这个名字，也不再喜欢"德国的"这个称号。该研究院是一所"国家干部高等学校"，长期给干部授课，但它主要是为了德国统一社会党中央委员会的目的之研究场所。这所研究院也受后者的领导。

在德国统一社会党所允许的框架内的法律问题讨论，像已经讲到过的那样，主要在两份期刊中展开。从1952年到1991年发行了杂志《国家与法律》，该杂志为基础讨论提供了空间。人们在此为"党的路线"、民主德国与外国和联邦德国之间的地位或棘手的历史"遗留"问题斗争到底，但它也发表最重要的新出版物的书评，它始终受限于官方献词，并受编辑们的严格筛选。与之相比较，《新司法》(1946/1947—1990年)这份杂志更明显定位于司法实践。它服务于法院、检察院和律师。作为公法法鉴，它没有《国家与法律》那么丰富有用。

随着1989/1990年两德统一，民主德国的法学根基土崩瓦解。尤其是，该国的整个国家法和行政法变得失去了功能。姑且不论非常少的例外，不再有把它们视为有效法律的理由。涉及民主德国的国际法特别因素也变成了历史。除了坚若磐石的法史或哲学史研究外，似乎没有什么东西是继续能用的。对于社会关系的历史回顾来说,法社会学的经验性研究仍有吸引力,但作为"受时代限制"的法社会学经验性研究却陷入被遗忘的境地。与此相应地,大部分专业书籍变成了废纸。教员遭受人事评估,其中大部分人要么退休,要么被解雇。[244] 这时候在罗斯托克大学、格赖夫斯瓦尔德大学、波茨坦大学、奥登河畔法兰克福大学、柏林洪堡大学、耶拿大学、埃尔福特大学和德累斯顿大学重建或新设立的法律系只接收了少量来自民主德国时期的教员,这些大学设法弄来的师资力量压倒性地全是来自西德的年轻教员。

---

[244] 英加·马克维茨(Inga Markovits),《清算——民主德国司法终结日记》(Die Abwicklung. Ein Tagebuch zum Ende der DDR-Justiz, München 1993);同上作者,《吕策镇的正义——一段东德法史》(Gerechtigkeit in Lüritz. Eine ostdeutsche Rechtsgeschichte, München 2006)。

第十七章　欧洲法与国际法

欧洲法(Europarecht)是 1945 年以后由各种政治推动力所形成的超国家的法,是形成于西欧(布鲁塞尔、斯特拉斯堡、卢森堡)并带有"欧洲"任务的机构的法。[245] 欧洲法不是跟随先前某种设立计划而来的,而完完全全是政治妥协的产物。在德国两次都处于核心的毁灭性大战之后,已流传数世纪的欧洲联合思想进入到实现阶段。受美国大力支持的西欧重建["马歇尔计划"(Marshall-Plan)]推动了合作。年轻的联邦德国起初完全忙于消除战争后果、占领区的法律制度和围绕德国分离的讨论,它逐步参与欧洲联合,并在 1957 年的《罗马条约》(Römischen Verträge)中成为欧洲经济共同体的重要创始国之一。

到那时为止所使用的引导"欧洲成为法律共同体"[瓦尔特·哈尔斯坦(Walter Hallstein)语]的那些法律形态,源自传统的国家法,尤其源自国际法,还源自国际经济法、卡特尔法和竞争法。不管怎样,大的条约都是主权国家的国际法条约,这些国际法条约

---

[245] 这首先涉及的是 1948 年的"欧洲经济合作组织"(OEEC)、"鲁尔国际管制局"(1949 年)、"欧洲委员会"(1949 年)、"欧洲支付同盟"(1950 年)、"欧洲煤钢共同体"(1951—2002 年)和 1951 年的"关税及贸易总协定"(GATT)、"西欧联盟"(WEU)、"欧洲防务共同体"(1952—1954 年)以及 1957 年的"欧洲经济共同体"(EWG)。

经由《基本法》第 59 条第 2 款被转入到国家法;但人们认识时间越长,就越多地洞察到,欧洲法形成了一种特有的规范类型。[246] 国家法教师协会在 1959 年和 1964 年专题研讨欧洲法,要把欧洲法推荐为法律人才培养特有学科的声音增多了。

汉斯·彼得·伊普森（Hans Peter Ipsen）率先撰写了一部欧洲法巨著,其他人紧随其后。[247] 在州的法学教育法中,欧洲法与一般国家学说以及国际法一起进入专业选择门类。接着有了欧洲法专业的博士论文和教授资格论文,还出现了大量欧洲法期刊。十年之内便形成了一门新专业。它在今天被分支成一些子学科（Subdisziplin）,在这些子学科中总要讨论国家理论、国家法、补贴法、警察法、数据保护法和通信法问题。只要想象得到的每一个国家法律主题,比如消费者法、社会政策和卫生政策、刑事政策和刑事程序、交通、能源经济直至宗教法,都有"欧洲的"关联性,没有欧洲法知识就不再可能恰当地探讨这些主题。制度和规范网在布鲁塞尔和斯特拉斯堡的立法上得到进一步巩固,尤其在卢森堡欧洲法院的司法审判上更是如此。人们观察到欧洲法同质化进程的自身活力,这种自身活力在政治大气候下相对持续地发挥作用。同

---

246 全面文献见:安娜·卡塔琳娜·曼戈尔德（Anna Katharina Mangold）,《共同体法与德国法——历史-经验视角下的德国法秩序欧洲化》(Gemeinschaftsrecht und deutsches Recht. Die Europäisierung der deutschen Rechtsordnung in historisch-empirischer Sicht, Tübingen 2011)。

247 汉斯·彼得·伊普森（Hans Peter Ipsen）,《欧共同体法》(Europäisches Gemeinschaftsrecht, Tübingen 1972);阿尔贝特·布勒克曼（Albert Bleckmann）,《欧洲法》(Europarecht, Köln 1976);莱昂丁-让·康斯坦丁内斯科（Leontin-Jean Constantinesco）,《欧共同体法》(Das Recht der Europäischen Gemeinschaften, Baden-Baden 1977)。

质化使交易成本下降,并为那些成功推行成本标准的交易打开新市场。

欧盟不是传统意义上的国家,而是一个多样化的国家共同体,它拥有非常不同的语言和文化,但它似乎又——尽管有一切反潮流——越来越变得与国家一样。它拥有议会、行政和司法的制度基本结构。除了自 2009 年生效的《里斯本条约》(Vertrag von Lissabon)[248]以外,它还拥有一部宪法。这部宪法和《基本权利宪章》(Charta der Grundrechte,2000 年)一起实现了对某种"宪治化"进程的经典期待。欧盟具有自己的法律人格,它遵循自己的外交政策和国防政策、经济政策和社会政策。有许多东西没有实现,或不可能实现;许多东西处在形成中,还必须在漫长谈判中具体化。新成员国的经济和社会问题显而易见,并只有在数十年的努力奋斗中才能得以解决。整个体系笨拙迟缓,并需要大量资金。一些成员国,先是希腊,爆发的财政危机动摇了对共同货币的信任。这清楚地表明,没有相应的制度基础,货币联盟就运行不起来,而也只有通过放弃主权才能够建立起这样的制度基础,因此存在着进一步完善的明显需要。

所有欧洲国家的公法学都已经在大力研究上面所描述的发展进程。公法学以形象的套语试图清楚表明,今天的问题既不涉及"国际法上的联盟"(邦联),也不关乎经典的联邦,像以前按照"合众国"模式所勾画的那样。而更准确地说,这大多涉及新内容的中间形式,比如在谈到"整合联合体""联邦制结合体""国家结合体"

---

[248] 对此详见:BVerfGE123,267。

第十七章 欧洲法与国际法

或"宪法结合体"时便是如此。其他所表达的套语，诸如"整合共同体""超国家的联邦制""开放的宪法国家"或"形成中的宪治"都表明，为了能够理解在漫长的欧洲历史中没有样本的东西，人们在竭尽全力寻找合适的词语。

鉴于欧洲国家在未来应该选择哪条道路这一原则性问题，学术讨论形成了对立立场，这并不令人惊讶。其中一种立场在原则上是亲欧的，强调继续整合步伐和相应放弃国家主权因素的必要性。另一种立场则更强烈地强调民族国家的保留条件，强调欧盟的契约特征和宪法国家的传统路线。联邦宪法法院迄今为止更容易采取亲欧洲整合的判决，但它也要前后一致地注意在判决时要维护联邦议会的权利。由人民选举的议会最终一直都应该是那种必定会赞同对政治形式进行重大变革的议会，这在民主理论上是前后一致的。但毋庸置疑的是，如果政治上的多数人决定变革，那么变革就能够以法律形式进行。不能根据成员国恒定不变的"主权"去阻挡这样的变革。"主权"自16世纪以来是现代国家形成时的关键概念，人们用这个概念便于形象描述国际法上的权限、主管者的特性（Dienstherreneigenschaft）、货币主权和君主统治的其他核心要素。[249] 这个概念在历史上变化不居，它在超国家的联合和

---

[249] 赫尔穆特·夸里奇（Helmut Quaritsch），《主权——13世纪到1806年在法国和德国的概念形成与发展》（Souveränität. Entstehung und Entwicklung des Begriffs in Frankreich und Deutschland vom 13. Jahrhundert bis 1806, Berlin 1986）；同上作者，"主权"（Souveränität），载《哲学历史辞典》（Historisches Wörterbuch der Philosophie），第9卷（1996年），第1104—1109页；同上作者，"主权"（Souveränität），载《德国法史简明词典》（Handwörterbuch zur Deutschen Rechtsgeschichte），第4卷（1990年），第1714—1725页。

全球化时代几乎完全失去了它的传统功能。尤其是,欧洲已经塑造了超民族的"国家权力",并且还拥有外部边界、内部市场和自己的货币,因此不能对某种原则性转变视而不见。

在此勾勒的"欧洲法"和欧洲制度的形成最初源自国际法语境,但自20世纪70年代以来却远离了该语境。国际法作为学科在1945年以后才逐渐摆脱纳粹外交政策和战争国际法的束缚,它本身因1945年的波茨坦会议而被直接摆在这样的问题面前,即德国是否仍作为国际法主体而存在。在汉堡国际法学家鲁道夫·劳恩(Rudolf Laun,1882—1975年)主持下的首次国际法学家年会就是围绕这个生存性问题展开的。为了获取契约性国际法(Vertragsvölkerrecht)和维持普遍的国际行动能力,为了接收帝国的资产和负债,以及为了不失去国家重新统一的主张,人们压倒性地选择"帝国存续"于西德这一命题。此外,人们对占领国虽然想表现出自己"失去战斗力"的样子,但还是想委托一直都存在的公法法人,比如在解释盟军的占领法规时便是如此。盟军的占领法规对联邦德国的主权的限制到1955年。

相比而言,已被确定下来的东西,比如对国家权力这个一般国家学说的核心因素的破坏、领土的划分和战胜国对"最高主权"的接管等,与维持法律衔接点的意愿相比可谓无足轻重。民主德国法学家们的以下论点更是不可接受,即西德在某种程度上占领了"帝国",从而妄称"德国唯一代表的主张"(Alleinvertretungsanspruch)。

人们起初完全忙于"德国问题"(Deutschlandfrage)。最重要的研究机构(基尔国际法研究所和柏林威廉皇帝研究所,即现在的

第十七章　欧洲法与国际法

海德堡马克斯·普朗克研究所）又运行起来了，首批授课大纲出版了，所有国际法学家又找到了工作，一部分人拥有了教席，一部分人作为外交部的顾问或本身就在外交部工作。

但在1960年左右情况发生了变化。"德国问题"虽然依然没有得到解决，但是联邦德国在这个时候却现身为被普遍认可的主权国家，以至于大家又可以观察到整个国际法。战后时期的欧洲国际法和经济法此时转变为"特有类型的欧洲法"，并出现独立论述。接着在1960年左右，几乎同时出版了多本新的、全面的国际法教科书[250]和一部三卷本的《国际法词典》[251]。尤其在后者中又产生了国际法专业的国际网络化。国际法从此开始成为法律人才培养的标准要求，以至于在每一个法律系里都有专门的一到两个欧洲法及国际法教席。教科书的数量相应增长，特别是在1970年以后的大学新建时期更是如此，这个时期也影响到该专业在纯粹数量上的扩大。

但这条看似平坦的"规范化"道路在国际法学说方面还继续受到德国政治的左右。民主德国在1961年关闭了它的边境，以防止其人民不断越境；与旨在国际上孤立民主德国的哈尔斯坦主义

---

[250] 格奥尔格·达姆（Georg Dahm），《国际法》（Völkerrecht），3卷本，1958年、1960年、1961年；F. A. Frhr. v. d. 海特（F. A. Frhr. v. d. Heydte），《国际法教科书》（Lehrbuch des Völkerrechts），2卷本，1958年、1960年；弗里德里希·贝尔贝（Friedrich Berber），《国际法教科书》（Lehrbuch des Völkerrechts），3卷本，1960—1964年；威廉·文格勒（Wilhelm Wengler），《国际法》（Völkerrecht），2卷本，1964年；埃伯哈德·门策尔（Eberhard Menzel），《国际法——学习用书》（Völkerrecht. Ein Studienbuch, München 1962）。

[251] 卡尔·施特鲁普（Karl Strupp）、汉斯－于尔根·施洛豪尔（Hans-Jürgen Schlochauer）主编，《国际法词典》（Wörterbuch des Völkerrechts, Berlin 1960-1962）。

(Hallstein-Doktrin)的告别在慢慢开始，直至民主德国最终实现被广泛认可为独立的国家，以及与完整德国的联系被割断。随着联邦德国在1969年以后的新东方政策、《基础条约》以及它与波兰、俄罗斯和捷克斯洛伐克的条约，这些形成了一个学术研究的新交会点。此外，还有一个新交会点，它形成于在联合国及其下级组织的成员国身份。这又导致参与联合国维和部队和北约行动的诸多法律问题，尤其在1989/1990年两德统一后更是如此。

大家回顾过去就会看到，国际法总是以双重方式对每个时代的情况作出反应。16、17世纪以降，国际法是与自然法、国家理论和政治学紧密联系时的理论反映的地方，但同时又是外交政策卓越的、以实践为导向的"参谋"。在接下来的数百年都是如此。德国国际法学说自从自然法渐告衰落以来通常和"哲学的"刑法联系在一起，从19世纪末以来，人们把该专业日益归为公法，甚至把它部分地理解为"外部国家法"（Außenstaatsrecht）。在第一次世界大战以后，大多数人认为他们的任务是保护德国不接受《凡尔赛条约》规定的义务和限制，并解决边界问题。在纳粹时期和在民主德国，在国际法上支持自己的政府被当成是不言而喻的义务问题。诚然，在联邦德国，学术在各方面都是自由的，它或跟从或抵制这样的愿望。然而，由于一直继续进行的专业化和素材的增多，所以法理论、国际法史和政治学与现行国际法的学说已经发生了一定的脱钩。

第十八章 两德统一

一 外部发展进程

国家法与国际法从不同视角密切关注德国被分裂后的发展情况。在东德,德国统一社会党的路线具有约束力,万不得已是不允许有变种的。在西德,讨论得到充分开展,不受审查,但它毫无疑问也落入各自政治上多数人意见的旋涡之中。首先,"冷战"中相互对峙的阵营势不两立。接着从20世纪60年代中期以后更多地听到调和的声音,这些声音最终形成了两德之间的《基础条约》。从那以后,西德人慢慢心甘情愿地接受"两国理论",更多地指望通过接触而发生改变。两边的政治精英们相互格格不入,他们在内心上对此做好了准备,即领土和意识形态的分离将会保持无法预见的更长时间。

民主德国会在1989年至1990年如此迅速地结束,这是东德和西德大多数学者都没有意料到的结局。

二 国家法与国际法的任务

德国统一社会党迅速衰亡阶段和西德对此进行切合国际政治

的反应阶段,在此只需简短回忆一下。[252] 柏林墙在1989年11月9日出人意料地开放,德国统一社会党在12月动荡性地瓦解了。1990年3月18日,民主德国的人民议会进行了首次自由选举。为了避免对加入西德还要进行人民公决[《基本法》第146条(旧文本)],人们便虚构东德诸州的存在,并让它们经由《基本法》第23条(旧文本)加入到联邦德国,而这些州实际上在1952年就已经被清除了。由此完成了人们渴望已久的两德统一。《基本法》第146条实际上本应该是幸运达成的收尾条款,过去没有被使用过,这时获得了一种新的、妥协的和对未来不明确的文本措辞。

对负责研究这一点的国家法和国际法来说,这也是一个大力主张的时期。政治学和法学在多个层面进行合作与竞争。在国际层面上要规定国际条约和国际成员国身份延展至新的完整德国,即从联合国和北约直到其他所有国际法条约,比如还有确定了民主德国债务的国际法条约。重新塑造与四个"二战"战胜国之间的关系,这尤其属于这样的国际法条约,而这种重新塑造实际上在1990年9月12日的《二加四条约》(Zwei-Plus-Vier-Vertrag)中就得到了实现。在德国内部,早在1990年3月18日就订立了走在前面的《关于设立货币、经济和社会联盟的条约》(Vertrag über die Schaffung einer Währungs-, Wirtschafts- und Sozialunion)。无

---

[252] 所有详细情况见:克劳斯·施特恩(Klaus Stern),《国家法》(Staatsrecht),第5卷(München 2000),第1845页及以下诸页;同样全面的文献见诸多文章,载:Josef Isensee – Paul Kirchhof (Hg.), Handbuch des Staatsrechts, Bd. Ⅷ, Heidelberg 1995;以及米歇尔·基利安(Michael Kilian),载:Handbuch des Staatsrechts, Bd. Ⅰ, 3. Aufl. 2003, 597ff.。总结见:D. 维罗魏特(D. Willoweit),《德国宪法史》(Deutsche Verfassungsgeschichte),第6版(München 2009),第403页及以下诸页。

数多的细节问题要规定,比如通过托管方式清算民主德国的工业资产、接收"国家安全局"的文件,尤其还有对被民主德国征收的财产进行补偿。在1945年到1949年期间苏联军管统治下所施行的征收不能被撤销,而联邦法院以及欧洲人权法院对此并不反驳,[253] 这是当事人持久地愤愤不平的问题。

三 统一模式

就在两德统一的这些戏剧性事件进行期间,德国的国家法教师们在1990年4月27日汇集于柏林召开了一次特别会议。A. 弗罗魏因(A. Frowein)、约瑟夫·伊森泽(Josef Isensee)、克里斯蒂安·托穆沙特(Christian Tomuschat)和阿尔布雷希特·兰德尔茨霍费尔(Albrecht Randelzhofer)对国内和国际法方面进行了探讨。大家一致认为,给的时间匆忙仓促。一天之后,欧洲的国家和政府首脑们赞成两德统一。在接下来的数周时间要澄清所有外交政策问题,尤其是要得到仍存在的苏联的同意。[254] 三轮谈判后签订了《统一条约》(Einigungsvertrag),并得到双方的批准。根据《基本法》第23条(旧文本),勃兰登堡州、梅克伦堡-前波美拉尼

---

[253] 参见《基本法》第143条第3款,该款与《统一条约》第41条相联系,载:BVerfGE84,90;94,12;112,Ⅰ(23,29);126,331(358f.)。最后参见2005年6月30日欧洲人权法院(EGMR)判决,载:NJW(2005),2907ff.。更多文献见:约阿希姆·威兰(Joachim Wieland),"《基本法》第143条"(Art. 143 GG),载:Grundgesetz Kommentar, hg. v. Horst Dreier, Bd. Ⅲ, Tübingen 2008,(边码)25ff.。

[254] 1990年9月12日的《最后解决德国问题的条约》(Moskauer Vertrag über die abschließende Regelung in Bezug auf Deutschland)。

亚州、萨克森州、萨克森-安哈尔特州和图林根州加入到联邦德国。

不能说的是，国家法学说和国际法学说在所有这些事件发生时都扮演了先锋角色。像数十年前一样，它们是政治的外部伴随者。它们虽然出于学术自尊的原因和为了市场价值而代表客观的学术性理想，但是有意识或无意识地跟随政治的时代精神，并进行事后评论和分析。其中一个被政治负载的问题涉及已经提到过的决定，即选择经由《基本法》第 23 条（旧文本）的重新统一之路；另一个问题涉及民主德国领土上在 1952 年被清除的诸州的重新建立方式，尤其涉及全体人民要求归还或重新取得房产经济或农业经济的土地所有权、工业和商业运营等这样的难题。于是，早在 1991 年就在吉森召开了国家法教师年会，这也是两德统一的直接结果。大家在会上如同探讨财产问题和归还问题一样，探讨了与民主德国相关的刑事、基本权利和人权这些后果问题。[255] 当时突然以变样形式再现人们在 1945 年以后曾经使用过的旧论点：回溯到自然法、用源自被人们赋予了普遍法特征的西德法律标准去批判民主德国的法律、讨论士兵和公职人员在另一套"价值体系"中继续工作、在对历史过往的真相发现与受害者和案犯人格权保护之间的对立。哪些文件该保密，哪些又该公开？具体而言：民主德国的国家法学者、行政法学家和国际法学家几乎无一例外都曾是德

---

[255] 克里斯蒂安·施塔克（Christian Starck）、威尔弗里德·贝格（Wilfried Berg）、博多·皮罗特（Bodo Pieroth），"法治国与前法治国的历史清理"（Der Rechtsstaat und die Aufarbeitung der vor-rechtsstaatlichen Vergangenheit），载：VVDStRL51（1922），9ff.。

第十八章　两德统一

国统一社会民主党的党员,大部分人还是"国家安全局"的非正式合作者,那么应该继续让他们在大学里讲授他们的专业吗?如果人们按照从1945年到大约1950年的西德模式去处理的话,那么几乎所有的教授都会被转入到新的国家。于是,人们还是遵循民主德国在同一时间解聘"资产阶级"教授的模式。民主德国大学的教学团队以及国家与法律研究院的人员队伍几乎全部遭到"清算"。[256]

1990年和1991年的国家法教师年会既体现了国家法和国际法的服务功能,又体现了它们的批判作用。国家法和国际法伴随政治,并相助政治。柏林墙和边界设施垮掉带来的幸运感亟需大多数人的支持。针对以下观点存在着批判性保留,即认为可以想象得到的其他所有选择都渐渐消失了,因此想要那些选择继续存在已不现实(取消联邦制、民主德国拥有货币统一的半自主权、在新州的宪法中保留民主德国的因素等)。西德在整体上是乐于助人的,但也显露出自以为是的特征,政治上的大多数人至少愿意清除民主德国的意识形态残余。相比之下,东德则保持沉默或作出愤怒反应。它的一些核心人物继续在新的左派政党中工作,或者成为律师;其他人退休并撰写回忆录。无论如何,对公法来说,不可争议的是,德国统一社会党的政治形式和计划经济这时已经消失了,曾严格受其约束的民主德国的实证国家法和行政法不可能继续被实

---

[256] Inga Markovits, Die Abwicklung. Ein Tagebuch zum Ende der DDR-Justiz, München 1993;雷娜特·迈因茨(Renate Mayntz)主编,《起航与自上而下的改革》(Aufbruch und Reform von oben, Frankfurt 1994);于尔根·科卡(Jürgen Kocka)、雷娜特·迈因茨(Renate Mayntz)主编,《学术与两德统一——学科与突破》(Wissenschaft und Wiedervereinigung. Disziplinen und Umbruch, Berlin 1998)。

践和被讲授了。在国际法和法史方面存在的情况则另当别论。

四 大学改建与新建

所有这一切对以前民主德国公法的教学和研究都有后果。国家学和法学德国研究院及其公法与国际法研究所都被关闭了。在其原址上建成了勃兰登堡州在波茨坦的第二所大学,它拥有新的教职员工。作为勃兰登堡的第一所大学——建立于奥登河畔法兰克福的瓦德里拉大学(1506—1811年),从1991年起与波兰建立起紧密合作。古老的罗斯托克大学在1950年关闭了法律系,该法律系同样在1991年重新建立,但从2008年到2012/2013年又不得不终止古典的法律人才培养。格赖夫斯瓦尔德大学与此同步在1990年开设的法律人才培养能保持住自己的地位。哈雷-维滕贝格大学、耶拿大学和莱比锡大学的法律人才培养传统和公法传统同样得以延续。德累斯顿大学在1991年新建的法律系以古典形式只存在了十年,但硕士学位课程的法律人才培养还在继续。1999年在埃尔福特大学设立了国家学系,该系现在还和马克斯·韦伯高等研究院共同提供公法的教学。弗里德里希·威廉大学或柏林洪堡大学成功实现了肯定是最重要的改建。该大学如今属于联邦德国最好的大学。

第十九章　全球化与国家的未来

全球化（Globalisierung）在过去数十年间是被用得最多的词汇之一，因此也是被用得最陈旧乏味的词汇之一。它可以与空间密集化、政治上和经济上的相互依存、世界人口和整个生态系统联系起来，最后还可以和作为物种的人类联系在一起。对它的陈述相应地变化不定，更确切地说，其变化不定达到了这样的程度，即"全球化"这个集合词已被当作空洞套语。[257] 然而，这个词的使用却有一个核心领域。全球化表明了这样的事实，即地球几乎完全被探明并被描述；信息、财务流和物资流环绕着这个星球；共同居住在一个地球上、共同分享诸如物种多样性、森林与海洋、粮食和原材料的地球资源、共同对气候负责等这些人类意识与日俱增。人类的认同可能性从村落经由地区、民族和大陆一直延伸到世界共同体。每一个人都以多种角色生活着，而对每一种角色都准备

---

[257] 沃尔夫冈·施特雷克（Wolfgang Streeck），"全球化：神话与现实"（Globalisierung: Mythos und Wirklichkeit），载汉斯－于尔根·阿雷茨（Hans-Jürgen Aretz）、克里斯蒂安·拉胡森（Christian Lahusen）主编，《社会秩序——里夏德·明希六十寿辰庆贺文集》（Die Ordnung der Gesellschaft, Festschrift zum 60. Geburtstag von Richard Münch, Frankfurt 2005），第 355—372 页；于尔根·施瓦策（Jürgen Schwarze）主编，《全球化与法去国家化》（Globalisierung und Entstaatlichung des Rechts），第 1 卷（Tübingen 2008）。

有相应的法律秩序。

一 第一次全球化

然而,无论是现象,还是从中得出的结论,对于法律来说都不是全新的。我们可以说,全球化的第一阶段出现在 15 世纪末。葡萄牙人和西班牙人在 15 世纪末和 16 世纪环游世界并发现了美洲,这带来的结果是对世界的体验得到了轰动性扩展,这样的世界体验肯定是 1543 年天文学上的"哥白尼转折"的必要准备阶段。[258] 地球在这个时候被明确理解为围绕太阳运转的球状行星,这颗星球可以坐船绕行,可以被探明并被占有。众所周知,最后一种情形发生在 16 世纪至 19 世纪欧洲扩张的数百年时间里。[259]

这是普遍自然法发展的主要推动力。因为自从地球变成地理上的统一体以来,走向普遍的法律统一体似乎也是可能的。16 世纪神学和法哲学的萨拉曼卡学派(Schule von Salamanca)欣欣向荣,比如弗朗西斯科·维多利亚(Francisco de Vitoria)的重复讲义《论美洲印第安人》(De Indis)和《论战争法》(De iure belli)、荷兰人胡果·格劳秀斯(Hugo Grotius)的《海洋自由论》(Mare

---

[258] 尼古拉·哥白尼(Nikolaus Kopernicus),《天体运行论》(De revolutionibus orbium coelestium,Nürnberg 1543)。对此参见:Hans Blumenberg, Die Genesis der kopernikanischen Welt,Frankfurt 1975[简装版,3 卷本(Frankfurt 1981)]。

[259] Wolfgang Reinhard, Geschichte der europäischen Expansion, 4 Bde., Stuttgart 1983, 1985, 1988, 1990; Jörg Fisch, Die europäische Expansion und das Völkerrecht. Die Auseinandersetzungen um den Status der überseeischen Gebiete vom 15. Jahrhundert bis zur Gegenwart,Stuttgart 1984.

liberum，1609年）及其代表作《战争与和平法》(De iure belli ac pacis，1625年)、英国人约翰·塞尔登(John Selden)的著作《海洋封闭论或论海洋的所有权》(Mare clausum seu de dominio maris，1635年)，这些都明显受到殖民大国航海运动的影响。此时，因为西欧君主国随着在公海和重要战略的商业据点抢夺战利品而狭路相逢，所以他们需要国际的法律基础。尽管形成中的国际法老早就作为自然法的特殊内容被分割出来，但二者仍具有普遍有效的性质。它们对基督徒和异教徒都有效，倘若不是对所有异教徒都有效的话，那它们对生活在高度发达文化中的那些人总是有效的。从欧洲视角看，生活在高度发达文化中的人可以在"齐眉高度"上进行协商谈判。在这个意义上，传统的"万民法"(ius gentium)转变成了"国际法"(Recht inter gentes)。人们在经济和军事上进行对抗，还劫掠对手的船只，但都共同与自私自利的海盗划清界限。海盗作为"人类敌人"被排除在国际法律秩序之外。[260]

二 第二次全球化

如果近代早期自然法与国际法崛起的主要原因之一是第一次全球化的话，那么它们与当今第二次全球化的关系又如何呢？如果我们广泛理解全球化的话，那么它就是自18世纪末以来工业革

---

[260] 米歇尔·肯佩(Michael Kempe)，《大洋的诅咒——海盗、国际法与国际关系(1500—1900年)》(Fluch der Weltmeere. Piraterie, Völkerrecht und internationale Beziehungen 1500-1900, Frankfurt-New York 2010)。

命的加速延续。"机械行业"(Maschinenwesen),如同年迈的歌德(Goethe)所称呼它的那样,从此掌握了所有交流和交通工具,并在20世纪向21世纪的过渡中随着电子通信和电子存储成为可能而扩展为事实上的全球社会。在现代国际法方面,人们深度讨论,如此一来是否轮到新世界秩序的宪治化;[261]人权是否普遍有效还是应该在文化上进行修正;对政治犯罪和战争犯罪是否已经存在着广泛的国际刑法,还是应该继续完善它。悬而未决的讨论还有,如何从社会学和法理论的这些思考中形成某种崭新的、具有拘束力的世界法(Weltrecht)。对此,一种未成文的文化信念的共同基础应该是必要的。

然而,当下的实际变革扣人心弦。到处都存在着"去边界化",没错,就是一种无地域性趋势。[262] 一切都可以被观察、被拍照、被存储。新闻、股票行情、资金、各类服务在弹指一挥间就可以在全球进行交换。被征服的空间变得越来越小,或者根本就不再重要。

---

[261] 于尔根·哈贝马斯(Jürgen Habermas),《后民族结构》(Die postnationale Konstellation,Frankfurt 1998);乌尔里希·贝克(Ulrich Beck),《全球化是什么?》(Was ist Globalisierung? Frankfurt 2007);同上作者,《世界风险社会》(Weltrisikogesellschaft,Frankfurt 2008);奥特弗里德·赫费(Otfried Höffe),《全球化时代的民主》(Demokratie im Zeitalter der Globalisierung,München 1999);安德鲁·胡雷尔(Andrew Hurrell),"作为规范秩序的全球国际社会"(Die globale internationale Gesellschaft als normative Ordnung),载赖纳·福斯特(Rainer Forst)、克劳斯·京特(Klaus Günther)主编,《规范秩序的形成——跨学科视角》(Die Herausbildung normativer Ordnungen. Interdisziplinäre Perspektiven,Frankfurt-New York 2011),第103—132页。

[262] 赫尔穆特·维尔克(Helmut Willke),《特应症——特应性社会研究》(Atopia. Studien zur atopischen Gesellschaft,Frankfurt 2001)。

第十九章　全球化与国家的未来

对历史生成的部分社会的规范秩序来说,这一后果仍无法预见。当空间约束松动了或完全消失了,那么国家的领土基础就必然会失去重要性。战争的指挥者们也日益进行"无地域性"操作,他们隐藏起来或通过无人的武器系统和观察系统操作战争。世界贸易、电子网络交流、金钱流通、媒体对体育盛况的传播和其他许多东西都跨越国家边界来完成。在其中被遵守的是非国家类型的条约规定,但这些条约规定由"法"组成。[263] 它们由全球运行的公司来制定,这些公司躲开了各种传统监控。经常由自己选择的仲裁员代管"司法判决",因为大量非常复杂的国家司法审判不够快捷,或许还无法用相应的专业知识进行判决。[264] 使用非国家性的条约规定可以降低一般费用。这样一来,条约规定和争端裁决躲开了国家的权力垄断,而这样的权力垄断是在 17 世纪到 19 世纪期间抵制众多反抗才得以实现的。

在传统范畴中,一方面,这意味着获得自由和法律上讲的私人自治的扩大;另一方面,个人受制于全球的契约网络,人们在其中只有在极其困难的条件下才能获得法律保护,特别是因为受理法院的所在地通常在遥远且语言不通的异国他乡。个人以消费者而不是以主张政治参与的公民现身。在没有这种政治参与的独裁体

---

[263] Schwarze(见本书注释 257).

[264] 贡特尔·托伊布纳(Gunther Teubner),"国际的布科维纳:跨国法律多元主义的兴起"(Globale Bukowina: Zur Emergenz eines transnationalen Rechtspluralismus),载《法史杂志》(Rechtshistorisches Journal),第 15 期(1996 年),第 255 页及以下诸页;保罗·席夫·贝尔曼(Paul Schiff Berman),"司法权的全球化"(Globalization of Jurisdiction),载《宾夕法尼亚大学法律评论》(University of Pennsylvania Law Review),第 151 期(2002 年),第 311 页及以下诸页.

制中,只要各自的政权对此进行技术查询的话,还会额外受到被肆意截断通信网络的威胁。

在明显必要的全球解决办法与保护自然资源时的国家需求甚或自私自利之间的矛盾尤其尖锐。世界人口日益增长,生存空间变得更加拥挤,共同资源的消耗在不断上升,许多由人造成的动植物生存空间和气候的破坏,长此以往不可逆转。通过国际法上的公约控制这些危险所付出的值得尊重的努力,又不断遭受经济和政治利益的掣肘。大家对此仍未见到广泛的转变。而这样的转变要以人类集体共识的方式为前提条件,即大家要离开迄今为止所跟踪到的掠夺资源和把生态后果转嫁给无名的人类社会的足迹。我们观察到这种共识在缓慢增进。然而,是否有充足的时间去有效抵御迫在眉睫的危险,这还是未知数。

三　民族国家的未来

传统民族国家(Nationalstaat)的任务领域在这种全球化舞台上发生了位移。在外敌面前提供保护,并阻止内部争斗和内战,这确实是传统民族国家最古老的任务。由于当今电子战和去中心化的游击战术,使得这些古老任务焕然一新。就连地方冲突也会被全世界记录在案,哪怕根本消除不了这些冲突。对此进行回应的未来国际法正在形成中。新国际法的任务必将着手于新的战争形式文明化,并对此精心呵护。估计它还会继续扩展国际刑法的个性化特点,而这种个性化是自纽伦堡审判以来所呈现出来的特征。

不可亵渎的、"不容侵犯的"君主已不复存在。发动战争的政治家们用武器来实现其国家利益,他们将受到国际刑法的惩罚,并被当成是潜在的罪犯。

然而,不只是作为极端个案的战争才改变了国际舞台。政治交往不再主要通过大使或公使,而是通过领导人物的直接接触。世界的领导人物"相互认识"。绝非所有参与者在其中都在国家性质上被正当化。走在职业外交官身旁的有跨国联合的官员,比如有欧盟机构、无数通过国际法创设的机构的官员,还有非政府组织、跨世界的企业集团和电子网络的官员,总之,是所有对全球规制化和去规制化感兴趣的人。我们几乎不能再谈及国家对有边界的领土享有绝对的最终决定权。

与此同时,国家在国内的角色也在发生位移。当这些国家触碰到增长边界或人口的财政负担界限时,它们就会把它们的一部分功能经由私有化交还给社会,譬如邮政、铁路、电信、审计、私立学校和高校或部分老年保险。这样做的论据大多是有更好的竞争和更高的效率,而公共预算的高负债常常才是真正的原因。[265]一旦显现出盈利,那就还会有像再公有化这样的反趋势。但是,如果"公共之手"把任务转移到社会,那么法律保护的公法形式就必须改写为私法,或者私人必须受到国家监管。就此而言,人们在今天

---

[265] 诺贝特·弗赖(Norbert Frei)、迪特马尔·聚斯(Dietmar Süß)主编,《私有化——20世纪70年代以来的理念与实践》(Privatisierung. Idee und Praxis seit den 1970er Jahren, Göttingen 2012)。

谈及"受管制的自我规制"。[266] 国家在许多领域不再去进行直接规定，而是去监督自我组织起来的东西。或许在将来，一门新的"规制学"（Regelungswissenschaft）会取代立法学。[267]

当然，在这一点上就新法律形式所形成的东西，还是要一如既往地完成旧有任务，即保障安全和秩序、管制交通、供应能源和用水以及清理污水、保护不受噪音、灰尘、辐射和毒品的伤害——简而言之，保护日常生活免遭危险。此外，不可或缺的还有提供能源供应服务、核心的辅导及教育机构、医疗服务、最广义的日常信息服务。公民也心甘情愿为此纳税。最终，公民让地方性或地区性的政府对给付和赤字负责。不论人们把这些基础性保障和保护防御称之为"国家性的"（乡镇、地区、州、全国）与否，但命令性的、限制性的、许可性的或禁止性的公法和刑法复合体估计将会是硬核，即便非国家性的和跨国的法律在扩展，同时社会经由私法（又）本身在规制某些功能，也是如此。

---

[266] 梗概见：马丁·艾费特（Martin Eifert），"规制策略"（Regulierungsstrategien），载：Wolfgang Hoffmann-Riem-Eberhard Schmidt-Aßmann-Andreas Vosskuhle（Hg.），Grundlagen des Verwaltungsrechts,Bd.Ⅰ,2.Aufl.München 2012，§19；贡纳尔·福尔克·舒佩特（Gunnar Folke Schuppert），《非正规国家性条件下的法治国——对正式制度和非正式制度关系的观察与思考》（Der Rechtsstaat unter den Bedingungen informaler Staatlichkeit. Beobachtungen und Überlegungen zum Verhältnis formeller und informeller Institutionen,Baden-Baden 2011）；彼得·戈林（Peter Collin）等主编，《19世纪的自我规制——在自治与国家操控的要求之间》（Selbstregulierung im 19. Jahrhundert. Zwischen Autonomie und staatlichen Steuerungsansprüchen，Frankfurt 2011）。

[267] 贡纳尔·福尔克·舒佩特（Gunnar Folke Schuppert），《治理与立法——现代规制学的基本问题》（Governance und Rechtsetzung. Grundfragen einer modernen Regelungswissenschaft,Baden-Baden 2011）。

四　宪法国家的未来

古典的国家功能发生变化或被转交给其他行为人,如果这切合实际的话,那么人们就会追问人类社会中宪法国家(Verfassungsstaat)的未来。[268] 宪法法,甚至整个公法都面临着"全球化挑战"。[269] 二十多年来,与此相关的变化已有记录,[270] 已司空见惯的是,人们商谈性地和充满希望地谈及"开放的国家属性"。与

---

[268] 乌多·狄·法比奥(Udo Di Fabio),《人类社会的立宪国家》(Der Verfassungsstaat in der Weltgesellschaft, Tübingen 2001);贡纳尔·福尔克·舒佩特(Gunnar Folke Schuppert),《国家学》(Staatswissenschaft),2003年,第835页及以下诸页;马蒂亚斯·阿尔贝特(Mathias Albert)、鲁道夫·施蒂希韦(Rudolf Stichweh)主编,《世界国家—世界国家性:对全球政治结构形成的观察》(Weltstaat-Weltstaatlichkeit: Beobachtungen globaler politischer Strukturbildung, Wiesbaden 2007)。

[269] 克里斯蒂安·瓦尔特(Christian Walter),"欧洲宪法讨论的全球化后果"(Die Folgen der Globalisierung für die europäische Verfassungsdiskussion),载《德国行政公报》(DVBl),第115期(2000年),第1—13页;马蒂亚斯·鲁费特(Matthias Ruffert),《作为挑战公法的全球化》(Die Globalisierung als Herausforderung an das Öffentliche Recht, Stuttgart 2004);格奥尔格·诺尔特(Georg Nolte)、拉尔夫·波施尔(Ralf Poscher),"面对全球化挑战的宪法法"(Das Verfassungsrecht vor den Herausforderungen der Globalisierung),载:VVDStRL67(2008),129ff.、160ff.。

[270] 贡纳尔·福尔克·舒佩特(Gunnar Folke Schuppert),"国家性变化是什么以及如何忘却这种变化?"(Was ist und wie misst man Wandel von Staatlichkeit?)载:Der Staat 47(2008),325-358;对此问题进行回应的文章见菲利普·根舍尔(Philipp Genschel)、斯特凡·莱布弗里德(Stephan Leibfried),"舒佩特的国家——如何观察形式理念的变迁"(Schupperts Staat. Wie beobachtet man den Wandel einer Formidee?),载同前注,第359—380页。

卡尔·施密特(Carl Schmitt)所宣称的"国家属性终结"[271]不同,强调国家属性的开放性可以表明,尽管有各种各样的合作、交织与依赖,但国家仍是也应该是真正的参考基数和个人的保护伞。以此为前提,这将决定性地取决于地方的、区域的、国家的任务与跨国任务以及相应的权限和制度之间的平衡。这种平衡由于权限的多样性必将一直不稳定,这是一项涉及所有法学学科的任务。其穹顶从私法理论经由全新理解的行政法,一直延伸至宪法学说和国际法。其中始终涉及社会自我发挥的自由空间与约束,但也涉及实际保护和法律保护。不仅现代国家的正当性取决于它是否尊重和保护人权,而且对在未来全球化语境下可以代替国家的那些机构的信任度也取决于此。因为,如果那些机构不完成在近代早期创造现代国家要去实现的保护任务,那么那些机构就不值得由相关者团结一致去资助它们。尤其是,它们获取不了通过"认可"而来的正当性,而这样的正当性对其运作必不可少。因此,与人权和公民权保护不可分离地联系在一起的是这样一项伟大计划,即把意志形成的民主程序从国家转移到"超国家空间"。[272] 这样一来,

---

[271] 托马斯·费斯汀(Thomas Vesting),"永久革命——卡尔·施密特与国家性时代的终结"(Die permanente Revolution. Carl Schmitt und das Ende der Epoche der Staatlichkeit),载安德烈亚斯·格布尔(Andreas Göbel)、迪尔克·凡·拉克(Dirk van Laak)、英格博格·菲林格尔(Ingeborg Villinger)主编,《政治的变形》(Metamorphosen des Politischen, Berlin 1995),第191—202页。

[272] 乌韦·福尔克曼(Uwe Volkmann),"民主的两个概念——论与国家有关的民主观念转入超国家范围"(Die zwei Begriffe der Demokratie-Von der Übertragbarkeit staatsbezogener Demokratievorstellungen in überstaatliche Räume),载克劳斯·霍夫曼(Klaus Hofmann)、科尔雅·瑙曼(Kolja Naumann)主编,《良好宪制的欧洲民主》(Europäische Demokratie in guter Verfassung? Baden-Baden 2010),第14—32页。

第十九章 全球化与国家的未来

那些经受过考验的机制应该获取更大的活动半径,并吸纳越来越多的行动者。

另一些人的想法相反,他们把今天已经存在的网络解释为"全球治理"(Global Governance),并把国际社会宣布为未来的规范秩序。当然,这种秩序仍显得不完美,必须逐步加以完善,让它变得"更加民主",并保护人权。因为欧洲中心的世界秩序不复存在,人们心目中新的"美式和平"(Pax Americana)显然没有确立起来,所以把希望集中于在吸纳所有其他文化下或至少在它们更强大的代表下进行合作的、对话的或商谈的解决办法之上。[273] 这些解决办法应该有利于"公正的""公平的"结果,并从相关民众(demoi)最大可能的参与中获取正当性。人们所探讨的问题空间广泛,并触及几乎所有的社会科学专业,尤其涉及社会学和哲学[274]、政治学和法学[275]。大家按照研究对象在全球展开讨论。这场讨论对国家进行新的思考,这样的国家从而可能改变其形态,甚至可能作为传统

---

[273] Andrew Hurrell, Die globale internationale Gesellschaft als normative Ordnung, in: Rainer Forst – Klaus Günther (Hg.), Die Herausbildung normativer Ordnungen. Interdisziplinäre Perspektiven, Frankfurt-New York 2011, 103-132;阿明·冯·波格丹迪(Armin von Bogdandy)、菲利普·丹恩(Philipp Dann)、马蒂亚斯·冯·戈尔达曼(Matthias Goldmann),"作为公法的国际法:全球治理的法律框架之轮廓"(Völkerrecht als öffentliches Recht: Konturen eines rechtlichen Rahmens für Global Governance),载:Forst – Günther,(同前注)227-263(其中有更多文献)。

[274] 参见本书注释 261。

[275] 安德烈亚斯·菲舍尔-莱斯卡诺(Andreas Fischer-Lescano),"全球宪法——人类社会的宪法"(Globalverfassung: Verfassung der Weltgesellschaft),载《法哲学和社会哲学档案》(ARSP),第 88 期(2002 年),第 349—379 页;同前作者,"全球宪法的兴起"(Die Emergenz der Globalverfassung),载:ZaöRV63(2003),717-760;马丁·舒尔特(Martin Schulte),《法律的社会学理论》(Eine soziologische Theorie des Rechts, Berlin 2011),第 184 页及以下诸页。

的、历史上形成的形象而消失。当然,后一种情形不大可能发生,至少就我们可以认识到的未来路线而言是不大可能的。

根据历史经验,结构改造需要数代人的努力。制度、思维方式和期望改变相对缓慢。将会有反复的混合与过渡,肯定还会有遭受挫折的试验。因此,从科学怀疑的视角看,对目前讨论的"因特网中的虚拟国家""电子式民主""世界政治民主"的一些建议或希望图景,大家在有生之年几乎无法看到。尽管如此,作为我们所生活的世界飞速变化的伴生现象,这些智识的酝酿过程却是非常有趣的。它们是未来主导性解释模式的原材料。它们在其中靠人类思想史的理念存储为生。人们为了解释仍未被理解的当今而使用这些理念存储,要么不断重新查阅经典文本,对之反复仔细核查,并加以全新运用;要么作者们尝试在新的经验基础上进行全新思考,当然逃脱不了在文化渗透的基础上完全浸染他们的传统。众所周知,今天对政治、社会学和法学理论的智识性幻想最强劲的推动力来自于"全球化",来自于它实际上一直可能意味的东西。人类社会,不管愿意与否,都将风雨同舟。

第二十章 结语

在本导论中所采取的视角集中于公法的学术史。历史生成的早期现代国家和在其基础上建立的19世纪和20世纪的主权民族国家，都发生了如此巨大的变化，以至于在国家法和国际法上形成了全新的轮廓，而国家与此同时——一直在其名义之下——满足人们的日常需求，同样还要抵御日常危险，这时建构它的"公"法也在改变自身的特征。像已描述过的那样，公法、私法和刑法又更加强烈地交织在一起，确切地说，欧洲的法律秩序和欧洲之外的法律秩序都同样如此。

如此一来，假如公法可被明确界分的角色走向了终结，那么这会导致今天普遍各自登台表演的私法史、刑法史和公法史的重新整合。这本来也切合实际情况，因为所研究的生活事实情况从未遵循学术的专业界限。因此，向脱离旧有课堂形式的研究视角转变，并转而在整个被人们生活着的法律秩序语境下去研究法律及法律修改的功能，这应该是非常受欢迎的。接着，国家与宪法、行政与行政法又应该是一般法史理所当然的研究对象。只要可能，这样的法史现在就必须致力于研究统治与自由、国家与社会的整合。"国家"的秩序功能只是确定人们生活——从其规范方面来看——的决定因素之一。人们生活的其余大部分方面都是由个人抉择、各类群体或非国家机构来完成的,并且大多是以私法形式来完成的。

法史在这种情况下可以集中于弄清楚,规范性思考和人的行为之间如何互动。历史的发展过程形成于不计其数的行动和言说行为,我们认为可以通过简化和解释信息的方式去认识历史的发展过程。而言说行为又是思想或观念史的一部分。不和观念的历史(社会的和经济的)前提条件最紧密地交织在一起,思想或观念史便不完整,这如同没有行动者们同步的思想作品或其关键词的提供者,对真实历史的描述就不会完整一样。观念会超前于历史塑造,但对表面混乱事实的解释也同样常常在回顾性的观察中才可获得。

如今在20世纪向21世纪的过渡中,对反思国家的任务转变、反思跨国家性(Transnationalität)或超国家性(Supranationalität)进行再思考的东西,本身就是转变过程的一部分。在保持一定的距离下将会更加清晰地看到,理论如何为实际的发展预先做好了准备;大多数人是如何察觉到和解释这种转变;有些人如何否认这种转变并随其思想退缩到某个角落。不会发生改变的是,尽管人们怀疑自身的解释或文献的可靠性,但历史学至少确信,不存在"历史终结"。因为历史的生活形式、经济和一般的权力关系永远都在变化,所以我们所有通过文本、语言规则和习俗所建立起来的法律艺术品,也终将抵挡不住永远的适应及改造过程。未来几代人的治理将会不同于我们所做的。他们对此也会聪明地使用规制性法律,并将需要不同抽象阶段的法律形式。未来的社会绝不会没有冲突。规范性和破坏规范互为条件。未来将从中形成什么,我们不知道。但我们可以希望,未来的法律规范也会使文明力量发扬光大。我们认为,来自历史经验的法律规范具有文明力量的品质。

扩展性文献

P. Badura, Staatsrecht. Systematische Erläuterung des Grundgesetzes, 5. Aufl. München 2012

M. Friedrich, Geschichte der deutschen Staatsrechtswissenschaft, Berlin 1997

D. Gosewinkel-J. Masing (Hg.), Die Verfassungen in Europa 1789-1949, München 2006

W. Hoffmann-Riem-E. Schmidt-Aßmann-A. Vosskuhle (Hg.), Grundlagen des Verwaltungsrechts, 3Bde., 2. Aufl. 2012/13

E. R. Huber, Deutsche Verfassungsgeschichte seit 1789, Bd. I - VII, Stuttgart 1957 ff.

K. G. A. Jeserich-H. Pohl-G.-Chr. v. Unruh (Hg.), Deutsche Verwaltungsgeschichte, Bd. I - V, Stuttgart 1983-1987

G. Kleinheyer-J. Schröder (Hg.), Deutsche und europäische Juristen aus neun Jahrhunderten, 5. Aufl. Tübingen 2008

A. Kley, Geschichte des öffentlichen Rechts der Schweiz, Zürich/St. Gallen 2011

Chr. Link, Herrschaftsordnung und Bürgerliche Freiheit. Grenzen der Staatsgewalt in der älteren deutschen Staatslehre, Wien-Köln-Graz 1979

H. Maier, Die ältere deutsche Staats- und Verwaltungslehre, 4. Aufl. München 2009

H. Ottmann, Geschichte des politischen Denkens, Bd. I-IV, Stuttgart 2001-2012

W. Reinhard, Geschichte der Staatsgewalt. Eine vergleichende Verfassungsgeschichte Europas von den Anfängen bis zur Gegenwart, München 1999

G. *Schmidt*, Geschichte des Alten Reiches. Staat und Nation in der Frühen Neuzeit 1495-1806, München 1999

K. *Stern*, Das Staatsrecht der Bundesrepublik Deutschland, Bd. V: Die geschichtlichen Grundlagen des deutschen Staatsrechts, München 1999

R. v. *Stintzing*-E. *Landsberg*, Geschichte der deutschen Rechtswissenschaft. Abt. I . II . III. 1 von Stintzing (Leipzig 1880-98) Abt. III. 2 von Landsberg (München-Leipzig 1910). Nachdruck Aalen 1957

B. *Stollberg-Rilinger*, Das Heilige Römische Reich Deutscher Nation. Vom Ende des Mittelalters bis 1806, 4. Aufl. München 2009

M. *Stolleis*, Geschichte des öffentlichen Rechts in Deutschland, 4 Bde., München 1988 (2. Aufl. 2012), 1992, 1999, 2012

M. *Stolleis* (Hg.), Staatsdenker in der Frühen Neuzeit, 3. Aufl. München 1995

M. *Stolleis* (Hg.), Juristen. Ein biographisches Lexikon, 2. Aufl. München 2001.

M. *Stolleis*, Geschichte des Sozialrechts in Deutschland, Stuttgart 2003

F. *Wieacker*, Privatrechtsgeschichte der Neuzeit, 2. Aufl. Göttingen 1967

D. *Willoweit*, Deutsche Verfassungsgeschichte. Vom Frankenreich bis zur Wiedervereinigung Deutschlands, 7. Aufl. München 2013

D. *Willoweit*, Reich und Staat. Eine kleine deutsche Verfassungsgeschichte, München 2013

D. *Willoweit*-U. *Seif* (Hg.), Europäische Verfassungsgeschichte, München 2003

D. *Wyduckel*, Ius Publicum. Grundlagen und Entwicklung des Öffentlichen Rechts und der deutschen Staatsrechtswissenschaft, Berlin 1984

人名索引

("人名索引"所涉页码均为原书页码,即本书边码)

A

Abendroth, Wolfgang, 沃尔夫冈·阿本德罗特　149

Adenauer, Konrad, 康拉德·阿登纳　158 及下页

Adickes, Franz, 弗朗茨·阿迪克斯　109

Adorno, Theodor W., 特奥多尔·W. 阿多尔诺　164

Aelianus Tacticus, 埃里亚努斯　41

Albrecht, Wilhelm Eduard, 威廉·爱德华·阿尔布雷希特　66

Alciatus, Andreas, 安德烈亚斯·阿尔恰托斯　24

Althusius, Johannes, 约翰内斯·阿尔图修斯　29,36

Anschütz, Gerhard, 格哈德·安许茨　87 及下页,92,98,105

Antonius, Gottfried, 戈特弗里德·安东尼乌斯　36

Apelt, Willibalt, 威利巴尔特·阿佩尔特　113

Aristoteles, 亚里士多德　28,30

Arndts, Karl Ludwig, 卡尔·路德维希·阿恩茨　70

Arnim, Hans Herbert v., 汉斯·赫伯特·冯·阿尼姆　167

Arnisaeus, Henning, 亨宁·阿尼塞乌斯　28

Arumaeus, Dominikus, 多米尼库斯·阿鲁梅乌斯　36

Ayala, Balthazar de, 巴尔塔扎尔·阿亚拉　41

B

Bachof, Otto, 奥托·巴霍夫　147,179 及下页

Bacon, Francis, 弗朗西斯·培根　39,45

Bähr, Otto, 奥托·贝尔　69

Bahro, Rudolf, 鲁道夫·巴罗　188

Baldus de Ubaldis, 巴尔杜斯　34

Ball, Kurt, 库尔特·巴尔　109

Bartolus de Saxoferrato, 巴托鲁斯　34

Bäumlin, Richard, 里夏德·博伊姆林 154

Becker, Enno, 恩诺·贝克尔 109

Becker, Ulrich, 乌尔里希·贝克尔 171

Bekker, Ernst Immanuel, 恩斯特·伊曼努尔·贝克尔 70

Belli, Pierino, 皮埃里诺·贝利 41

Berber, Friedrich, 弗里德里希·贝尔贝 122

Berg, Günter Heinrich v., 京特·海因里希·冯·贝格 52

Bergstraesser, Arnold, 阿诺尔德·贝格施特雷瑟 164

Bernet, Wolfgang, 沃尔夫冈·贝尔内特 189

Best, Werner, 维尔纳·贝斯特 120

Bettermann, Karl August, 卡尔·奥古斯特·贝特尔曼 147

Biermann, Wolf, 沃尔夫·比尔曼 188, 199

Bilfinger, Carl, 卡尔·比尔芬格 88

Bismarck, Otto v., 奥托·冯·俾斯麦 77, 110

Bönninger, Karl, 卡尔·本宁格尔 189

Bornhak, Conrad, 康拉德·博恩哈克 106

Brahe, Tycho, 第谷·布拉赫 45

Brandt, Willy, 维利·勃兰特 159

Brauchitsch, Manfred v., 曼弗雷德·冯·布劳希奇 107

Braudel, Fernand, 费尔南德·布劳德尔 10

Brecht, Arnold, 阿诺尔德·布雷希特 88

Brinz, Alois v., 阿洛伊斯·冯·布林茨 70

Brohm, Winfried, 温弗里德·布罗姆 180

Brüning, Heinrich, 海因里希·布吕宁 85, 112

Budé, Guillaume, 吉约姆·比代 24

Bühler, Ottmar, 奥特马尔·比勒 81

C

Calvin, Johannes, 约翰内斯·加尔文 12

Carnap, Rudolf, 鲁道夫·卡纳普 93, 166

Chamberlain, Houston Steward, 休斯顿·斯图尔特·张伯伦 91

Chemnitz, Bogislaus Philipp v., 博吉斯劳斯·菲利普·冯·开姆尼茨 37

Cicero, Marcus Tullius, 马尔库斯·图利乌斯·西塞罗 30

Conring, Hermann, 赫尔曼·康林 24, 28, 39

Contzen, Adam, 亚当·康岑 29

Cucumus, Konrad, 康拉德·库库穆斯 62, 66

Cujas, Jacques, 雅克·居亚斯 24

D

Dahrendorf, Ralf, 拉尔夫·达伦多夫 164

Danaeus, Lambertus, 兰贝图斯·达纳斯 29

Dernburg, Heinrich, 海因里希·德恩堡 70

Descartes, René, 勒内·笛卡尔 39, 45

Dietz, Rolf, 罗尔夫·迪茨 135

Dilthey, Wilhelm, 威廉·狄尔泰 96

Diner, Dan, 达恩·迪纳 130

Doehring, Karl, 卡尔·德林 167

Donellus, Hugo, 胡果·多内鲁斯 24

Dufour, Gabriel, 加布里埃尔·杜福尔 80

Dürig, Günter, 京特·迪里希 139, 147, 151

E

Ehmke, Horst, 霍斯特·埃姆克 177

Ehrlich, Eugen, 欧根·埃利希 91, 94

Eichenhofer, Eberhard, 埃伯哈德·艾兴霍夫尔 171

Ermacora, Felix, 费利克斯·埃马科拉 164, 167

Erzberger, Matthias, 马蒂亚斯·埃茨贝格尔 109

F

Faber, Sebastian, 塞巴斯蒂安·法贝尔 34

Fetscher, Iring, 伊林·费切尔 164

Flechtheim, Ossip, 奥西普·弗莱希特海姆 164

Fleiner, Fritz, 弗里茨·弗莱纳 81, 106 及下页

Fleiner-Gerster, Thomas, 托马斯·弗莱纳-格斯特 167

Fleischmann, Max, 马克斯·弗莱施曼 113

Forsthoff, Ernst, 恩斯特·福斯特霍夫 99, 109, 123, 128 及下页, 147 及下页, 152, 164, 175

Fraenkel, Ernst, 恩斯特·弗伦克尔 86, 113, 164

Frank, Hans, 汉斯·弗兰克 116, 124

Franz Ⅱ., Kaiser, 皇帝弗朗茨二世 14

Freytagh-Loringhoven, Axel v., 阿克塞尔·冯·弗赖塔格-洛林齐霍芬 87, 92, 115

Frick, Wilhelm, 威廉·弗里克 116

Friedrich, Carl Joachim, 卡尔·约阿希姆·弗里德里希 164, 167

Friedrich, Manfred, 曼弗雷德·弗里德里希 20

Friesenhahn, Ernst, 恩斯特·弗里森哈恩 147

Frontinus, Sextus Julius, 塞克斯图斯·尤利乌斯·弗朗提努斯 41

Frowein, Jochen A., 约亨·A. 弗罗魏因 201

G

Gablentz, Otto Heinrich v. d., 奥托·海因里希·冯·加布伦茨 164

Galilei, Galileo, 伽利略·伽利莱 45

Gentili, Alberico, 阿尔贝里科·根蒂利 41

Gerber, Carl Friedrich v., 卡尔·弗里德里希·格贝尔 69, 第 71 及下页

Gierke, Otto v., 奥托·冯·基尔克 72

Giese, Friedrich, 弗里德里希·吉泽 92, 98, 163

Gitter, Wolfgang, 沃尔夫冈·吉特 171

Gleichen, Heinrich v., 海因里希·冯·格莱兴 99

Goethe, Johann Wolfgang v., 约翰·沃尔夫冈·冯·歌德 207

Gratian, 格拉蒂安 11

Grotius, Hugo, 胡果·格劳秀斯 42 及下页, 54, 206

H

Häberle, Peter, 彼得·黑贝勒 167

Hahn, Hans, 汉斯·哈恩 166

Hallstein, Walter, 瓦尔特·哈尔斯坦 132, 192

Hamann, Andreas, 安德烈亚斯·哈曼 139

Hamel, Walter, 瓦尔特·哈梅尔 115

Hänel, Albert, 阿尔贝特·黑内尔 73

Hart, Herbert L. A., 赫伯特·L. A. 哈特 166

Hartmann, Nicolai, 尼古拉·哈特曼 149

Hatschek, Julius, 尤利乌斯·哈切克 107

Haverkate, Görg, 格尔克·哈弗卡特 167

Hegel, Georg Friedrich Wilhelm, 格奥尔格·弗里德里希·威廉·黑格尔 99, 128

Heinemann, Gustav, 古斯塔夫·海涅曼 159

Helfritz, Hans, 汉斯·黑尔弗里茨 92, 163

Heller, Hermann, 赫尔曼·黑勒 86, 88, 97, 100, 103 及下页, 113, 141, 163

Hennis, Wilhelm, 威廉·亨尼斯 164

Hensel, Albert, 阿尔贝特·亨泽尔 109, 113

Hermens, Ferdinand A., 费迪南德·A. 赫门斯 164, 167

Herzog, Roman, 罗曼·赫尔佐克 165,167

Hesse, Konrad, 康拉德·黑塞 140 及下页,147,154

Heumann von Teutschenbrunn, Johann, 约翰·霍伊曼·托芩布伦 51 及下页

Hilberg, Raoul, 拉乌尔·希尔贝格 130

Hilferding, Rudolf, 鲁道夫·希尔弗尔,110

Hindenburg, Paul v., 保罗·冯·兴登堡 112,117

Hippel, Ernst v., 恩斯特·冯·希佩尔 163

Hippolithus à Lapide, 希波吕托斯·à·拉皮德,参见 Chemnitz, 开姆尼茨

Hitler, Adolf, 阿道夫·希特勒 88, 90,112,117,120,122,124,127, 129

Hobbes, Thomas, 托马斯·霍布斯 45

Höhn, Reinhard, 赖因哈德·赫恩 119,122,133

Honecker, Erich, 埃里希·昂纳克 187

Horkheimer, Max, 马克斯·霍克海默尔 164

Huber, Ernst Rudolf, 恩斯特·鲁道夫·胡贝尔 99 及以下诸页,115 及下页,118,123,133

Hue de Grais, Robert Grf., 罗伯特·格拉夫·许·德·格赖斯 106

I

Ickstatt, Johann Adam, 约翰·亚当·伊克施塔特 51

Ipsen, Hans Peter, 汉斯·彼得·伊普森 147,193

Isay, Ernst, 恩斯特·伊赛 113

Isensee, Josef, 约瑟夫·伊森泽 201

J

Jacobi, Erwin, 埃尔温·雅各比 88, 113

Jahrreiß, Hermann, 赫尔曼·雅赖斯 115,147

Jaspers, Karl, 卡尔·雅斯佩斯 128

Jellinek, Georg, 格奥尔格·耶利内克 74

Jellinek, Walter, 瓦尔特·耶利内克 81,92,107,113,135

Jhering, Rudolf v., 鲁道夫·冯·耶林 69 及下页,81

Jordan, Sylvester, 西尔维斯特·约尔丹 66

Jung, Edgar, 埃德家·容 99

Jünger, Ernst, 恩斯特·云格尔 99

Jünger, Friedrich Georg, 弗里德里希·格奥尔格·云格尔 99

K

Kaiser, Joseph H., 约瑟夫·H.凯泽

177

Kant, Immanuel, 伊曼努尔·康德 40,46及下页,67,99

Kantorowicz, Ernst H., 恩斯特·H. 康托洛维茨 13

Karl d. Gr., Kaiser, 卡尔大帝 26

Karl V., Kaiser, 皇帝卡尔五世 31

Kaufmann, Erich, 埃里希·考夫曼 87,94,96,102,113

Keckermann, Bartholomaeus, 巴托洛马乌斯·克客尔曼 29

Kelsen, Hans, 汉斯·凯尔森 86, 93,95,97,99及以下诸页,102 及以下诸页,113及下页,163, 166及下页

Kepler, Johannes, 约翰内斯·开普勒 45

Kirchheimer, Otto, 奥托·基希海默尔 113

Klein, Friedrich, 弗里德里希·克莱因 139,147

Kley, Andreas, 安德烈亚斯·克莱 20

Klüber, Johann Ludwig, 约翰·路德维希·克吕贝尔 58

Knauff, Matthias, 马蒂亚斯·克瑙夫 167

Knipschild, Philipp, 菲利普·克尼普席尔德 26

Koellreutter, Otto, 奥托·克尔罗伊特 81,115及下页,118及下页,120,123及以下诸页,133, 163

Kopernikus, Nikolaus, 尼古拉·哥白尼 45,206

Kormann, Karl, 卡尔·科尔曼 81

Köttgen, Arnold, 阿诺尔德·克特根 115,125

Kriele, Martin, 马丁·克里勒 161 及下页,165,167

Krüger, Herbert, 赫伯特·克里格尔 163及下页,167

L

Laband, Paul, 保罗·拉班德 71及以下诸页,80

Lamprecht, Karl, 卡尔·兰普雷希特 91

Landshut, Siegfried, 西格弗里德·兰茨胡特 164

Lassar, Gerhard, 格哈德·拉萨 113

Laun, Rudolf (v.), 鲁道夫·劳恩 163,196

Leibholz, Gerhard, 格哈德·莱布霍尔茨 97及下页,113,139

Leibniz, Gottfried Wilhelm, 戈特弗里德·威廉·莱布尼茨 39,46

Lemmel, Herbert, 赫伯特·莱梅尔 122

Lenin, Wladimir I., 弗拉基米尔·I.列宁 165

Lenz, Helmut, 赫尔穆特·伦茨 139

Lerche, Peter, 彼得·莱尔歇 154

Limnaeus, Johannes, 约翰内斯·李曼

内乌斯 37
Lipsius, Justus, 尤斯图斯·利普修斯 29,41
Litt, Theodor, 特奥多尔·利特 101
Loening, Edgar, 埃德加·勒宁 80
Loewenstein, Karl, 卡尔·勒文施泰因 113,164,167
Lothar von Supplinburg, Kaiser, 苏普林堡家族的洛泰尔三世皇帝 24
Ludwig XIV., König, 路易十四国王 38
Lüth, Erich, 埃里希·吕特 99
Luther, Martin 马丁·路德 12

M

Machiavelli, Niccolò, 尼可罗·马基雅维利 29 及下页,41
Maier, Hans, 汉斯·迈尔 16,164
Mandel, Ernst, 埃内斯特·曼德尔 165
Mangoldt, Hermann v., 赫尔曼·冯·曼戈尔特 139
Marschall von Bieberstein, Fritz, 弗里茨·马沙尔·冯·比贝尔施泰因 92
Marx, Karl, 卡尔·马克思 165
Mastronardi, Philippe, 菲利普·马斯特洛纳迪 167
Maunz, Theodor, 特奥多尔·毛恩茨 115,123 及以下诸页,140 及下页,147

Maximilian v. Bayern, Hzg., 巴伐利亚公爵马克西米利安 34
Maydell, Bernd Baron v., 贝恩德·巴龙·冯·迈德尔 71
Mayer, Friedrich Franz v., 费迪南德·弗朗茨·冯·迈尔 69,79
Mayer, Otto, 奥托·迈耶 80 及下页、106,108,125 及下页,178,182,184
Meier, Ernst v., 恩斯特·冯·迈尔 80
Meinecke, Friedrich, 弗里德里希·迈内克 101
Melanchthon, Philipp, 菲利普·梅兰希通 28
Mendelssohn Bartholdy, Albrecht, 阿尔布雷希特·门德尔松·巴托尔迪 113
Mendoça, Bernardino de, 贝尔纳迪诺·门多萨 41
Menger, Christian-Friedrich 克里斯蒂安-弗里德里希·门格 114
Merkl, Adolf, 阿道夫·默克尔 93,111
Metternich, Clemens Fürst v., 侯爵克莱门斯·冯·梅特涅 55,57,59,63,65,68
Meyer, Georg, 格奥尔格·迈尔 73,80
Mielke, Erich, 埃里希·米尔克 134
Moellendorff, Wichard v., 维夏德·冯·默伦多夫 110

Moeller van den Bruck, Arthur, 阿图尔·默勒·凡·登·布鲁克 99

Moerbeke, Wilhelm v., 威廉·冯·默贝克 28

Mohl, Robert v., 罗伯特·冯·莫尔 56,60,62 及以下诸页,66,116

Morstein Marx, Fritz, 弗里茨·莫施泰因·马克思 113

Moser, Johann Jakob, 约翰·雅各布·莫泽 53

Mosler, Hermann, 赫尔曼·莫斯勒 147

Moy, Ernst v., 恩斯特·冯·莫耶 62,78

Müller, Ludwig, 路德维希·米勒 34

N

Naphtali, Fritz, 弗里茨·纳夫塔利 110

Napoleon, 拿破仑 14,55 及下页

Nawiasky, Hans, 汉斯·纳维亚斯基 96,98,113,124,163

Neumann, Franz L., 弗朗茨·L.诺伊曼 113,140

Neurath, Otto, 奥托·诺伊拉特 93,166

Niekisch, Ernst, 恩斯特·尼基施 99

Nipperdey, Hans Carl, 汉斯·卡尔·尼佩代 87,140

Norden, Walter, 瓦尔特·诺登 126

Nörr, Knut W., 克努特·W.内尔 108

O

Orlando, Vittorio E., 维托里奥·E.奥兰多 81

P

Palandt, Otto, 奥托·帕兰特 118

Papen, Franz v., 弗朗茨·冯·巴本 85,88,112

Pascal, Blaise, 布莱士·帕斯卡 39

Perels, Kurt, 库尔特·佩雷尔斯 113

Peters, Hans, 汉斯·彼得斯 114,127,147

Pfeifer, Helfried, 黑尔弗里德·普法伊费尔 115

Popper, Karl Raimund, 卡尔·R.波佩尔 93

Pözl, Josef, 约瑟夫·珀茨尔 62,78

Preuß, Hugo, 胡果·普罗伊斯 84

Puchta, Georg Friedrich, 格奥尔格·弗里德里希·普赫塔 70

Pufendorf, Samuel v., 萨穆埃尔·冯·普芬道夫 39,46,54

Pütter, Johann Stephan, 约翰·斯特凡·皮特 53,56

R

Randelzhofer, Albrecht, 阿尔布雷希

特·兰德尔茨霍费尔 201
Rantzau,Heinrich v.海因里希·冯·兰曹 41
Rathenau,Walther,瓦尔特·拉特瑙 110
Regelsberger,Ferdinand,费迪南德·雷格尔斯贝格尔 70
Rehberg,August Wilhelm,奥古斯特·威廉·雷贝格 65
Reinkingk,Dietrich,迪特里希·赖因金 37
Reusner,Elias,埃利亚斯·罗伊斯内尔 41
Reuterskjöld,Carl-Axel,卡尔-阿克塞尔·雷乌特舍尔德 81
Ribadeneira,Pedro de,佩德罗·里瓦德内拉 29
Rinck,Hans-Justus,汉斯-尤斯图斯·林克 139
Ritterbusch,Paul,保罗·里特布施 115
Rochau,August Ludwig v.,奥古斯特·路德维希·冯·罗豪 66
Rosin,Heinrich,海因里希·罗辛 73
Ross,Alf,阿尔夫·罗斯 166
Rothenbücher,Karl,卡尔·罗滕比歇尔 92,96,98
Rotteck,Karl v.,卡尔·冯·罗特克 62
Rüfner,Wolfgang,沃尔夫冈·吕夫纳 171

Ruland,Franz,弗朗茨·鲁兰 171
Rüstow,Alexander,亚历山大·吕斯托 164

S

Sartorius,Otto,奥托·萨托里乌斯 118
Sarwey,Otto,奥托·萨韦 80
Schelcher,Walter,瓦尔特·舍尔歇尔 107
Scheler,Max,马克斯·舍勒 149
Scheuner,Ulrich,乌尔里希·朔伊纳 115,140,147
Schleicher,Kurt v.,库尔特·冯·施莱歇 85,112
Schleiermacher,Friedrich Daniel Ernst,弗里德里希·丹尼尔·恩斯特·施莱尔马赫 96
Schlick,Moritz,莫里茨·施利克 93,166
Schmelzing,Josef,约瑟夫·施梅尔青 62
Schmid,Carlo,卡罗·施密德 164
Schmitt,Carl,卡尔·施密特 88,97,99,103,116,119,122,124,133,152,155,163,167,212
Schnapp,Friedrich E.,弗里德里希·E.施纳普 171
Schneider,Hans,汉斯·施奈德 147
Schneider,Peter,彼得·施奈德 154
Schöbener,Burkhard,布克哈德·舍贝内尔 167

Schoen, Paul, 保罗·舍恩　81

Schönborner, Georg, 格奥尔格·舍恩博纳　28

Schönfelder, Heinrich, 海因里希·舍恩菲尔德　118

Schücking, Walther, 瓦尔特·许金　88, 113

Schulze v. Gaevernitz, Hermann, 赫尔曼·舒尔策·冯·格威尔尼茨　69及下页, 73

Schunck, Friedrich Chr. K., 弗里德里希·Chr. K. 顺克　62

Schwendi, Lazarus v., 拉扎鲁斯·冯·施文迪　41

Seckendorff, Veit Ludwig v., 法伊特·路德维希·冯·泽肯多夫　49

Selden, John, 约翰·塞尔登　206

Seydel, Max v., 马克斯·冯·赛德尔　73, 78

Simmel, Georg, 格奥尔格·西梅尔　91

Simson, Werner v., 维尔纳·冯·西姆松　161

Smend, Rudolf, 鲁道夫·斯门德　97, 99, 101及下页, 141, 147, 163

Sombart, Werner, 维尔纳·松巴特　91, 123

Sontheimer, Kurt, 库尔特·松特海默尔　164

Soto, Domingo de, 多明戈·索托　42

Spann, Othmar, 奥特马尔·施潘　105

Spencer, Herbert, 赫伯特·斯宾塞　102

Spengler, Oswald, 奥斯瓦尔德·施宾格勒　91

Spinoza, Baruch, 巴鲁赫·斯宾诺莎　39

Starck, Christian, 克里斯蒂安·施塔克　139

Stein, Ekkehart, 埃克哈特·施泰因　141

Stein, Lorenz v., 洛伦茨·冯·施泰因　110, 126, 128

Stengel, Karl Frh. v., 卡尔·施滕格尔　80

Sternberger, Dolf, 多尔夫·施特恩贝格尔　164

Stier-Somlo, Fritz, 弗里茨·施蒂尔－佐姆罗　86, 92, 98

Strupp, Karl, 卡尔·施特鲁普　113

Suárez, Francisco de, 弗朗西斯科·苏亚雷斯　29, 42

Suhr, Otto, 奥托·祖尔　164

T

Tacitus, Publius C., 普布里乌斯·C. 塔西佗　29及下页

Thoma, Richard, 里夏德·托马　81, 87, 92, 98, 135, 154, 163

Thomasius, Christian, 克里斯蒂安·

人名索引

托马修斯　46,54
Tolosanus, Gregorius, 格雷戈里乌斯·托洛萨努斯　29
Tomuschat, Christian, 克里斯蒂安·托穆沙特　201
Tönnies, Ferdinand, 费迪南德·滕尼斯　91
Triepel, Heinrich, 海因里希·特里佩尔　73,87,97
Troeltsch, Ernst, 恩斯特·特勒尔奇　101

U

Ulbricht, Walter, 瓦尔特·乌布利希　134,87,190
Ulpian, Domitius, 多米提乌斯·乌尔比安　21

V

Vangerow, Adolph v., 阿道夫·冯·范格罗　70
Vasquez, Fernando, 费尔南多·法斯奎兹　42
Vegetius, Publius Flavius, 普布利乌斯·弗莱维厄斯·韦格提乌斯　41
Verdross, Alfred, 阿尔弗雷德·费尔德罗斯　93
Vitoria, Francisco de, 弗朗西斯科·维多利亚　42,206
Voegelin, Eric, 埃里克·弗格林　164

Vossler, Karl, 卡尔·福斯勒　102
Vultejus, Hermann, 赫尔曼·弗尔特乌斯　36

W

Wacke, Gerhard, 格哈德·瓦克　115,127
Waitz, Georg, 格奥尔格·魏茨　14
Waldecker, Ludwig, 路德维希·瓦尔德克　109,113
Walz, Gustav Adolf, 古斯塔夫·阿道夫·瓦尔茨　122
Weber, Max, 马克斯·韦伯　91,101
Weber, Werner, 维尔纳·韦伯　147
Wehberg, Hans, 汉斯·韦贝格　88
Welcker, Karl Theodor, 卡尔·特奥多尔·韦尔克　62,66
Werner, Fritz, 弗里茨·维尔纳　179
Wieacker, Franz, 弗朗茨·维亚克尔　108
Wilhelm Ⅱ. Kaiser, 皇帝威廉二世　157
Willoweit, Dietmar, 迪特马尔·维罗魏特　20,27
Windscheid, Bernhard, 伯恩哈特·温德沙伊德　70
Wittgenstein, Ludwig, 路德维希·维特根斯坦　93,166
Wolff, Christian, 克里斯蒂安·沃尔夫　46,54
Wolff, Hans Julius, 汉斯·尤利乌斯·沃尔夫　147

Z

Zachariä, Heinrich Albert, 海因里希·阿尔贝特·察哈里埃 58,66,70

Zacher, Hans F., 汉斯·F.察赫尔 171

Zehrer, Hans, 汉斯·策雷尔 99

Zippelius, Reinhold, 赖因霍尔德·齐佩利乌斯 167

Zöpfl, Heinrich, 海因里希·策普夫尔 58,70

Zwingli, Huldrych, 乌尔里希·茨温利 12

内容索引

("内容索引"所涉页码均为原书页码,即本书边码)

A

Absolutismus,专制主义 25
Abwägungsjurisprudenz,衡平法学 146
Akademie für Staats- und Rechtswissenschaft,国家学与法学研究院 134,190
Akten,文件 49 及下页
Allgemeine Staatslehre,一般国家学说 74,100—105,163—168
Allgemeiner Teil,Verwaltungsrecht,行政法"总则" 69,183 及下页
Allgemeines Staatsrecht,一般国家法 57 及下页
Analytische Philosophie,分析哲学 166
Anstalt d. öff. Rechts,公法营造物 81
Ära Metternich,梅特涅时代 55,65
Aristotelismus,亚里士多德主义 28 及以下诸页
Augsburger Religionsfriede,奥古斯堡宗教和约 31
Autonomie des Rechts,法律自治 67

B

Babelsberger Konferenz,巴贝斯柏格会议 134,189
Basisdemokratie,基层民主 165
Budgetrecht,预算法 61
Bundesstaat,联邦 73
Bundesverfassungsgericht,联邦宪法法院 141 及以下诸页

C

Carolina(Strafgesetzbuch),卡洛琳娜刑法典 31
Clausula rebus sic stantibus,情势不变条款 41

D

Daseinsvorsorge,生存预防 127 及下页,175
Dekalog,十诫 43

Demokratie, 民主、民主制 156—163

Deutsche Demokratische Republik, 民主德国 187—191

Deutscher Bund, 德意志同盟 56 及以下诸页, 66 及下页

Donauwörthische Streitigkeit, 多瑙沃特纠纷 34

Dorfrechte, 村落法 12

Drittwirkung, 第三人效力 153

E

Eingabewesen, 申诉权 189

Einstufige Juristenausbildung, 一站式法律人才培养 185

Emigration, 移民 113 及下页

Europäische Verfassung, 欧洲宪法 193 及以下诸页

Europäischer Gerichtshof (EuGH), 欧洲法院 153

Europäischer Gerichtshof für Menschenrechte (EGMR), 欧洲人权法院 153

Europarecht, 欧洲法 192 及以下诸页, 195

Ewiger Landfriede, 邦国永久和平法令 31

F

Frauenwahlrecht, 妇女选举权 84

G

Geisteswissenschaftliche Richtung, 人文科学方向 99

Gemeingebrauch, 共同使用 81

Gesetzgebung, neuzeitlich, 近代立法 25

Gleichheitssatz, 平等原则 96

Globalisierung, 全球化 205 及以下诸页

Goldene Bulle, 黄金诏书 30 及下页

Göttinger Sieben, 哥廷根七君子 65

Governance, 治理 211, 213 及下页

Großraumordnung, 大空间秩序 122

Grundgesetz(e), 基本法, 13 及下页, 138 及以下诸页

Grundgesetzkommentare, 基本法评论 139 及下页

Grundlagenfächer, 基础专业 15, 186

Grundrechte, 基本权利 75, 153—155, 161, 183

H

Hallstein-Doktrin, 哈尔斯坦主义 197

I

Immerwährender Reichstag, 永驻帝国议会 38

Industrielle Revolution, 工业革命 207

Infrastrukturverantwortung, 基础设施责任 175

Integrationslehre, 整合学说 101 及

下页
Interventionsstaat,干预国 110,172 及以下诸页

J

Juristische Methode,法学方法 69 及以下诸页
Justizlose Hoheitsakte,无司法的主权行为 129

K

Kaiserrecht,皇帝法 24,33
Kanonisches Recht,教会法 10 及以下诸页
Konkurrentenklage,竞争者诉讼 176
Konservative Revolution,保守革命 99,110
Konstruktionsjurisprudenz,建构法学 82
Kontinuitätsthese,存续论 131 及下页,196
Kopernikanische Wende,哥白尼转折 44
Körperschaft d. öff. Rechts,公法社团 81
Kriegstraktate,战争小册子 41
Kriegsverwaltungsrecht,战时行政法 82

L

Leges barbarorum,蛮族法 12,15
Leges fundamentales,根本法 13
Lotharische Legende,洛泰尔传说 24

M

Machiavellismus,马基雅维利主义 29 及下页
Marshall-Plan,马歇尔计划 192
Mathematische Methode,数学方法 45
Menschenwürde,人的尊严 151
Methode,方法 9—15,18 及以下诸页
Methodenstreit,方法之争 90—98
Ministerverantwortlichkeit,大臣责任制 60
Multinormativität 多元规范性,181

N

Nationalsozialismus,纳粹 112—129
Naturgesetze,自然法则 45
Naturrecht,自然法 40 及以下诸页,43—47,202,206
Normaljahr,正常年 38

P

Pacta sunt servanda,约定必须遵守 41
Parteiverbote,党禁 158,160
Paulskirche,保罗教堂 65—68
Planungsrecht,规划法 176 及以下诸页

Policey, gute, 善治 47—52
Policey-Recht, 警察法 51—54
Policeywissenschaft, 警察学 49 及以下诸页
Politik, aristotelisch, 亚里士多德政治学, 28 及以下诸页
Politische Wissenschaft, 政治学 164
Präsidialdiktatur, 总统专断 88 及下页
Preußenschlag, 普鲁士袭击 88
Privatisierung, 私有化 210

R

Rassegesetze, 种族法 121
Rechtsgeschichte, 法史 216 及下页
Rechtspositivismus, 法律实证主义 70—73, 98
Rechtsstaat, 法治国 61, 63, 69, 75, 77 及下页, 119 及下页, 144—148
Regalien, 国王财权 26
Regulierte Selbstregulierung, 受管制的自我规制 211
Reichsdeputationshauptschluss, 全帝国代表团会议主决议 55
Reichshistorie, 帝国史 14
Reichsjustizgesetze, 帝国司法法 75
Reichspoliceyordnung, 帝国警察条例 48
Reichspublizistik, 帝国公法学 35—39
Reichsstaatsrecht, 帝国国家法 71 及下页
Reichsverfassung, 帝国宪制, 帝国宪法 30 及以下诸页, 36, 52 及下页, 66, 117 及下页
Reine Rechtslehre, 纯粹法学说 92 及以下诸页
Rheinbund, 莱茵联盟 56
Ritterakademien, 骑士学院 33
Römisches Recht, 罗马法 10 及以下诸页, 21 及以下诸页, 24—27

S

Sartorius, 萨托里乌斯 118
Schönfelder, 舍恩菲尔德 118
Schule von Salamanca, 萨拉曼卡学派 42, 44
Selbstregulierung, 自我规制 182
Sondernutzung, 特殊使用 81
Souveränität, 主权 36 及以下诸页
Sozialrecht, 社会法 170 及下页
Sozialstaat, 社会国 169—172
Staat, als juristische Person, 作为法人的国家 60
Staatsräte, 参政院 59
Staatswissenschaften, 国家学 64
Stabilitätsgesetz, 稳定法 145 及下页
Stadtrechte, 城市法 12
Steuerrecht, 税法 108 及下页
Stiftung d. öff. Rechts, 公法基金会 81
Strafrecht, 刑法 27

Studienreform,教学改革 186
Stunde Null,零点时刻 130,132

T

Tacitismus,塔西佗主义 29f.
Territorium,领地 26
Translatio Imperii,帝国转移 26 及下页

U

Universitäten, Neuzeit,近代大学 133 及以下诸页,184 及以下诸页,204
Universitäten, frühe Neuzeit,近代早期大学 32 及下页,35 及下页,38 及下页
Universitätssterben,大学死亡 56

V

Vereinigung der Deutschen Staatsrechtslehrer,德国国家法教师协会 135 及下页
Verfassungsgerichtsbarkeit,宪法司法审判 97
Verfassungsgeschichte,宪法史 14 及下页
Verfassungslehre,宪法学说 103,163—168
Vertrag von Versailles,凡尔赛条约 87
Verwaltungsakt,行政行为 78
Verwaltungsgerichtsbarkeit,行政司法审判 189
Verwaltungskontrolle,行政监督 61
Verwaltungslehre,行政学说 126 及下页
Verwaltungsrecht,行政法 62—64,78 及以下诸页,106 及以下诸页,111
Verwaltungsrechtsverhältnis,行政法关系 176,178,180
Verwaltungsverfahrensrecht,行政程序法 180
Völkerrecht,国际法 40 及以下诸页,195 及以下诸页

W

Wahlrecht,选举权 60
Weimarer Reichsverfassung,魏玛宪法 84 及下页
Wertordnung der Grundrechte,基本权利的价值秩序 95,149 及下页
Wertphilosophie,价值哲学 149
Westfälischer Friede,威斯特伐利亚和约 31,37 及下页
Wiedervereinigung,两德统一 199—203
Wiener Kongress,维也纳会议 58
Wiener Kreis,维也纳圈子 93,166
Wiener Schule,维也纳学派 166
Wirtschaftsrecht,经济法 108 及以下诸页
Wissenschaftsgeschichte,学术史 16

Wissenschaftstheorie,科学理论 166

Z

Zeitschriften,期刊、杂志、刊物 77,114—117,136 及下页,190 及下页

Zweikammersystem,两院制 59

纪念施托莱斯先生
——写在《德国公法史导论》出版时

2020年12月25日晚餐后,我收到德国恩师米歇尔·施托莱斯先生的来信。

先生在信中忧心忡忡地谈及正值大流行病高峰期的德国,说大家都在居家隔离,街上没人,大学只能上网课,马普欧洲法律史所完全关闭。先生不经意地写道:"我要特别祝愿你身体健康。我目前身体欠佳。但医生们要到新年1月份才能确诊。"信末附上了他的一张近照,以及他最新发表在韩国杂志《法学研究》上的一篇韩语译文"德国宪法的内部视角"。

刚读完这些令人不安的文字,又顿时被他的近照惊呆了——这和他在2019年圣诞节前寄来的两张照片判若两人!我心里一怔:老师怎么突然变得如此消瘦了?一年的光阴在他身上竟然会留下如此苍老的痕迹?他莫非不幸被病毒感染了不成?

但他以前常穿的那件棕色便衣西服、灰白色的衬衣和有蓝白条纹的红色底色的领带,使几近耄耋之年的先生看上去依旧神采奕奕;满是皱纹的瘦削脸庞仍露出和善的微笑;金边眼镜背后还是那双熟悉的会说话的眼睛,眺望着远方,依然炯炯有神,但目光显得比以前柔和了许多。

我赶紧回信探问个究竟，焦急地守在电脑旁等待他的回复。先生是出名的急性子，向来回信非常及时，经常是秒回我的邮件——记得在2018年深秋的一天讨论《德国公法史》第二卷中有关法学家耶林法学转向的问题时，我们在电脑旁通过电子邮件实时交流了两个多小时。

第二天依然没有等到先生的回音，我心里不断安慰自己：没有消息便是好消息。再看那张令人心碎的照片，我情不自禁地回想起在恩师身边的求学往事来。

先生那时的身体十分硬朗，伟岸的身材，精力充沛过人，思维异常敏捷，常常妙语连珠，往往一语中的。我和当时在马普所访学的华人吴宗谋博士在私下钦佩地称他为"Weltgeist"（世界精神）。

"世界精神"喜欢深夜散步，偶尔还骑自行车到马普所上班。有一次和弟子们一起在法兰克福近郊春游，快近古稀之年的他健步如飞，把一群年轻人远远地甩在身后。还有一次在上研讨课时，他的笔掉到桌子前面的地上了，只见他一个标准的鞍马飞身动作，整个身体十分轻逸地越过桌面，俯身捡起了掉落的圆珠笔。他回头看到大家会心一笑时，脸上却露出不好意思的羞涩表情。

2009年初夏，从1991年起一直担任马普欧洲法律史所所长的施托莱斯先生，正式卸任退休了。

但"世界精神"却一直在马普所笔耕不辍。在退休后的几年间，他在2012年出版了《德国公法史》第四卷，接着又在2014年出版了概述整个四卷本的简本，即本中译本的《德国公法史导论》。

恰好在先生退休前，我完成了博士论文的定稿。向法兰克福大学法学院提交论文后，我就焦急地等待着论文答辩的时间，因为之前耳闻不少德国学生要等待很久才能参加论文答辩。

但没有想到的是,性急的施托莱斯很快就为我选定好了论文评阅人,并把论文答辩时间初定在当年的秋天。作为导师和第一论文评阅人,他对我的博士论文进行了逐章评阅,撰写了整整四页的论文评阅书。

2009年9月的法兰克福,秋高气爽,橡树叶刚刚变黄,偶尔还可见到松鼠在树上来回跳跃。我在法兰克福大学新校区顺利完成了博士论文答辩。先生对我的论文答辩非常满意,我自然也十分得意,于是在法兰克福市中心棕榈公园边上的一家著名的法国餐馆设宴,答谢老师对我整整四年的悉心指导。

餐馆的客人不少,但一点不显吵闹。平时一直忙忙碌碌的施托莱斯,那天兴致特别高,师生间的话题自然已不再是博士论文了,而只是轻松地随意闲聊。在聊到我马上要回国工作时,先生看着我,突然缓慢地谈起他半年前英年早逝的儿子。我和他的儿子皮特是同年生人——我曾在2008年的圣诞节那天见过他,还好奇地问他怎么和他叔叔同名呢,但没有想到皮特在2009年的春天突然去世了。老年丧子,悲痛之情可想而知。那段时间先生明显苍老了许多,我们这些无能为力的学生们也不知道如何安慰他。他当时正好还在修改我的博士论文,我因此不免担心自己能否按时毕业。

一天大清早,我刚进他隔壁的办公室,一眼就看到我的书桌上摆放着他新改好的论文稿——厚厚的初稿纸上是密密麻麻的删改和添加,其中还对不少标点符号进行了改动。师道沉静似海! 先生的手写体其实相当潦草,但不知道为什么,那一刻,我竟然完全能识别他手写的每一个单词。

先生对爱子的思念体现在《德国公法史》第四卷的写作中,他在后记中把该书献给了他心爱的儿子皮特·施托莱斯(Peter Stolleis,1972—2009年)。十分有趣的是,他家祖传的葡萄酒厂所酿造的白葡萄酒也叫"皮特·施托莱斯"——这也是先生弟弟的名字。在马普所每年的圣诞节聚餐时,先生通常会请大家喝他老家产的"皮特·施托莱斯"牌葡萄酒。

师生间的话题转到他老家的葡萄酒上。先生取下眼镜,不紧不慢地讲起他年少时在莱茵河畔的山坡上帮助管理和采摘葡萄的艰辛岁月,这顿时也勾起我回忆儿时在缙云山下的老家采摘葡萄的情景来,谢师宴顿时变成了师生俩的忆苦思甜饭。青年时期曾学过专业酿酒术的他,娓娓道来种植葡萄和酿造白葡萄酒的各种知识,我也因此知道了德国"雷司令"葡萄酒的不少奥秘。

施托莱斯于1941年7月20日出生在德国普法尔茨的路德维希港。在那个动荡年代,他的父亲在1931年从埃尔朗根大学获得法学博士学位后,直接成为了一名纳粹的追随者,并在家乡担任过市长和地方法学会会长,管理过犹太人的财产,后来还在部队担任过军官。

老施托莱斯很快成了盟军的俘虏,被关押在遥远的澳大利亚,他和家人的大量书信成为老师后来研究其家族史的鲜活素材——2007年圣诞节前的一天,我进入他办公室准备汇报博士论文的写作情况,他急忙抬起头来很兴奋地对我说,他刚把他父亲当年的书信整理成了一本小书,作为圣诞礼物送给他的外孙和外孙女。而早在1988年,先生就已经把出版的《德国公法史》第一卷献给了他的父亲埃里希·施托莱斯(Erich Stolleis,1906—1986年)博士。

他父亲的纳粹人生经历对他影响至深。对于20世纪60年代在慕尼黑大学攻读法学博士学位的战后新一代来说,"国家的不法为什么还要借用法的手段？知识精英何以集体失灵？那些怙恶不悛的法学家在纳粹中充当了怎样的角色？……"这些困惑,成为他一生追问的"德国问题"。

为了探寻这些问题的答案,施托莱斯把研究追溯到了近代早期的国家思想。他的博士论文以启蒙运动晚期的哲学家、一直在和康德进行思想争论的加尔夫(Christian Garve,1742—1798年)为论题,主要探讨近代国家兴起中出现的"国家理性"(Staatsräson)问题。这样的论题又直接指向他后来的教授资格论文《纳粹法中的共同福祉辞令》,其方法是维特根斯坦的语言批判。

在这种语言批判哲学的影响下,施托莱斯对由思想逻辑建构的概念本身一直保持警觉。他更多地把公法置于社会学的广阔视野下,对公法概念及其学术史进行语义学的"解密",以及跨学科的多维度观察,而不是进行纯粹概念性的封闭式的语言重构。作为"观察者"和"讲述者",他仔细地考察卷帙浩繁的史料,除了总结著名"大人物"的论著外,还同时把视角转向那些默默无闻的"小人物"身上。

作为法兰克福史学传统的坚守者,施托莱斯花费了大量时间和精力,极为严肃地在"德国公法家谱"中为那些"小人物"留下了篇章,并提供尽可能详尽的人物介绍,从而也极大地丰富了法史学的研究内容,淬炼出一套娴熟的微观讲述的法史学方法。

以这样的微观法史学方法,施托莱斯在法兰克福皓首穷经,孜孜以求，兀兀穷年，不断挖掘出德国近代以来无数被历史尘封的公法学者。他深谙"正确讲述"之道，毛举缕析被他称之为"他者"的历史材料，从1988年到2012年其先后出版了四卷本华美的《德国公法史》，以共计2080页的鸿篇巨著，勾勒出一幅从16世纪到当代四百余年的德国公法学术全景图，生动展现了近代"利维坦"从警察国到法治国、再到社会国和干预国的发展历程。而揭橥"利维坦"的成长、破坏、毁灭与涅槃重生——一直若隐若现地隐藏在那些浩如烟海的历史公法文献当中——因此也成为《德国公法史》的主线。

施托莱斯非常不情愿别人称他为法律理论家。而作为法史学家，他向来拒绝历史进步论，也拒绝"非此即彼"的简单类型化。他力图避免把"前见"和一些学术定论带到对历史上诸多公法学家的评价中，更不会以"非此即彼"的二元论给公法先辈们贴上肤浅的标签，而是用丰富的素材重新对人物进行定位，然后毫不客气地纠正一些不恰当的评价。就连像弗里德里希·冯·根茨（Friedrich von Gentz，1764—1832年）那种趋炎附势、见风使舵的公法学家，以及像卡尔·施密特（Carl Schmitt，1888—1985年）这位极具争议的纳粹时期的公法学者，施托莱斯都非常耐心地给他们留下了相当多的展示空间。

对日耳曼文学和艺术一直充满强烈热爱之情的施托莱斯，他本人就是一位当代德国法学家中少有的美学家、修辞学家和文体家。美学上的雅致直接反映在他的文本当中。他的文字言简意赅，又不失优雅，毫无理解上的障碍。即便是政治学、历史学、法学和伦理学上的复杂内容，他也能驾轻就熟地化繁为简，干脆利落，毫无卖弄之意。这在很大程度上传承了文采斐然、思想深刻的著名公法学家莫尔（Robert von Mohl,1799—1875年）的风格。事实上，莫尔始终都是施托莱斯的写作榜样。在他家进门的白色书架上一直摆放着这位19世纪行政法大师的原著——那是师母卡伦·施托莱斯（Karen Stolleis）送给老师的珍贵礼物。

也正是秉承这样的传统人文情怀，施托莱斯毫不掩饰对德国现代法学教育的不满。他批评德国大学法学教育中实证法的占比实在太多了。当然，即使在法学教育如此浓厚的现实主义和功利主义气氛下，他的开拓性研究仍奠定了公法史在德国大学中的崇高地位——在1991年获得的"莱布尼茨奖"和在2000年获得的"国际巴尔赞奖"（德国和欧洲的最高学术奖），证明了先生在该领域的伟大建树。这也使得在未来至少五十年内不再会有人冒险涉足该领域了。

毫无疑问，正是施托莱斯在德国公法史领域的卓越成就和他对近代国家形成的学术史论述，也让我放弃了本来在波恩大学研究费尔巴哈刑法思想的初衷，转而迷上了19世纪的德国公法史：近代德国在走向现代国家道路上所遭遇的现代性问题，岂不是后发国家的普遍性问题？曾经孕育了马克思主义的19世纪，在德国公法上又是如何迈向了惊心动魄的20世纪？

我和施托莱斯先生之间的师生缘分，源自我在波恩大学的访学经历：2003年秋天，我在法学院附近莱茵河畔的咖啡屋里结识了正在撰写教授资格论文的托马斯·吕夫纳（Thomas Rüfner）博士，这位出身德国法学世家的民法博士后来建议我应该去法兰克福的马普欧洲法律史所，拜师早已举世闻名的德国公法史巨擘施托莱斯教授。很巧的是,先生在 2004 年 9 月来波恩大学参加德国法史学家年会,我因此有幸第一次见到了那时已是满头银发的施托莱斯,也顿时被他略带"玩世不恭"的眼神给迷住了。

2005 年深秋,在恩师的帮助下,我如愿以偿去了法兰克福的马普所,正式成为他的一名博士生,准备研究 19 世纪的公法学家伯伦知理(J. C. Bluntschli, 1808—1881 年)。当时为了尽快掌握 19 世纪的德国公法史和提高德文水平,我开始翻译《德国公法史》的第二卷——这与我的博士论文题目有关。我在 2006 年 2 月 9 日终于完成了近六十万字的中文译稿。

如今依然记得,那天也是老师结束在法兰克福大学执教三十年的日子。当天的法兰克福,大雪纷飞,窗外白雪皑皑,马普所旁边的尼达小河显得格外宁静,先生特意赠送了一瓶"皮特·施托莱斯"牌白葡萄酒,以庆贺译稿顺利完成。

2009 年深秋回到同样盛产葡萄的家乡后,我在山城重庆继续教书生活,其间曾经几次计划回法兰克福见先生,也曾规划过邀请他来中国讲学,但都因种种原因未能成行。

好在我和他一直保持着书信往来,可以经常向他请教德国公法史问题。他也时不时转发他新写的书评和讲演稿给我,有时还寄来一些对我有用的书籍,还不时询问我在法兰克福落下的颈椎病康复得如何了。还有一阵子,老先生常常在信中谈到他对远在叙利亚的女儿一家人的担忧,而让他最开心的事情,莫过于圣诞节可以和他的外孙及外孙女相聚在柏林。

施托莱斯在无数来信中谈得最多的,当然还是他退休后笔耕不辍的写作。他在前些年陆陆续续寄来了几本他在退休后出版的作品：一本是《德国公法史》第四卷，另一本是《德国公法史导论》，还有一本是文学作品《玛格丽特与修道士——故事中的法律史》。他在一次来信中说他正准备写一本以法兰克福与家乡普法尔茨地区为历史背景、反映"利维坦"成长的作品。

时光荏苒，转眼便是十余年。

尽管在莱茵河畔和美因河畔求学的诸多往事在脑海里渐渐模糊，但在忙于生计的烦琐杂事之余，我仍惦记着如何出版《德国公法史》四卷本的中译本。2018年下半年，我终于完成了对第二卷的重新修订，先生还为此特地写了一篇中译本序。除此之外，我还一直在断断续续翻译难度不小的第一卷，他之前满口答应过要帮助我处理其中大量的古德语和拉丁文内容。

2021年3月19日，山城重庆春寒料峭。我在晚餐后突然收到先生在前一天溘然病逝的噩耗。我顿时恍然大悟，为什么一直没有收到先生回信的原因——没有想到，先生在年前圣诞节的那封邮件，竟然成为他写给我的最后一封书信！

"世事难料"，先生以前经常这样安慰弟子们。他的好友海因茨·默恩豪普特（Heinz Mohnhaupt）后来十分惋惜地告诉我：先生突然病重后就一直住在医院了，他去医院看望先生时，发现他还在病床上坚持写作。这位比先生还年长的宪法史学家不禁感叹道，他这辈子没见到过有比施托莱斯更勤奋的学者——先生一生著作的目录就长达55页！

作为先生的继任者，马普所所长托马斯·杜斐（Thomas Duve）在悼文中饱含深情地总结道："相比于外在的华丽，他更看重内在的淡定。在他的心目中，自律、注重细节、可信性以及公道正派，都是科研工作者的必要修养，谁若缺少这些，必将领教他的严厉。针对世面上混杂着人文科学的研究及其相关修辞，他越来越持怀疑态度。称赞某人有学问，在他那里属于最高的评价。在他的同事与学生眼中，施托莱斯诲人不倦，专一诚笃又善解人意，这些正是为人为师的典范。"

先生的得意门生米洛什·维茨（Miloš Vec）——维也纳大学的宪法史所所长——在和我一起回忆起我们倔强又性急的老师时，喟然长叹，"德意志失去了一位道德榜样，而世上的'学者共和国'失去了它的灯塔"。

急性子的先生平时却喜欢手工制陶。我的书架上一直摆放着他制作的陶瓷笔筒，那是他当年在马普所一次慈善竞拍会上捐献的一件拍卖品。"一件小玩意儿。"老师指着我手上刚买来的"胜利品"谦虚地笑到。"不，施托莱斯先生，您的制陶技术已经达到中国三千年前的工艺水平啦！"我笑着说。

看到这件带回来的"小玩意儿"，我知道，从此以后再也收不到先生的来信了。

雷 勇

2023 年深秋

于西南政法大学敬业楼 4058 室

图书在版编目(CIP)数据

德国公法史导论:16—21世纪/(德)米歇尔·施托莱斯著;雷勇译.—北京:商务印书馆,2024
(德国公法译丛)
ISBN 978-7-100-23453-5

Ⅰ.①德… Ⅱ.①米…②雷… Ⅲ.①公法－法制史－研究－德国　Ⅳ.①D951.69

中国国家版本馆 CIP 数据核字(2024)第 044991 号

权利保留,侵权必究。

德国公法译丛

德国公法史导论
(16—21世纪)

〔德〕米歇尔·施托莱斯　著
雷勇　译

商　务　印　书　馆　出　版
(北京王府井大街36号　邮政编码100710)
商　务　印　书　馆　发　行
北京中科印刷有限公司印刷
ISBN 978-7-100-23453-5

2024 年 4 月第 1 版　　　开本 880×1230　1/32
2024 年 4 月北京第 1 次印刷　印张 9⅛
定价:60.00 元